# 介護福祉学概論

## 地域包括ケアの構築に向けて

編著　**松田美智子**
Michiko Matsuda

**北垣　智基**
Tomoki Kitagaki

**南　　彩子**
Ayako Minami

**鴻上　圭太**
Keita Kogami

**藤本　文朗**
Bunro Fujimoto

クリエイツかもがわ
CREATES KAMOGAWA

# はじめに

　本書『介護福祉学概論』は、滋賀大学名誉教授である藤本文朗博士との3冊目の編著になる。1冊目は2010年4月に『高齢者介護のコツ——介護を支える基礎知識』を上梓した。藤本先生を中心とする「高齢者介護研究会」「アジア高齢者介護研究会」のメンバーである研究者・実践者・当事者・専門職・介護福祉教育に携わる者によって、高齢者介護に関心のある人を対象に「人権尊重・主権在民・国際平和」を基本として、高齢者介護に必要な知識を32名の執筆者によって書き上げた。出版のきっかけは、当時、藤本先生とベトナムにおける介護福祉教育や介護人材育成に取り組んでいたことが大きく、介護を必要とする高齢者、障害を有する当事者も、その人を介護する人も、どのような知識と技術があれば無理なく楽しく介護ライフが送れるかということを基本として、役立つ・必要・大切な81項目を厳選して編集した。ベトナムでの介護福祉教育や介護人材育成の取り組みについては、本書の7章にコラムとして掲載されているのでご一読いただきたい。

　2冊目の『介護福祉学への招待——地域包括ケア時代の基礎知識』は2015年4月に上梓した。編集メンバーには入れ替わりがあったが、広く介護福祉教育や介護福祉実践現場に携わる研究者や実践家を中心に37名が執筆した。現代社会に求められる介護福祉学とは何か、高齢障害に限らず何らかの障害や生きづらさを有する人が、地域包括ケアシステムの構築が急がれるなかで、ICFモデルを活用し自立支援に向けた事例や介護福祉に携わる人の労働問題にも焦点をあて、人間の生涯発達保障を含めた生存権保障と人としての尊厳ある暮らしの実現に向けて介護福祉学を論じた。

　3冊目にあたる本書は、後期高齢者が増大する超高齢社会での地域包括ケアの中心的な担い手となるであろう社会福祉を学ぶ学生、たとえば社会福祉士や精神保健福祉士、高等学校福祉科教諭免許の取得をめざす学生を読者対象と想定して、5人の編者による議論を中心に、これまで社会福祉や介護福祉を学んだ経験があり、現在もそれぞれの領域で実践家として活躍する15名の協力を得て執筆した。

　介護福祉はソーシャルワークを基盤に、保健・医療・家政学等複数の関連分野の知識や技術を活用して展開される。人生途上におけるさまざまな生活課題に対し、各人の基本的人権や幸福追求権を具現化するために提供される一連の実践活動である。2005年に地域包括支援センターが設置され、地域包括ケアシステムの構築に向けて日本社会は

試行錯誤している。超高齢社会においても「一億総活躍社会」を実現し、生産性を保持しながら社会の発展を維持するための働き方改革が政府によって進められている。各人の生活場面で生じる生活課題や生活問題を「我がこと・まる事」ととらえ、互いを配慮し合うケアリング社会、さまざまな人がそれぞれを尊重し合って支え合う地域共生社会の実現に向けて、各法律が新設されたり改定され、地域包括ケアは漠然とではあるが市民社会に浸透し始めつつある。

　地域包括ケアシステムについては、「ニーズに応じた住宅が提供されることを基本とした上で、生活上の安全・安心・健康を確保するために、医療や介護のみならず、福祉サービスを含めたさまざまな生活支援サービスが日常生活の場（日常生活圏域）で適切に提供できるような地域での体制」（地域包括ケア研究会報告書　2013年）という概念が広く共有されている。保健・医療・福祉を横断しつつ包括し、誰もがどのような状況になっても、親族介護のみに依拠することなく、安全・安心に地域社会で生活することが可能な社会整備とは何か、現段階では具体的・明確に定義することは困難である。

　そこで本書では、介護やケアがどのような枠組みで捉えられるようになったのかを第1章で論じた。地域包括ケアをめざす歴史的な経緯について、高齢者や障害者福祉を中心に第2章で論じた。介護福祉の専門性を確立するための介護福祉教育の歴史や展望について第3章で論じた。対人援助である介護福祉の価値や倫理について第4章で論じた。具体的な介護福祉の機能と役割については第5章で論じた。人の生活は24時間365日切れ目なく継続するものであり、生活の継続性を確保するためのチームケアとマネジメントについて第6章で論じた。第7章では介護福祉の担い手確保と育成について論じた。随所に社会福祉を学び、それぞれの分野で活躍している卒業生からのメッセージをコラムとして掲載している。

　本書を通して介護福祉とは何かを学び、これから地域包括ケアシステムを担っていく社会福祉を学ぶ学生が、それぞれに求められる学修内容を主体的に考え、自己に期待される役割について言語化・発信できる一助となればと編著者一同が願っている。最後に、本書はクリエイツかもがわの田島英二氏の多大なご尽力により上梓することができた。田島氏への敬意と感謝をこめて本文の締めくくりとする。

2018年3月

松田　美智子

# 介護の概念と理念

1

# 1 介護・ケアとは？

## 1 ノーマライゼーションから ユニバーサルデザイン、ケアリング社会

　介護やケアという言葉を耳にすると、車椅子を利用している人や日常生活で具体的な介助（食事や排泄のお世話）を必要とする人、それを援助する支援者をイメージする人が多い。しかし、介護やケアは日常生活に支障がある人だけのためのものであろうか。

　1948年に採択された世界人権宣言では、第1条で「全ての人間は生まれながらにして自由であり、かつその尊厳と権利について平等である」と述べられている。日本国憲法においても国民の基本的人権が保障され、第25条1項では国民の生存権（国民が健康で文化的な生活を送る権利）を国が保障し、第2項では、その具現化のために国が社会保障・社会福祉・公衆衛生等を整備する責務を負っていると規定している。さらに日本国憲法第13条では国民の幸福追求権（誰もがその人らしく幸福に生きる権利）を、国が公共の福祉に反しない限りにおいて保障している。出生時に障害（人として社会生活を送る上での不自由）をもって生まれた者も、そうではない者も、また人生途上において疾患や事故・老化により障害をもって生活することになった者も、すべて健康で文化的な生活を送り、

その人らしく幸福に人生を謳歌する権利が保障されている。

　1950年代以降、北欧やアメリカで広まったノーマライゼーションは、障害の有無にかかわらず、社会を構成する一員として、人が社会・経済・文化・その他あらゆる分野の活動に参加する機会の保障の必要性を説き、現代のバリアフリー（社会生活におけるさまざまな障壁の除去）やユニバーサルデザイン（誰にでも使いやすいデザイン・仕様）に深化してきた。しかしながら、人の生活上の困難や障壁は多様で、そのすべてを取り除くことは困難であり、一人ひとりの個別の生活上の支障や障壁を低減し、その人らしく豊かに生きていくための社会の仕組みや、社会を構成する人々による助け合いや配慮の心遣い（ケアリング）が醸成されていなければ、すべての人が個人として尊重され、尊厳のある生活を送ることはできない。

　たとえ健康体で生まれたにせよ、人は子どもの頃にはもとより、病を得たり障害をもった時、年老いた時には、誰もが他の誰かに依存しケアを受けなければならない。人は誰かに依存しなければ生きてゆけない存在であり、支え合いが必要

である。だからこそ、ケアは社会全体で担わなければならない。それがケアリング社会のめざすところである。人が生きていく上で遭遇するかもしれないさまざまな生活上の困難や支障に対して、社会環境の整備や個々の生活のしづらさの改善のための働きかけとして「介護」や「ケア」といった概念が存在する。

## 2　「介護」「ケア」という用語

　いつ頃から、どこで、どのように介護やケアが行われていたか、詳細な資料は現存しない。しかし原人時代の遺跡発掘現場では、受傷後に手助け（ケア）を受けながら長く生活していたと思われる人骨の化石が発見されている。人間は太古の昔から、他者の援助を必要とする人を支援し、助け合いの中で生活するという文化をもって暮らしていたと推測される。また死者を多数葬ったと思われる遺跡からは、周辺には自生しない花の花粉化石が集積しており、死者に対して花を手向け手厚く葬る（献花）といった習慣も存在していたと推測される（実吉2000）。世界各地で伝承される棄老伝説（高齢者を遺棄する）や食老伝説（高齢の死者の肉を食する）でも、当時の厳しい生存条件からの慣行に留まらず、その教訓として長年生きてきた高齢者の知恵を尊重し敬老精神を喚起する、あるいは高齢に向かう者も知恵をストックし、後世代から敬老を得る者となるよう自ら努力せよという意味を内包するものも多数存在している。人は集団の力を活用して、助け合いながら今日まで生存し発展してきたと推測される。この助け合いの中で介護やケアが実践されてきたと思われる。

　593年の聖徳太子による四箇院（四天王寺に建立された施薬院・悲田院・療病院・敬田院）が、わが国の後の社会事業につながる源流といわれるが、仏教の伝来と共に「慈悲」の心で困っている人を救済するという精神が説かれ、身寄りのない行き倒れや老衰者をこれらの施設に収容して保護した。鎌倉時代の御成敗式目には、相続する子がいない御家人の家では女性であっても養子をとって相続することが可能であり、家を相続した子には親の扶養や介護の義務が課せられており、相続した子からの処遇に対して親が不満に思った時には、相続した所領一切を返却させるという「親の悔い返し権」が認められていた（奥山他 1998；山中他 2001）。

　江戸時代に入ると、自助による自立生活を基本としつつも、儒教による敬老精神が説かれ老親や目上の者に対する孝養を尽くすことが美徳とされた。また、五人組（地縁共同体）や檀家制度（寺院と信者住民との信仰上のつながり）の下に、地縁や血縁による相互扶助制度が一定確

立していた。徳川幕府による泰平の世が250年続いたことで、江戸時代半ばには人生60年時代を謳歌する者（平時の農村では65歳以上の人口比率が7〜10%に達していたと寺院の過去帳から推測される）が多く続出し、貝原益軒による『養生訓』が出版された。

『養生訓』には健康長寿のための養生指南や病人の介護方法についても書かれている。藩の公式文書や家老の日記には、80歳以上で奉職していた者が多数存在し、養老儀式として表彰されたことや、老耄による退職が認められていたこと、親の看病のための介護休暇制度も存在していたことが記されている（柳井2011）。健康長寿には平和が不可欠である。

近代に入り、明治時代には明治民法による家制度に基づき、戸主が一家の家族の扶養や世話一切を取り仕切ることを基本としていた。また急速な近代化の中で、富国強兵策が積極的に進められ近代軍隊が整備されていく。1892年の陸軍省の通達で、「陸軍軍人傷痍疾病恩給等差例」の中に、軍役において常に介護が必要となった者に対しては、恩給を支給することが規定されており、公式文書の中に「介護」という用語がみられるようになる（森山他 2012）。

第二次世界大戦後に日本国憲法が施行され各種の福祉法が整備される過程において、1956年の長野県「家庭養護婦派遣事業」の中に、家庭養護婦の派遣対象として介護を要する老人という文言が登場する。1962年には老人福祉法制定を求めた中央社会福祉審議会の「老人福祉施策の推進に関する意見」の中に、「精神上または身体上の理由により常時介護を要する老人への処遇対策が必要」と述べられており、1963年の老人福祉法では特別養護老人ホームが設置された。

特別養護老人ホームへの入所要件として常時介護を必要とする者が規定され、介護の中身は高齢者の身のまわりの世話とされていた。当時は医療的ケアを必要とする要介護者は少なく、寮母という職名の無資格者が日常生活の世話を行っていた。その後、人口の高齢化や長寿化が急ピッチで進行し、医療ニーズを伴う要介護者の割合が上昇したことから、1980年代以降の在宅福祉の整備推進や医療と介護の連携強化が提唱され、2000年には介護保険制度が施行された。2005年の介護保険法改正では、介護予防重視システム（健康増進により要介護状態にならない・重度化させない）への転換と共に、地域包括ケアが中核施策として登場する。

地域包括ケアとは、どのような生活状況になっても地域社会の中で居住する住宅を確保することを基本として、日常生活圏域（およそ中学校区）において必要な時に必要な医療・福祉・介護・生活支援等が提供されるケアシステムである。2014年の介護保険法改正では、地域支援事業の中に日常生活支援総合事業が創設され、介護予防が一層強化されている。

つまり、「介護」という用語が公式文書の中に登場するのは、軍役によって健康を損ね日常生活の世話が必要となった人への支援策の中である。その後は長らく「介護」という用語は日常生活の世話

という意味合いで使用されてきた。しかし「介護」を必要とする人は重度の医療ニーズを有する人が増大すると共に、長い高齢期をいかに健やかに過ごし、人生のどの段階においても健康増進を積極的に推進するかといった観点から介護予防という概念も含めて、幅広い意味合いをもつようになった。一方「ケア」という用語は1990年以降に各学問分野で活発に議論されるようになった。最も狭義では医療・福祉などの領域に特化した「介護」ないしは「看護」とほぼ同意味として「ケア」は用いられ、中間的な意味では「世話」、広義では「配慮」「気遣い」といった意味で用いられている（広井2013：1-2）。

I 介護の概念と理念

## 3 健康寿命の伸長に向けて──助け上手は助けられ上手

わが国の平均寿命は、2016年現在で男性80.98歳・女性87.14歳（厚生労働省第23回生命表）となり、世界でもトップレベルである。多くの人が人生80年以上を謳歌する時代となった。1963年には153人しかいなかったセンテナリアン（100歳以上の長寿者）は、2017年現在6万7,824人にまで増加している。センテナリアンのうち、女性が占める割合は9割近く（87.5％）となっているが、女性が長寿である主な理由としては、女性ホルモンの作用や遺伝子構造に加え、男性に比べてストレス耐性があり、基礎代謝も男性に比べて低いので活性酸素が出にくく、老化の進行が遅延するためではないかといわれている。

長い老年期には老化の進行と共に、自立した日常生活が徐々に困難となり、介護やケアを必要とするようになる。平均寿命から健康上の問題で日常生活に影響がある期間を引いた健康寿命は、2013年で男性71.19歳・女性74.21歳と公表（厚生労働省）されている。2010年以降、健康寿命はやや改善傾向にあるが、2016年の国民生活基礎調査（厚生労働省）の「あなたは現在、健康上の問題で日常生活に何か影響がありますか」という設問では、全体の13.4％（男性12.0％・女性14.7％）が「健康上の問題で日常生活に影響がある」と回答している。真の長寿社会では健やかに安心して生活が可能となる健康寿命の伸展と、それをバックアップする社会環境の整備が求められる。

地域社会での人間関係のあり方は変化し、個のプライバシーを尊重するあまり、助けを必要とする人に手を差し伸べることが困難な状況になってきた。人々の世帯構成は小規模化・高齢化し、介護やケアを必要とする人の家族や同居人によるサポートも縮小している。幼児期における自立は、できないことを一つずつできるように獲得していく。老年期においての自立は、できなくなっていくこと

を一つずつ他者に委ねていくことである。できるだけ多くの人に少しずつ分担してもらいながら支援をお願いしてくこと。無論、自身ができることは自身のためのみならず、他者に対しても自身が支援者となって支え合う。継続的で息の長

い助け合い活動が不可欠となる。助け上手は助けられ上手でもある。地域包括ケアシステムの具現化には、こういった地域住民各自の自意識が当たり前に育まれなければならない。

（松田美智子）

# $2$ ICFとQOL

## 1 ICFとは

ICF（International Classification of Functioning, disability and Health）とは、日常の社会生活を送る上での支障となる障害を共通理解するために、世界保健機構（WHO）によって2001

年に採択された概念である。日本語では「国際生活機能分類」と訳され、人間の生活機能と障害に関する状況を言語化することを目的としている。ICFは、生活機能と障害および背景因子から構成さ

**図表1-1 ICFにおける生活機能モデル**

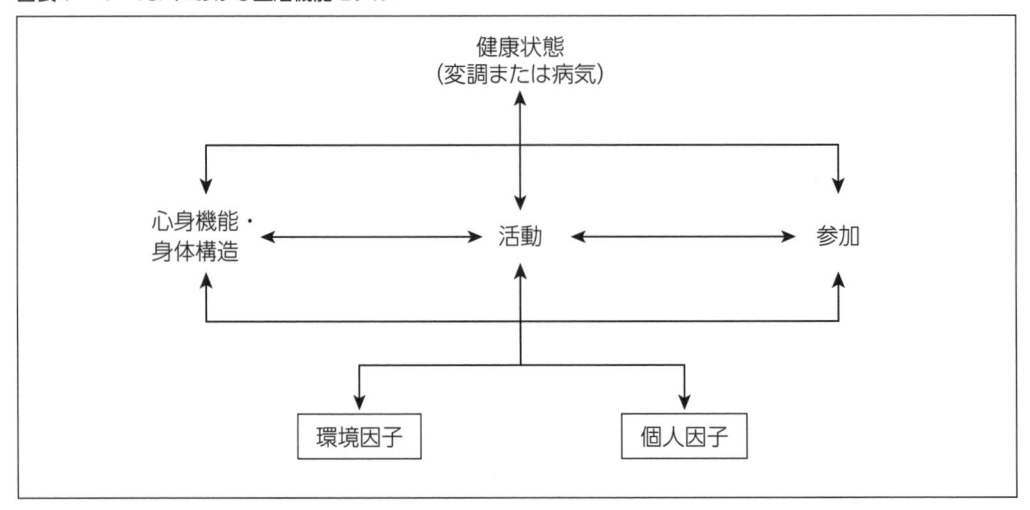

図表1−2　ICFの構成要素

| 生活機能と障害の構成要素 | 心身機能 | 身体系の生理機能（心理的機能を含む） |
|---|---|---|
| | 身体構造 | 器官・肢体とその構成部分などの身体の解剖部分 |
| | 活動 | 課題や行為の個人による遂行 |
| | 参加 | 生活・人生場面への関わり |
| 背景因子の構成要素 | 環境因子 | 人々が生活し人生を送っている物的・社会的・態度的環境 |
| | 個人因子 | 個人の人生や生活の特別な背景 |

れ、その全体像を図表1−1に、構成要素を図表1−2に示す。

　医療技術の進歩により、重篤な疾病を有していても健康的に社会生活を送ることが可能になった。ICFでは身体機能の障害による生活機能の障害（社会生活活動を送る上での不自由）を社会的不利としてのみ捉えるのではなく、どのような人にも全ライフステージにおいて障害を得る可能性は否定できないこと。障害は個々人の生活状況や個人特性によって困難の内容や程度が異なること。また環境因子という観点を加えることで、どのような社会環境で暮らすことによって障害による生活のしづらさは変化するのかを考え、全国民の保健・医療・福祉サービスや社会システム・技術のあり方の方向性を探るためのものである。

　生活機能と障害の構成要素である心身機能や身体構造の障害は、さまざまな社会活動や社会参加への活動制限や参加制約という疎外的な負の側面を有する。しかしながら人の生活機能と障害はそれぞれ単独に存在するのではなく、健康状態（疾病・変調・傷害・ケガ等）と背景因子（環境・個人）とのダイナミックな相互作用の中で、社会活動や社会参加を促進するという影響力をもつ。

　わが国の国民の多くがかかる疾患は生活習慣病である。生活習慣病の多くは医療的対応のみでは完治が困難なものが多く、個人のより良い適応と行動変容を目標に対応しなければ生活への支障は軽減・改善されない。同時に障害を個人に帰属するものととらえるのではなく、障害が社会環境の不整備により生じるという観点から、障害をもつ人の社会生活全分野への完全参加に必要な環境の変更や整備を、社会全体の共同責任と捉えて対応していくことが求められる。

　仮に疾病や事故による後遺障害で歩行困難（健康状態）となっても、移動機能をアシストする福祉用具やバリアフリーの社会環境（環境因子）が整備され、前向きに物事に取り組む個人特性の持ち主（個人因子）であれば、社会活動や社会参加の場は拡大する。熊谷は（2010：83）、障害は社会の中で多数派とは異なる条件をもった少数派が、社会の仕組みに馴染めないことから生じる生活上の困難であると述べている。

## 2 QOLとは

QOL（quality of life）とは、人生の内容の質や社会的な生活の質を意味する。人が人間らしく・その人らしく・幸福感を実感しながら生活しているかといった意味合いで用いられる。

構成要素は健康・人間関係・仕事・住環境・教育・余暇活動や趣味など、多様な要素から成り立つ。QOLは医療におけるさまざまな取り組みから発展してきた。かつての医学は病気のみを診て治療していた。病気をもつ主体であるその人や、その人の生活への視点が欠けていた。高齢者が風邪をひいてこじらせ、肺炎になった。肺炎は治療によって完治したが、治療中安静にしていた間に廃用障害（安静による機能低下）が進行し寝たきりになった。乳がんの治療で手術を受けたが、その後上肢の可動域（動かせる範囲）が低下し日常生活への支障が残ったなど、生活の質の低下が社会問題となった。がん患者の闘病生活における医療のあり方や、少子高齢化の進行により高齢者の介護やターミナルケアの現場でも、要介護者の生活状況への配慮や延命治療のあり方について取り沙汰されるようになった。

長期の療養を要する疾患や身体への侵襲が大きい進行性の疾患では、それまでの生活を維持することが困難になる場合が多く、日常生活を送る上で多くの制限や制約を受けることに繋がる。本人が望む生活や生き方、社会的に人間らしい生活の維持といった観点から、生活の質を低下させない、本人の尊厳を保ち自己決定や自己選択を可能にするためのインフォームドコンセント（説明と同意）や、それを可能にするためのアカウンタビリティ（説明責任）を保障することが求められ、生活の質（QOL）を低下させない取り組みが着目されるようになった。ホスピスや緩和ケアの現場では、QOLと並行してQOD（quality of death）についても議論されるようになってきた。生きていくことの果てには死が存在する。どのように生きて生活してゆくかは、どのような死を迎えるのかといったことの過程と同時進行している。

闘病生活のみならず、QOLの概念は本人がどれだけ生活に満足し充実感をもっているか、主観的な幸福感を実感できているかということと密接に関連している。1970年代のアメリカでは、障害者による自立生活運動（IL：independent living）が展開され、障害によって失われた機能の完全回復の見込みがなくても、社会参加や自己実現が可能となる社会の創設を求めた。IL運動によって、リハビリテーションの目標は日常生活動作（ADL：activity of daily living）の向上からQOLの向上へシフトした。

現代でも厳しい労働環境で自身の体調を崩し、仕事と自身の生活とのバランス（WLB：work life balance）が上手くとれずに心身を病む人。その余波に巻き

込まれ破綻する家族の生活。単独世帯の増加や地域社会関係の変化による社会的孤立。その果ての孤立死など、QOLが低い生活状況が続くと悲惨な人生の転帰が待っている。QOLの低下を招く誘因には、さまざまな社会事象も影響している。本人の意思とは異なる生活を余儀なくされる期間が長引くと、人は不安を感じ悲観的になり、自身が生きている意味について考え込んでしまう。そんな時に安心して相談したり頼ったりできる人がいないと、本人の生きる意欲は大きく低減する。本人がもつ強み（ストレングス）に着目し、本人が充足できる生活環境や社会生活活動が維持できるよう社会資源を活用し、生きる意欲を引き出すこと（エンパワメント）が援助者には求められる。心身共に健康な状態を維持することをめざす働きかけがQOLを高め維持することにつながる。

## 3 社会的存在としての人間と介護福祉

　すべての人は新生児として誕生した時点では、生活全般にわたってのケアが必要である。老化が進行した高齢障害者も基本的なニーズを満たしてくれる支援者がいなければ自立した生活を送ることはできない。ケアが必要な期間は、一時的な病気の時のように短期間の場合もあれば、固定あるいは進行性の心身の障害により長期間にわたってケアが必要な場合もある。人間は人によってサポートされながら成長し、社会の中で支え合いながら生きていく存在である。人と人による支え合いのサポートシステムの中核に介護福祉は存在する。

　若年人口が増加途上にある国においては、幼少者や老年者を世代間で支えることが可能であった。少子高齢化が急速に進行してきたわが国においては、人と人による支え合いシステムを継続していくには、抜本的解決としては少子化対策を強化することであろうが、わが国では出生率は思うように上昇していない。長命化が進行するなかでさまざまに老人問題が論じられるようになったが、元々老人問題は稼働能力が低下した高齢者を、誰がどのように扶養していくのかという経済問題が中心であった。年金や医療保険制度をはじめとする社会保障が整備されるなかで、つかの間、高齢者の経済問題は解決の道筋を得たかのように思われた時代があったが、経済面でのサポートシステムは世代間の支え合いを基本としているため、少子高齢社会においては、その機能の維持が困難になってきている。単に寿命が延びただけではなく、人生の後期まで健康的で活動的な状態を維持した高齢者が増加した今日、さまざまな生活状況にある人が、自身のもてる能力をさまざまに活用・提供しつつ社会的サポートシステムを維持していくことが必

要と提唱されている。

　そのような中で介護福祉に与えられた使命は、サポートを必要とする人の生活障害を社会環境の調整といった視点から低減させ、サポートする人もされる人も共に、その人らしく質の高い生活を送ることが可能となるような手段を模索していくことにある。

（松田美智子）

# 3 介護福祉の理念

## 1 介護から介護福祉へ

　最も狭義では、介護は医療・福祉などの領域に特化した具体的な介助や手当を意味する。個人の生活障害に帰属する狭義の介護から、ICFやQOLの観点を包含し、社会の中で共に生活する個人を支える介護福祉がめざす理念とは、具体的にどのようなものであろうか。当事者からの発信も含めて検討する。

（松田美智子）

## 2 私の人生を振り返って

　筆者は現在83歳で、介護を受けた経験がある当事者である。64〜79歳の間には脳梗塞を4回発症し、72〜76歳の間はうつ病でケアを受けていた。今後も介護福祉士のお世話になるかもしれない。介護を受ける利用者として、"Nothing about us without us"の国際的理念の立場から、私の83歳の人生を振り返りつつ「介護から介護福祉へ」について述べてみる。

　筆者は大学で障害児者教育を専攻し、その後、教育学部の障害児教育教員養成の教員として（そのうち4年間は附属特別支援学校校長）教育・研究に関わってきた。65歳（2000年）まで、障害の重い子ども、自閉症の子どもにも関わり

「介護福祉」活動を自ら実践していたともいえるが、国立大学で「介護」「福祉」の概念を十分に実践的に学んだり、研究したりしたことはなかった。

　私自身が狭義の介護実践に関わったのは、父親（82歳－当時）が1970年後半の時期に白血病の末期で入院した時であった。病室のベッドの脇で床に寝ながら24時間付き添いをした。亡くなるまでの6か月間、家族で交代しながら介護した。私は毎日、病床日記を書いていた。病床日誌は参考になると医師から言われたこともあったが、父親が死ぬ前日、「もう治療せず、自然に死なせてくれ」と言ったにもかかわらず、「がんばろう」と私が返したことを思い出す。

　私自身が64歳の時、1回目の脳梗塞になって入院した。その後、3回の脳梗塞を経験した。入院中は介護福祉士には本当にお世話になった。親切によく介護していただいた。しかし、医師や看護師と比較すると、なぜ、このような介護援助をするのか説明されることが少なかった。ベッドのまま浴室まで連れて行かれ、急にシャワーを浴びせられびっくりしたことを思い出す。

　そのような経験を活かしつつ「障害者・高齢者の心理」（主として認知症）を研究し、65～75歳まで10年近く介護福祉士養成（教育・研究）に深く関わった。退職後、77歳の時には訪問介護員2級課程（初任者研修）を修了した。高齢者、障害者の生活は多様であるにもかかわらず、教科書通りの課題レポートを書かないと再提出を求められた。しかし居宅介護実習（訪問介護実習）ではいい経験をした。

（藤本文朗）

## 3　訪問介護実習での経験から考えた介護福祉の理念
### ──当事者の立場から

　第一に、当事者は何よりも健康で文化的な生活を望み、人間らしく生きたいと思っている。その思いは、長いスパンの中で理解しなければならない。生活を支える中で、時には当事者がモンスターになる時もあるが、支えることを通して援助者も共に学び合える関係が望まれる。

　第二に、介護福祉の仕事はあらかじめ集められたデータ（基本情報）に基づき、生活面を中心にアセスメントされる。利用者の文化的生活史、障害とその変化、環境（家族・地域）などを含めて分析して対応することが求められる対人格的な仕事と言える。人間の尊厳を根底に据えた目的意識的労働ともいえる。

　第三に、2017年に「忖度」という言葉が一躍有名になったが、介護福祉の仕事は利用者の内面を「忖度」することが求められる。そのためには、その人の行動や言葉の後ろにある内面の心を少しずつゆっくり読み取る力、技術が必要である。

第四に、高齢者も発達する存在である。私個人のことであるが、80歳になって初めて学ぶこと、学問することに楽しさを感じることができるようになった。研究者や大学の先生になるために、教授になるために研究・学問をしたくないと思う。介護福祉労働のなかでは、互いに学び合い、両者が発達することが求められる。また定年後、大学へ社会人入学する人も多い。

当事者（利用者）の立場から、やや理念的に介護福祉について述べた。この仕事は、マニュアルがあってもマニュアル通りにはいかない難しい活動（仕事）だと言える。それゆえ、失敗を繰り返さないことが大切である。失敗を恐れることなく、それを栄養として自信をもってやってほしいと思う。

（藤本文朗）

## 4 介護福祉がめざすもの

現政権では、わが国の構造的な問題である少子高齢化に真正面から挑み、「希望を生み出す強い経済」「夢をつむぐ子育て支援」「安心につながる社会保障」の「新・三本の矢」の実現を目的とする「一億総活躍社会」が提唱されている。年代や性別、障害や難病のある人、失敗を経験した人もみんなが包摂され活躍できる社会づくりをめざしている。人生途上において生じるかもしれないさまざまな生活問題を他人事ととらえず我が事と各人が認識し、一人ひとりが個性と多様性を尊重され、家庭・地域・職場等で各人の希望が叶い、それぞれの能力が発揮され生きがいを実感できる社会の創設をめざしている。子育てや介護・社会保障の基盤強化といった、働き方改革をはじめとする諸施策には課題が多い。

この世に生を受けた者が、その人らしく個性を発揮して社会の中で充実感を

もって人生を全うすることをサポートする、それが介護福祉のめざすものであろう。幾つになっても、どのような状況にあろうとも、各人の自己決定が的確になされるよう必要な情報を提供し、求められる社会資源や社会環境を創出することが、介護福祉に携わる人には求められる。その根底には、人間という存在に対する深く多角的な理解が必要となる。

100歳を超えても現役医師として活躍し2017年に亡くなった日野原重明氏は、講演の中で「介護実践は言葉や態度で心がつながる。つまり介護はアートである」と繰り返し述べられていた。単に狭義の介助や手当を提供するのみならず、そこには人の尊厳を重視し、生涯にわたり人としての成長発達を促す働きかけの工夫やエッセンスを加える援助者側の手作業が不可欠である。依頼に応じて定型的に同じケアを提供するレディーメード

　介護福祉を提供する側の深い人間洞察と共に、関連する学際的な知識や技術が必要である。同じ内容を伝えるにしても、その表現方法は多様であり、その時・その人・その場の状況に応じた臨機応変な対応技術（コミュニケーションスキル）が求められる。またそこには、ケアを提供する側に「人の幸福な生活の実現をめざす社会づくりをめざす」といった福祉マインドが求められる。優秀な人工知能やロボットが開発されても、人間でなければできない配慮や気遣い・支え合いといった「介護福祉」という文化を継承し発展させてゆくことも、介護福祉の重要な理念の一つである。

（松田美智子）

**参考文献**

- 石田一紀『人間発達と介護労働』かもがわ出版、2012年
- 石田一紀「介護福祉労働の社会的意義をあらためて問う」『日本の科学者』2017年8月号
- エヴァ・フェダー・キテイ『愛の労働あるいは依存とケアの正義論』白澤社、2010年
- 大橋謙策編『講座ケア 新たな人間——社会像に向けて 第2巻 ケアとコミュニティ福祉・地域・まちづくり』ミネルヴァ書房、2014年
- 奥山恭子、田中真砂子、義江明子『扶養と相続』早稲田大学出版部、1998年
- 熊谷晋一郎『リハビリの夜』医学書院、2009年
- 河野勝行「介護福祉労働の専門性の議論のために」『日本の科学者』2017年8月号
- 実吉達郎『人類はいつから強くなったか』祥伝社、2000年
- パット・セイン『老人の歴史』東洋書林、2009年
- 広井良典編『講座ケア 新たな人間——社会像に向けて 第1巻 ケアとは何だろうか——領域の壁を越えて』ミネルヴァ書房、2013年
- マーサ・A・ファインマン著『ケアの絆——自律神話を超えて』岩波書店、2009年
- 松田美智子「介護の歴史を通してみた高齢者の権利擁護についての一考察」『華頂社会福祉学』Vol.1、15-25、2002年
- ミルトン・メイヤロフ『ケアの本質 生きることの意味』ゆみる出版、1987年
- 森山千賀子、安達智則編『介護の質「2050年問題」への挑戦——高齢化率40％時代を豊かに生きるために』クリエイツかもがわ、2012年
- 柳谷慶子『江戸時代の老いと看取り』山川出版、2011年
- 山口道宏『無縁介護—単身高齢社会の老い・孤立・貧困』現代書館、2012年
- 山中永之佑、竹安栄子、曽根ひろみ、白石玲子『介護と家族』早稲田大学出版部、2001年

## 私と障害と支援者との関わり
—— ある障害当事者からの一考察

### ・私と障害

高校2年の時、私はラグビーの練習中の事故で頸髄を損傷し、四肢体幹機能に障害を負った。その日を境に、食事、入浴、着替え等をはじめ、頭のかゆい所を掻くことさえサポートが必要な生活となった。私にとって身体の変化以上に辛く感じたことは、障害を負ってから実感した、この社会での「生きづらさ」だった。小学生の時、人権学習で車いすユーザーの方から「ちょっとした段差で行く手を阻まれる」という話を聞いたことがあった。障害を負い、高さ5センチの歩道の段差に車いすの前輪を取られた時、その時に聞いた言葉の意味を痛感した。

2003年から施行された「支援費制度」を使って、ヘルパーに毎日のサポートに来てもらっている日常生活においても、映画や買い物に行くことへの不自由はなくなった一方で、いざ学校に行こうとすれば、制度が使えないという現実が立ちはだかった。社会における「配慮」や既存の制度の中でしか、自分自身の生き方を認めてもらえない日常に「生きづらさ」を感じることが多くなった。

ただ、そんな生活を送る中で、それまで自分一人ではあきらめていたことに挑戦できるようになっていった。高校への復学については、通学するために制度が使えない現状をふまえて、高校側が介護タクシーを手配し、授業に関しては各担当教科の先生方が内容を工夫してくださり、乗り切ることができた。進学先の大学では、制度による支援もなく、大学によるサポートも限られていたなか、友人たちが自分たちの講義がない時間を利用して、サポートに入ってくれた。そして、障害の有無にかかわらず、どのような学生も大学に通える環境を作るため、学生同士が声を出し合い、大学に障害のある学生を支援する専門部署を設置するに至った。

日々の生活を支えてくれるヘルパーも、体調不良による急な通院や褥瘡を作らないためのきめ細やかな支援などを心掛けてくれている。こうした環境のもと、現在私自身は、代表理事として

NPO法人の活動に関わりつつ、大学院でスポーツ事故の社会的補償のあり方を研究テーマに取り組むことができている。「生きづらさ」を感じる日々からは考えることもできなかったことに挑戦できたのは、人と人との関わりから生まれる「フォーマル・インフォーマルを問わない支援者の存在」がなにより大きかったと考える。そして、その支援こそが障害当事者の選択肢を増やすことにつながると自らの経験から確信している。

### ・支援者との関係性

大学を卒業した頃から、漠然としたものではあったが、いつか一人暮らしをしてみたいという気持ちをもっていた。同世代の人たちが社会に出ていく背中を見ていく中で刺激を受けたこともあったが、なにより両親に掛ける負担を少しでもなくしていきたいという気持ちが一番大きかったと思う。想いを抱いてから一人暮らしを実現するまで5年以上の歳月を要した。親からヘルパーへの支援の引き継ぎ、バリアフリーの物件探し、クリアしなければいけないことは山積みだった。

そのようななかで、私が最も大事だと感じたことは、ヘルパーとの信頼関係だと考える。24時間の支援を必要とする日常生活では、さまざまな出来事があり、当然トラブルに発展することもある。そして、そのトラブルの多くがヘルパーとのコミュニケーションにおける失敗から生じているものだと思う。障害当事者とヘルパーは異なる人間であり、その異なる人間同士が相互理解を図るためには、相手の立場に立って考えることが不可欠である。この「相手の立場になる」という考え方は、通常は支援者側に求められるものだが、私は障害当事者にも必要だと考える。なぜなら、支援は一方通行のものではなく、障害当事者と支援者で作り上げていくものであるからである。そして、その繰り返しが強い信頼関係を築いていくことにつながると思う。

私は、障害を負ってからさまざまな人たちに支えられ、今を生きている。私が置かれている環境を理解し、私の障害を理解し、私のこれからを理解してくれている方々のおかげで、今の私がいる。これから福祉の分野・介護の現場で活躍されるみなさんには、ぜひ支援を求める人たちの一番身近な「理解者」であってほしいと強く願う。

中村　周平

# 2

# 介護福祉の発展過程

# 1 高齢者関連の法体系から介護保険法まで

## 1 戦前の高齢者福祉対策

日本古代の救済制度の根源は唐令に求められる。その救済対象・条件を示すのが「鰥寡孤独貧窮老疾」ならびに「自存不能者」という文言である[1]。養老律令の戸令11給侍条では、高齢者（80歳以上の者）に対して介護者である「侍」をつけることを定めていることから、今日の法令に基づく高齢者福祉制度の萌芽ともいえる（百瀬 1997：6−7）。この当時から生活が困窮した者の救済は、基本的に近親者や郷里の者が行うものとされてきた。そのほか、制度に基づくものではないが、仏教思想に基づく古代の救済施設として、聖徳太子によって建設されたとされる「四箇院」（593年）も存在していた。敬田院・悲田院・施薬院・療病院の四院からなり、なかでも悲田院で「孤老（身寄りのない老人）」と称される人々が収容され、救済が行われた。

その後、明治政府によって「恤救規則」（1874年）が制定されたが、この時も救済は基本的に「人民相互の情誼」（血縁者・地縁者同士の誠意に基づく私的救済）によるものとされた。公的な救済は「無告の窮民」（貧しく苦しい状態を告げ、救いを求めるところがない者）を対象としており、ここに高齢者も含まれていた。

日本でも次第に資本主義が発達してゆくにつれ、社会的原因による貧困問題が拡大し、恤救規則の抜本的改正と公的救済の拡大が政府内外から要請された。1929年に制定された「救護法」は、市町村による救護責任を定めた点で一定の進歩はみられたが、救済における公的責任や権利性を認めるものではなかった。また戦時期には、一部の対象者に限定したものであったが、公的年金制度や医療制度も整備されていった。

以上のように、第二次世界大戦以前の生活困窮者への対策の特徴は、あくまでも血縁・地縁に基づく私的対応を基礎としたものであり、公的救済はそれが困難な部分を補うものとして位置づけられていたこと、すなわち公的責任に基づいて、権利として保障されるものとして定められていなかった点にあるといえる。

## 2 第二次世界大戦後における社会保障・社会福祉の基盤整備 ——公的責任に基づく政策・制度の整備

　高齢者福祉に関わる公的な政策・制度が日本で本格的に整備されるのは、第二次世界大戦以後のことである。その特徴は戦前とは異なり、公的責任に基づいて社会保障・社会福祉の整備が行われるべきとされた点にある。この点に関わって、第一には公的扶助の原則を示したGHQによる指令「SCAPIN775」(1946年) が重要である。この中で示された「無差別平等」「公的責任」「必要充足」の3原則に基づき、戦後の公的扶助が開始された。

　また、生存権を定めた日本国憲法 (1946年) 第25条や、1950年の社会保障制度審議会による勧告などでも社会保障・社会福祉に関する公的責任が示されたことから、これ以後、公的責任を具体化するための政策・制度設計が進められていった。

## 3 福祉六法体制と国民皆保険・皆年金体制の確立

　戦争の影響を受けて生み出された多数の生活困窮者、戦争孤児、身体障害者への対策として、「(旧) 生活保護法」(1946年、1950年に新生活保護法へ改正)、「児童福祉法」(1947年)、「身体障害者福祉法」(1949年) が相次いで制定され「福祉三法体制」が確立した。なお、実際の社会福祉事業の供給については、各法に定められた「福祉の措置」に基づいて行われた。新生活保護法によって、戦前から存在していた養老院は、名称を「養老施設」へと変え、施設収容保護を行う保護施設の中でも「老衰のために独立して日常生活を営むことのできない要保護者を収容して、生活扶助を行う」施設として位置づけられた (小笠原 1995：15)。

　また、1951年に制定された「社会福祉事業法」では、新たに社会福祉法人が創設され、国・地方公共団体以外に社会福祉事業を担うことのできる主体として位置づいた。民間の社会福祉事業体は、社会福祉法人格を取得することで、措置委託制度 (以下、措置制度) に基づいて安定的に事業経営を行うことができるようになった (図表2-1)。この仕組みが、戦後の社会福祉供給体制として拡大した。

　1950年代には高齢者の年金・医療制度に関わる議論が展開された。社会保障制度審議会による「社会保障制度に関する勧告」(1950年) では、保険による被用者年金を基本としながら、子のいない70歳以上の高齢者には、無拠出の養老年金制度が必要であるとの指摘がなさ

図表2−1　措置委託制度に基づくサービス提供の仕組み

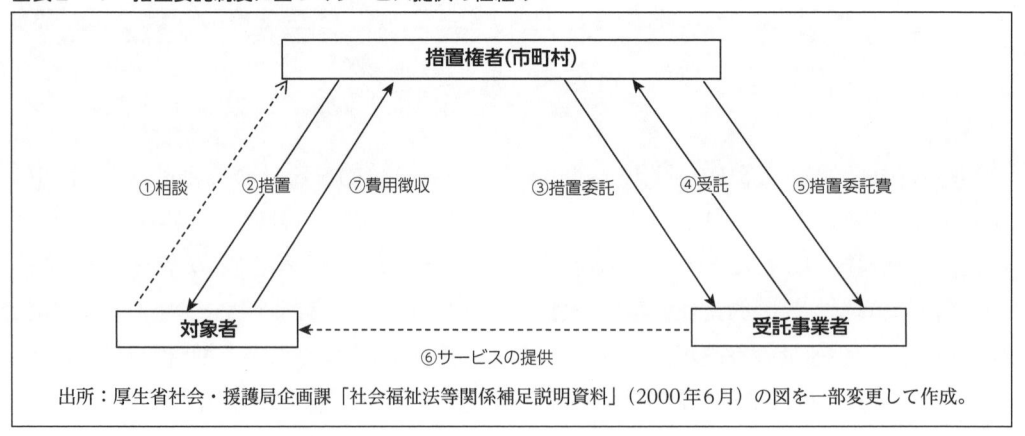

出所：厚生省社会・援護局企画課「社会福祉法等関係補足説明資料」（2000年6月）の図を一部変更して作成。

れた。年金・医療保険は戦前から存在していたが、その対象は民間被用者や公務員であり、自営業者や農民に対して十分な保障を行うものではなかった。こうした状況を受け、国民健康保険法が改正（1958年）され、未加入の国民全員が国民健康保険に入ることが義務付けられた（1961年4月実施）。公的年金についても、国民年金法の制定（1959年）によって拠出制国民年金が実施（1961年4月）されたことにより、国民皆保険・皆年金体制が確立した。

　1950年代・60年代に社会保障（福祉）制度の整備が進んだ背景には、一つに1955年から1957年の神武景気を皮切りとした高度経済成長があった。当時の池田勇人内閣は「国民所得倍増計画」を打ち出し、太平洋ベルトの形成など経済発展の基礎が構築され、経済成長に応じて社会保障・社会福祉の拡大・整備も進められた。しかし、もう一つには「生存権裁判」「人間裁判」とも称される朝日訴訟をはじめとした各種の社会保障運動が、社会保障（福祉）の発展に関わる極めて重要な要因でもあった（真田　1994）。

　そのような政治的動向のなか、対応が立ち遅れていた面への対策として制定されていったのが「精神薄弱者福祉法」（1960年制定、1998年に知的障害者福祉法）、「老人福祉法」（1963年）、「母子福祉法（1964年、1981年に母子及び寡婦福祉法、2014年に母子及び父子並びに寡婦福祉法）であり、これらによって福祉六法体制が確立した。

## 4　老人福祉法制定の背景

　老人福祉法が制定された背景として、大きくは、①老人福祉対策の強化を要請するに至った社会的条件、②制度上の問題からくる法制定への要請及びこれらに

応じた法制定への具体的な動き、という2点が挙げられる（大山 1964：20）。

前者については、高齢者人口の増加、就業機会確保の問題、家族による扶養意識の減退、社会環境の変化への対応があげられる。後者については、第一に年金以外の分野における老人福祉対策が不十分であり、当時行われ始めた対策も根拠法が異なることから円滑な運用が望めない状況があったため、老人福祉施策を総合的に体系化する単独の法律を制定することが効果的であるとの認識があった。

その他にも、老人福祉法の制定に影響を及ぼした具体的な動きとして、潮谷総一郎（熊本慈愛園長－当時）や杉村春三（九州社会福祉協議会連合会老人福祉部会長－当時）ら民間の関係者によって「老人福祉法案」（1953年）が提出されたことも注目される。さらに、1958年の全国養老事業関係者会議をはじめ、全国社会福祉大会や地方公共団体の議会、政党などでも老人福祉法の制定が取り上げ

られるに至り、このような動向を受けて厚生省でも老人福祉法の制定に向けた準備が進められ（大山 1964：20－35）、1963年に制定されるに至った。

老人福祉法の第2条には「老人は、多年にわたり社会の進展に寄与してきた者として、かつ、豊富な知識と経験を有する者として敬愛されるとともに、生きがいを持てる健全で安らかな生活を保障される」とする基本理念が定められるとともに、老人が努めるべき内容や社会参加の機会保障などが定められ、その後の高齢者関連の法整備の基盤となった。老人福祉法の制定に伴い、生活保護施設であった「養老施設」は「養護老人ホーム」へと改称され、「特別養護老人ホーム」「軽費老人ホーム」とともに入所施設として体系化された。また、それまで自治体の独自事業として行われてきた「老人家庭奉仕員派遣事業」が法的にも明文化され、1962年より法律に基づいて実施されることとなった。

## 5 「福祉元年」

1960年代には京都府の蜷川虎三、東京都の美濃部亮吉をはじめ革新市長が誕生していった。こうした革新自治体において、各種の福祉対策をはじめ、1960年から岩手県沢内村で取り組まれていた老人医療費無料化の取り組みが採用されてゆき、全国へ波及していった。このような地方公共団体の取り組みが国の制度

として採用され、1973年には国民健康保険加入者で65歳以上の者の10割給付（老人医療費無料化）が実施されるに至った。また、同年は年金の物価スライド制の採用や、医療給付の改善が行われたことによって「福祉元年」と称された。

なお、同時期には全国社会福祉協議会が「ねたきり老人実態調査」（1968年）

を実施し、当時70歳以上で寝たきり状態—より正確いえば介護者に寝かされっぱなしの状態—にある老人が約20万人に達していることが明らかにされた。これを受けて翌年に「ねたきり老人家庭奉仕員事業」が創設（翌年、老人家庭奉仕員事業に統合）された。イギリスでは「シーボーム報告」（1968年）が出され、在宅福祉サービスへの転換、コミュニティ・ケアの実現がめざされていった時期でもあり、こうした海外の動向からも影響を受けながら、日本でも脱施設化・地域福祉推進の議論が始まっていった。さらに、1970年には日本の高齢化率が7％を超え、高齢化社会に入ったことにより、さらに医療・介護の問題がクローズアップされてゆく要因となった。

## 6 オイルショックと「福祉見直し」への転換
### ——経済・財政サイドおよび社会福祉サイドの「福祉見直し」論

1973年は社会福祉拡大路線からの転換点でもあった。1973年に第一次石油危機（オイル・ショック）が起こり、それまで急成長を続けていた日本経済は低成長期へと移行した。これに伴って国家財政の収支バランスを保つことが困難となり、高度経済成長期のもとで設計されてきた仕組みの見直しが必要視されていった。

経済・財政面の問題意識から提起された「福祉見直し」論として、経済審議会総合部会企画委員会第二研究グループ「成長率低下のもとでの福祉充実と負担」（1975年）、財政制度審議会「社会保障についての報告」（1975年）などがあげられる。また1979年の「新経済社会七カ年計画」では、主に政府が担ってきた部分を国民の自助・互助によって補う形へとシフトさせる「日本型福祉社会論」が提起された。

これらの議論においては、財政支出の合理化・効率化とともに、福祉需要についての選別の強化・施策の重点化、負担の合理化・公平化の観点からの受益者負担の導入・強化、民間部門（団体・諸個人）の役割の拡大等が主張された。この発想は1980年代初頭に設置された「第二次臨時行政調査会」（第二臨調）へと受け継がれ、「増税なき財政再建」「活力ある福祉社会の実現」がスローガンとして打ち出され、1980年代以降の政策転換へとつながった。

他方で「福祉見直し」の提起は、少子高齢化による社会福祉需要の拡大、女性の社会進出や家族形態の変化に伴う扶養意識の変化、都市化・過疎化による地域社会の変容など、各種の社会環境の変化への対応を課題とした社会福祉制度の見直しを重視する立場からも行われた。全国社会福祉協議会社会福祉懇談会『これからの社会福祉——低成長下におけるそのあり方』（1976年3月）では、財源の

抑制を企図する経済・財政サイドからの主張と距離をとりつつ、それまでの救貧的な社会福祉施策を見直し、普遍主義的福祉の実現を企図した新たな社会福祉供給体制を模索する必要性が主張された。この点は全国社会福祉協議会「社会福祉改革の基本構想」（1986年）などでも繰り返しみられたが、以後の動向の中で、経済・財政サイドの主張と混合されながら改革の内容が具体化されてゆくこととなった。

また、この時期から徐々に表面化していったのが「高齢化社会＝危機」論である

る。川口はその論点として、①将来の超高齢社会における経済的・社会的対応の困難性、②生産年齢人口の経済的負担の過重さ、③社会保障制度、とりわけ老齢年金制度についての危機論の3点をあげている。そして、これらに関する議論は人口高齢化による経済的負担の増加と労働者人口の相対的低下というアンバランスな状況下で、将来的に経済や社会保障などの部面が破綻する「危機」を回避する対策の必要性を強調する議論であると整理した上で（川口ほか 1989：30－31）、その非妥当性を指摘している。

## 7 1980年代から介護保険制度の創設までの諸改革

1980年代には、先にもふれた第二臨調の方針を受けて行財政改革が行われていった。そのうち、社会福祉事業に関しては1985年から国の補助金の整理・合理化が進められ、施設措置費の国庫負担率が8割国負担から7割国負担に減少し、さらに1989年からは恒久的に2分の1へ引き下げられた。これと同時に「地方分権」も進められたが、実際には中央集権的な性格は維持されたとみられている（新藤 1995）。

高齢化の進展に伴い、老人医療費無料化による老人医療費の増大への対策が求められたことから、1982年には「老人保健法」が制定された。これによって老人医療費の無料化は廃止され、一部自己負担が導入された。なお、1987年の老

人保健法改正では、入院患者数を減らし、自宅復帰を促進するため、病院と入所施設の「中間施設」として新たに「老人保健施設」が創設された。社会保障制度審議会による「老人福祉の在り方について」建議（1985年）では、高齢者福祉対策は低所得者のみならずニーズを有するすべての高齢者を対象とすべきであり、それに伴って能力に応じた経済的負担が求められるとの主張がなされ、自己負担を求める動きが強まっていった。

1989年3月には福祉関係三審議会合同企画分科会による「今後の社会福祉のあり方について」と題する意見具申が行われ、社会福祉の改革案が示された。ここでは四つの理念として、①ノーマライゼーション、②福祉サービスニーズの普

遍化、③福祉施策の総合化・体系化、④利用者の選択幅の拡大、が示された。そして、①市町村の役割重視、②在宅福祉の充実、③民間福祉サービスの健全育成、④福祉と保健・医療の連携強化・総合化、⑤福祉の担い手の養成と確保、⑥サービスの総合化、効率化を推進するための福祉情報提供体制の整備を行う方向性が示された。

　これによって、施設サービスから在宅福祉サービスへの移行を図る「脱施設化」の動きも強まり、1989年12月に示された「高齢者保健福祉推進十カ年戦略」（ゴールドプラン）ではホームヘルプ、デイサービス、ショートステイなどの在宅福祉サービスを重点的に整備していく方針と整備目標が数値で示された。

　1990年の「老人福祉法等の一部を改正する法律」（福祉関係八法改正）においても在宅福祉サービスの積極的推進が謳われ、法的な位置づけの明確化や支援体制の強化が図られた。また社会福祉サービスの実施責任や措置権が市町村などの基礎自治体へ委譲された。さらに老

人福祉法・老人保健法に基づき、すべての都道府県、市町村に「老人保健福祉計画」の策定を義務付け、計画期間（1994年から1999年）に整備する目標値を定量的に示すことなどが指示された（1994年に「新ゴールドプラン」へ見直された）。

　日本の高齢化率が14％を超え「高齢社会」へと入った1994年には高齢社会福祉ビジョン懇談会による「21世紀福祉ビジョン——少子・高齢社会に向けて」が示された。これは、少子・高齢社会の到来を控え、国民生活に関連の深い社会保障を中心に、雇用、住宅、まちづくり、教育政策等を含めた総合的な福祉ビジョンを示したものであり、少子・高齢社会における社会保障の姿として、①公正・公平・効率性の確保、②年金、医療、福祉のバランスのとれた社会保障の給付構造の実現、③雇用政策、住宅政策、教育政策等関連施策の充実・連携強化、④自助、共助、公助の重層的な地域福祉システムの構築、⑤社会保障の安定財源の確保、という五つの方針が示された。

## 8　介護福祉サービス供給システムの転換
### ——介護保険制度の創設

　介護保険制度についての言及が初めて公になされたのは、社会保障制度審議会社会保障将来像委員会の第二次報告である。その後、老人保健福祉審議会において議論され、1995年7月には社会保障制度審議会が「社会保障制度の再構築——

安心して暮らせる21世紀の社会をめざして」と題する勧告で介護保険制度の創設を提言した。これと並行して提出された老人保健福祉審議会による一次報告「新たな高齢者介護システムの確立について」では、高齢化の進展による財源問題

図表2−2　介護保険制度に基づくサービス提供の仕組み

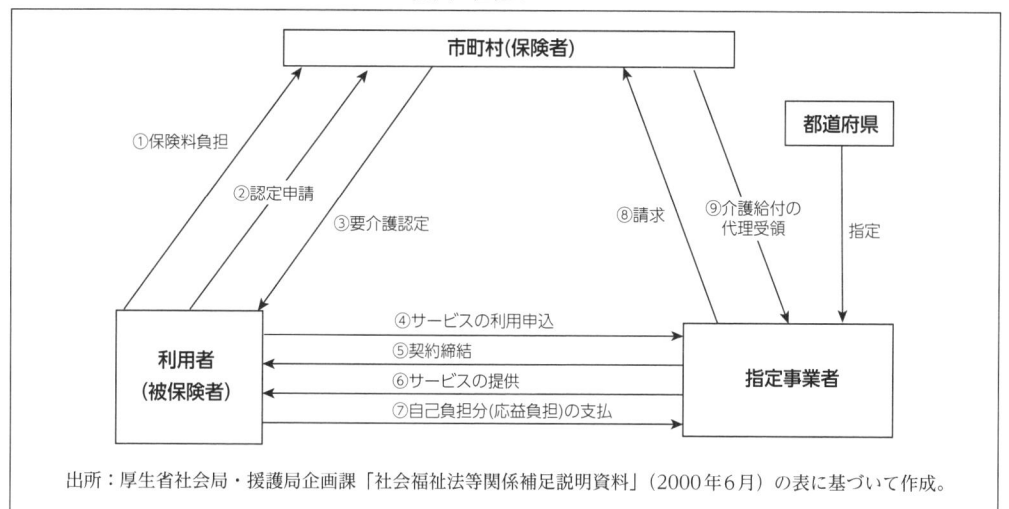

出所：厚生省社会局・援護局企画課「社会福祉法等関係補足説明資料」（2000年6月）の表に基づいて作成。

や措置制度の問題点などを踏まえ、高齢者介護を支えるための方法として「社会保険方式」を採用する方向性を示唆した。

介護保険制度が創設された背景にはさまざまな理由があるが、政府においては増大する介護需要への対応と措置制度の「問題点」の克服が企図されていた。措置制度の問題点に対する指摘は1980年代初頭よりみられており、行政行為に伴う反射的利益による「権利性の欠如」「非効率性」「サービスの質の低さ」などが指摘されてきた。この点に関わって堀は「措置制度は需要抑制機能の強い制度であり、高齢者介護政策の推進の桎梏となってきた」（堀 2004：252）とし、「措置制度からの転換を図るためには、社会的な介護サービスを受ける権利を保障し、供給による需要の管理から需要に応じた供給の創出という改革が必要である。そのためには、①扶養関係や所得水準とは関係なく、普遍的にサービスを提供する仕組みによってニーズを開放すること、②補助金による限定的な介護サー

ビスの基盤整備ではなく、ニーズに応じてサービスが増加していく仕組みをつくること、③サービスの増加に応じた財源が捻出される仕組みをつくること」（堀 2004：252）がめざされたと述べている。

このように、措置制度下の社会福祉供給の課題として、一つには「選別主義」とされる実態があった。この点については、措置制度の運用の仕方に問題があったとする有力な指摘もあったが、「普遍主義」へと転換するためには措置制度そのものの見直しが必要との認識が主流となった。財源調達の課題に関していえば、措置制度は税方式で運用されていたが、国民の増税への抵抗感が強かったこと、また法人税を納める経済界においても、当時進行していたグローバル化に伴う競争力の強化のため法人税減税への圧力が加わり、租税による確保の困難性が高まり、社会保険方式が有力視されていった。さらに、民間事業者の参入を促し、介護サービスの準市場（6−4、170頁〜を参照）を形成することによって、

サービスの供給量を増大させるとともに、その品質とコストを改善するといったねらいをもって介護保険制度は設計された。

　介護保険制度については老人保健福祉審議会によって議論がなされ、その最終報告となる「高齢者介護保険制度の創設について」(1996年4月)において骨格・内容が示され、1997年12月には、以上の議論を具体化する形で「介護保険法」

が成立した（2000年4月施行）。図表2－2は介護保険制度に基づくサービス提供の仕組みを示したものである。

　介護保険制度では、それまでと比較してサービス供給における負担と給付の関係が明確化したが、同時に1割負担（応益負担）の原則が導入されたことにより、サービス受給にかわわる権利性の問題、低所得者層への配慮のあり方が問われることとなった。

## 9　社会福祉基礎構造改革

　介護保険法が制定された1997年より、社会福祉基礎構造改革に向けた議論が開始された。その焦点は措置制度から契約制度への転換であった。措置制度に基づくサービス供給制度が、1997年に成立する介護保険制度で示された選択に基づくサービス供給の仕組に適合的ではないと考えられたからである。

　社会福祉事業等のあり方に関する検討会によって、1997年11月に「社会福祉の基礎構造改革について（主要な論点）」と題する報告書が提出された。同報告書では改革の方向として（1）対等な関係の確立、（2）個人の多様な需要への総合的支援、（3）信頼と納得が得られる質と効率性、（4）多様な主体による参入促進、（5）住民参加による福祉文化の土壌の形成、（6）事業運営の透明性の確保、の6点があげられており、主な検討事項として措置制度から契約制度へ

の変更を示唆する内容が盛り込まれた。

　1998年6月には「社会福祉基礎構造改革について（中間まとめ）」が中央社会福祉審議会社会福祉構造改革分科会において報告され、福祉を取り巻く状況が変化するなかで、社会福祉の基礎構造としての各制度が十分に対応できていないとの見解に基づき、基礎構造を抜本的に改革する必要性が示された。その内容は「社会福祉事業の推進」「質と効率性の確保」「地域福祉の確立」の大きく三つに分けられ、前年の「主要な論点」がより具体化された。加えて、同年10月には「社会福祉基礎構造改革を進めるに当たって（追加意見）」が出され、最終的な方向性が固められた。

　厚生省（当時）はこれを受ける形で「社会福祉の増進のための社会福祉事業法等の一部を改正する等の法律」を国会に提出し、2000年5月に成立、翌月施行さ

れた。この法律の施行により、1951年の「社会福祉事業法」は「社会福祉法」へと名称変更され、他の社会福祉関係各法も一部改正が行われることとなった。

## 10 2000年以降の高齢者介護に関わる動向——介護保険制度の見直し

介護保険制度は、5年を目途に見直されることとなっており、これまで2005年、2010年、2015年に見直しが行われてきた。

2005年の改正では、介護保険費用の増大を受け「制度の持続可能性」が課題としてあげられるとともに、認知症高齢者や一人暮らし高齢者の増加、さらに「ベビーブーム世代」が高齢期に入る2015年を見据えた見直しが行われた。具体的には、①新予防給付・地域支援事業の創設による「予防重視型システムの確立」、②介護保険3施設のホテルコスト（居住費）・食費負担の導入や低所得者の負担軽減などの「施設給付の見直し」、③地域密着型サービスの創設や地域包括支援センターの設置による「新たなサービス体系の確立」、④介護サービス情報の公表や事業者規制の強化等による「サービスの質の確保・向上」、⑤保険料設定における低所得者への配慮や要介護認定の見直し等の「負担の在り方・制度運営の見直し」である。

2011年の改正においては、重度の要介護高齢者や医療ニーズの高い高齢者の増加や介護人材の不足等への対応が課題とされ、「地域包括ケアシステム」の実現を図ることが示された。見直しの内容は、①定期巡回・随時対応型訪問介護看護や複合型サービスの創設、「介護予防・日常生活支援総合事業」の導入による「医療と介護の連携の強化等」、②介護サービス事業所における労働法規の遵守の徹底、介護職員等による喀痰吸引の実施を可能とすることを通じた「介護人材の確保とサービスの質の向上」、③サービス付き高齢者向け住宅（サ高住）の供給促進による「高齢者の住まいの整備等」、④市民後見人の育成・活用、市町村介護保険事業計画における認知症支援策の導入による「認知症対策の推進」、⑤市町村による地域密着型サービスの公募・選考による指定を可能とした「市町村（保険者）による主体的な取組の推進」が柱となった。

2015年の改正介護保険は、次項で見る医療・介護の一体改革の動向を受けて2014年に成立した「医療介護総合確保推進法」に基づき、「地域包括ケアシステムの構築と費用負担の公平化」を図るための見直しが行われ、その柱として以下の5点があげられた。

①在宅医療・介護連携の推進などの地域支援事業の充実とあわせ、予防給付（介護予防訪問介護、介護予防通所介護）を地域支援事業に移行し、多様化。

②特別養護老人ホーム（介護老人福祉施設）について、在宅での生活が困難な中重度要介護者を支える機能に重点化。
③低所得者の保険料軽減を拡充。
④一定以上の所得のある利用者の自己負担を2割へ引き上げ。
⑤低所得の施設利用者の食費・居住費を補填する補足給付の要件に資産などを追加。

2017年にも「地域包括ケアシステムの強化のための介護保険法等の一部を改正する法律」と題して部分的な改正が行われた（2018年4月1日施行）。同法では「高齢者の自立支援と要介護状態の重度化防止、地域共生社会の実現を図るとともに、制度の持続可能性を確保することに配慮し、サービスを必要とする方に必要なサービスが提供されるようにする」ことが示され、二つの柱が設定されている。一つは「地域包括ケアシステムの深化・推進」であり、
①自立支援・重度化防止に向けた保険者機能の強化等の取組の推進（介護保険法）
②医療・介護の連携の推進等（介護保険法・医療法）
③地域共生社会の実現に向けた取組の推進等（社会福祉法、介護保険法、障害者総合支援法、児童福祉法）が含まれている。

もう一つは「介護保険制度の持続可能性の確保」であり、①2割負担者のうち特に所得の高い層の負担割合を3割とする（介護保険法）ことや、②介護納付金への総報酬割の導入、が含まれている。

## 11 医療・介護の一体改革

現在の介護保険制度のあり方に大きな影響を与えている動向として、「医療・介護の一体改革」がある。これは社会保障国民会議の「最終報告」（2008年）において、特に医療・介護・福祉サービス提供体制の改革について言及されたことが契機となっている。「最終報告」を受け、同年12月に「持続可能な社会保障構築とその安定財源確保に向けた中期プログラム」が閣議決定された。その後、2012年8月には「社会保障制度改革推進法」が成立し、介護保険については

サービスの効率化・重点化、保険料負担の増大の抑制を図る方針が示された。

2012年11月には「社会保障制度改革国民会議」が設置され、翌2013年8月に『社会保障制度改革国民会議報告書－確かな社会保障を将来世代に伝えるための道筋』が提出された。この報告書をふまえ、同年12月に「持続可能な社会保障制度の確立を図るための改革の推進に関する法律（プログラム法）」が成立し、それを具体化するために「地域における医療及び介護の総合的な確保を推進するための関係法律の整備等に関する法律（医療介護総合確保推進法）」が2014年

6月に成立した。医療・介護の一体改革は、次のような問題意識に基づいている（社会保障制度改革国民会議 2013：21、傍線は筆者）。

　日本が直面している急速な高齢化の進展は、疾病構造の変化を通じて、必要とされる医療の内容に変化をもたらしてきた。平均寿命60歳代の社会で、主に青壮年期の患者を対象とした医療は、救命・延命、治癒、社会復帰を前提とした『病院完結型』の医療であった。しかしながら、平均寿命が男性でも80歳近くとなり、女性では86歳を超えている社会では、慢性疾患による受療が多く、複数の疾病を抱えるなどの特徴をもつ老年期の患者が中心となる。そうした時代の医療は、病気と共存しながらQOL（Quality of Life）の維持・向上をめざす医療となる。すなわち、医療はかつての『病院完結型』から、患者の住み慣れた地域や自宅での生活のための医療、地域全体で治し、支える『地域完結型』の医療。実のところ医療と介護、さらには住まいや自立した生活の支援までもが切れ目なくつながる医療に変わらざるを得ない。

　このように「病院完結型」医療から、「地域完結型」への医療が求められているにもかかわらず、実際には医療ニーズと医療提供体制のミスマッチが生じている点に問題があるとされる。これを解消するために急性期医療への人的・物的資源の集中投入と、入院期間の縮減、早期の家庭復帰・社会復帰の促進、受け皿となる地域の病床や在宅医療・在宅介護の充実が課題となる。そして、こうした医療制度改革の「両輪」として位置づけられているのが、「地域包括ケアシステム」の構築である（本章第3節参照）。本節でみてきたような歴史的経過を振り返りつつ、新たな時代の高齢者医療・介護・福祉のあり方を模索してゆくことが求められている。　　　　　　　　　　（北垣智基）

# 2 障害者福祉関連の法体系の変遷

## 1 戦前の障害者福祉対策

　キリスト教の信者であった内村鑑三は、アメリカから帰国後の1894年、知的障害児者を保護する「白痴院」の必要性を説いた。その思想は、知的機能の発

育を阻害しているものを取り除き、正しく発育できるよう促すこと。社会の嘲笑から保護し、男女の関係を断ち、彼等の欠点を後世に残さない、そして、彼等を一か所に集めることによって社会の安全を保ち、そして彼等を訓練する必要がある、などであった。

戦前の障害者児に対する社会的支援は、個人に対する養育的観点に基づくものではなく、そのことを通じて社会秩序、治安の安定を目的としたものであった。また、精神障害者についても、1900年制定の「精神病者看護法」は精神障害をもつ人の家族に生活保障一切の責任を負わせるものであり、医療にかかる公費補助も認められず、そのため医療にかかることもできなかった。1919年に「精神病院法」が制定されて各県に精神病院の設置が義務付けられ、精神障害者の医療への接続が促されたが、医療費の自己負担は一般市民ではとても払えるようなものではなかった（杉本 2008）。

1874年制定の恤救規則（2−1、24頁参照）も、対象は困窮者でかつ救いを求めるところがない者であったが、その困窮とは貧困であり心身の障害に基づく生活困難を救済するものではなかった。蟻塚昌克は障害者にかける費用について、「冗費といった認識が強かった。冗費とはまさに『むだづかい』ということであり、生活困窮者や障害者への施しは、かえって惰民を養成すると考えられていた」（蟻塚 2009：45）と述べている。

また、山田明によると「1917年（大正6年）内務省地方局に救護課が設置され、翌年には内務大臣の諮問機関として救済事業の在り方を検討するための救済事業調査会が設置（中略）『精神病白痴低能の救済』『盲唖及低能教育』が挙げられたが（中略）『差当り調査を要する事項』からはずされた」（山田 2013：94）とある。日本は、明治後期から大正、昭和にかけて資本主義体制を拡大させていったのであるが、傷痍軍人の救済のように富国強兵を担う国力となりうるための施策は行っても、人権尊重に基づいて国民を救済しようとするものではなかった。資本拡大による過酷な労働や戦争によって障害者が生み出されており、当時の政府は「障害者」の存在を認識していたようではある。

1916年の「工場法」は、障害扶助料として労働災害によって受傷した者にわずかな手当てを与えるというものであったが、生活を支えられるほどではなかった。また民間事業者による傷病手当のようなものはいくつか存在したが、公的な労働による傷病に対する施策はなかった。他方で、1923年工場法の改正により障害扶助料が拡大され、また1929年には救護法が制定され、障害者や生活困窮者の生活に必要な費用や物品が支給された。政府が企図していたのは、その後により一層、本格化する政府主導の資本拡大政策に対する国内の秩序安定と、国民の無気力化の回避であった。

## 2 戦後の障害者福祉関連法の成立過程

第二次世界大戦後、障害者福祉関連法で最初に成立したのは1949年の身体障害者福祉法である。成立当初の第1条は、次のように記されていた。「身体障害者の更正を援助し、その更正のために必要な保護を行い、もって身体障害者の福祉を図ることを目的とする」。さらに、続く第2条において「更正の努力」とあり「すべての障害者は自ら進んでその障害を克服し、速やかに社会経済活動に参与することができるように努めなければならない」とされていた。身体に障害をもつ人々の権利擁護を全面的に保障する近代の法のあり方とはかけ離れ、当時の身体障害者福祉法は、支援はするが、まずは障害がある本人が障害を克服する努力をし、そして労働し給与を得、税金を納めることをめざすよう求めていた。

1951年に出版された『身体障害者福祉法更正指導の手引き』には、当法に使用されている「更正」の意味が記されている。すなわち、身体障害者福祉法は職業能力があり、職業上の更生の可能性がある身体障害者を援護することを目的としていること、そして、ここでいう「更生」とは、職業に就くための準備を指すというものである。当時の目的からすると、当法の対象は、すべての身体に障害をもつ人ではなく職業訓練によって障害を克服し経済活動に参加できる人であったことがわかる。

身体障害者福祉法の成立あたっては、

第二次世界大戦後に生み出された戦傷病者の存在が大きな影響を与えた。戦争により住宅をはじめとする生活物資や職業を失った人々とともに、身体にさまざまな障害を負ってしまった人々が大量に生み出されることになり、その対策として成立したのである。1946年旧生活保護法、1947年児童福祉法と同様に、法の目的は個人の権利擁護よりも、戦後の混乱した日本社会の復興にむけた対応としての性格が強かった。

終戦から身体障害者福祉法成立までの間には、国民による運動があったことも押さえておかなければならない。国立病院・療養所は敗戦後、一般の戦傷病者や元軍人患者であふれかえり、ハンセン療養所の患者やその他患者も含めて薬品や物資が窮乏した。多くの病院や療養所が、戦争によって破壊されたりGHQによって接収されたりしたのである。これまで優遇されていた元軍人患者も政府からの保護が次第に打ち切られ、行くところがないにも関わらず退院を迫られた。このような状況のなかで、1946年以降、国立病院や療養所では患者自治会が各地で結成され、必要な公的援助を求めた。

また同時期、視覚障害者による運動も展開されていた。戦前から視覚障害者によって鍼灸の施術が行われていたが、鍼灸術そのものを非科学的であるとみたGHQが、1947年、鍼灸術の施術廃止の方針を打ち出した。それに対し、鍼

灸・按摩の業界関係者や盲学校関係者は、鍼灸術は「視覚障害者の生活権の基本にかかわる問題」（杉本 2008：40）であると訴え、GHQ に鍼灸術廃止の撤回をさせた（杉本 2008）。戦後の混乱

した社会ではあったが、このような国民による自らの生活を守ろうとする運動が、戦後社会の基本的人権思想や、権利保障に関わる法制度の礎となった。

## 3　知的障害者福祉法の成立

　身体障害者福祉法に続き、1960 年に「精神薄弱者福祉法」（1998 年の改正により現在の「知的障害者福祉法」へ改称された）が成立した[2]。知的障害者福祉法の成立には、身体障害者福祉法の成立から 10 余年の歳月を要している。その社会的背景をみると、当時の障害がある人に対する思想がうかがえる。

　中野によれば、明治政府の富国強兵策以来、日本では傷痍軍人対策の一環として身体障害者が認識されてきた歴史があった。こうした経緯から、障害が軍隊での活動によるものかどうかという検討対象になりうる人（＝身体障害者）と、そうではなかった人々（＝知的障害者を含む精神障害者）との間に認識・対応上の「格差」が生じたと考えられる（中野 2009：7 − 8）。

　すなわち、日本では障害関係法の対象が「社会に貢献できる人」あるいは「リハビリテーションによってその可能性がある人」とされてきた歴史があり、知的障害をもつ人はその範疇に含まれていなかった。こうした考え方が第二次世界大戦以後も残っていたため、知的障害をも

つ人が法によって擁護されるまでに、しばらくの時間を要したのである。

　また小沢浩は、著書の中で終戦直後の障害児の様子を次のように記述している。「敗戦の日本は、何もかもが異常だった。外来が混んでくるとともに、東京にも捨て子が増えていった。子どもを産んだが育てる能力がなく、捨て子をする。産院では、産んでから母親が逃げてしまう。つまり産み捨てがしばしばあった。そのなかには障害児も多かった。〜（中略）〜提樹はその捨て子たちを何人も入院させた」（小沢 2011：41）。ここで登場している「提樹」とは、小林提樹のことである。

　小林は 1908 年生まれの小児科医で、主に日本赤十字病院で障害児医療に従事し、1961 年に日本初の重症心身障害児施設「島田療育園」の設立に尽力した。また、1946 年に滋賀県で「近江学園」を開設し障害児療育に尽力した糸賀一雄も「精神薄弱（原文ママ）の社会問題が発生してくるその社会機構を問いながらも（中略）教育と治療の手をさしのべることができるような政策と施策を推進せ

ねばならなかったのであるし、同時にま、その教育と治療のために必要な技術の開発という未知の世界にも挑戦せねばならなかったのである」（糸賀 1967：11）と述べている。

1947年に「児童福祉法」が成立していたが、当初の児童福祉法は戦争孤児対策が主な目的であったために、障害をもつ子どもへの対応は法的には皆無であった。

この辺りのことについて細渕富夫は「重症児は、国から教育権はもとより医療を受ける権利まで奪われ、まさに『法の谷間』で生存権すら奪われかねない危機に直面したのである」（細渕 2003：5）と述べている。

## 4　精神障害者に関する法律の変遷

戦後の精神障害者に関する法律としては、先述した「精神病者監護法」（1900年）および「精神病院法」（1919年）を統合する形で、1950年に「精神衛生法」が制定された。それまで、精神障害がある人については保護責任者（家族）が自宅で保護することが原則であった。しかし、精神保健法によって公的に治療・保護が行われることとなった。

以後、精神衛生法は主に覚せい剤による精神疾患への対応とした1954年改正、そして「ライシャワー事件」（1964年）を受け、1965年に「社会的保護」を明文化した改正が行われた。しかし、通報や措置入院という保護の仕方が、精神障害がある人の尊厳を侵害した方法であるとの世論によって、1988年「精神衛生法等の一部を改正する法律」で保護から社会復帰への道を開くとともに、名称も「精神保健法」に改められた。

さらに1995年には「精神保健法等の一部を改正する法律」で「精神保健及び精神障害者福祉に関する法律」と改称された。ここで注目すべきは、同法の目的に「自立と社会経済活動への参加の促進」が明記されたことである。すなわち、それまで治療や収容保護の対象であり続けていた精神障害者の社会参加と、そのために必要な社会福祉的観点からの支援を理念として掲げた点で、重要な転換点であった。

1990年代には、各地でセルフヘルプグループが結成されはじめ、それまで孤立しがちであった精神障害のある人々が、自らの望む暮らしや労働、社会参加を目指して横のつながりをもつようになった。1992年には「精神障害者地域生活援助事業」の創設によってグループホームが各地で設立されるようになり、また1997年に「精神保健福祉士法」、1999年には「精神障害者居宅生活支援事業」が成立した。

精神障害者の援助に対する専門職の創出とともにホームヘルパーやショートス

テイなどの制度が確立されたことによって、精神障害がありながらも、地域で必要な援助を受けながら、自立生活と自己実現を目指して暮らせる仕組みが整いはじめた。

2013年には「精神保健及び精神障害者福祉に関する法律の一部を改正する法律」によって、精神障害をもつ人が、社会復帰後も引き続き支援を受けられる仕組みや、地方自治体が中心となって地域で支えられる仕組みなどが構築された。現在、精神障害者は障害者総合支援法の対象になっている。

## 5 心身障害者対策基本法(のちの障害者基本法)の成立

障害者福祉関連の法律は、それまで障害形態別に個別的に規定されていたものしかなかったが、1970年に入ると障害者支援の根幹を示す基本法が登場した。これは各省庁にまたがり、障害をもつ人に関連する管轄する部署すべてにあてはまるものとしての役割を果たすようなものであった。

1970年に成立した心身障害者対策基本法の第一条（目的）は「この法律は、心身障害者対策に関する国、地方公共団体等の責務を明らかにするとともに、心身障害者の発生の予防に関する施策及び医療、訓練、保護、教育、雇用の促進、年金の支給等の心身障害者の福祉に関する施策の基本となる事項を定め、持って心身障害対策の総合的推進を図ることを目的とする」とあり、また同法における心身障害者の定義として、「肢体不自由、視覚障害、聴覚障害、平衡機能障害、音声機能障害若しくは言語機能障害、心臓機能障害、呼吸器機能障害等の固定的臓器機能障害又は精神薄弱等の精神的欠陥があるため、長期にわたり日常生活又は社会生活に相当な制限を受ける者をいう（原文ママ）」とされていた。この時にはまだ、心身障害者には精神疾患は含まれていない。

さらに、現在は条文から削除されているが、第六条には自立への努力として「心身障害者は、その有する能力を活用することにより、進んで社会経済活動に参与するようにつとめなければならない」と明記されていた。この文言は1993年の「障害者基本法」への名称変更をともなう法案改正時点でも残され、2004年6月「障害者基本法の一部を改正する法律」によって削除された。

## 6　障害者の権利擁護に関する国連の動きと障害者支援の理念の発展 ——国連の障害者権利擁護の動き

　1950年、国際連合（国連）は「世界人権宣言」を採択した。条文冒頭「すべての人間は、生れながらにして自由であり、かつ、尊厳と権利とについて平等である。人間は、理性と良心とを授けられており、互いに同胞の精神を持って行動しなければならない」とあり、まさに二つの世界大戦を経て、人間の命と尊厳が奪われた歴史の反省に立って、全30条により人間の自由と権利の存在が謳われている。さらに、同年には国連最初の障害者関係における決議であった「身体障害者の社会リハビリテーション決議」が採択された。

　1969年の第24回国連総会では、社会問題や人権問題の解決、人種差別の世界的撤廃について活発な議論が行われた。その後の各年の総会議論をへて、1971年第26回国連総会にて「知的障害者の権利条約」が採択され、条文冒頭「知的障害者は最大限可能な限り他の人々と同じ権利を有する」という知的障害をもつ人の基本的権利が明記された。ノーマライゼーションという用語が公式に使われたのもこの「知的障害者の権利条約」が最初である。

　さらに、1975年に「障害者の権利宣言」が採択され、翌年の1976年に開催された第31回総会では1981年を「国際障害者年」とすることを決議した。これを受け、1979年の第34回総会において「国際障害者年行動計画」が練られ、1981年の「国際障害者年」を迎えた。その前年の1980年、日本でも国連の動きにあわせて、当時の総理府（現内閣府）に国際障害者年推進本部が設置された。

　国連はさらに「国際障害者年」のテーマを「完全参加と平等」とし、その実現をめざして1982年「障害者に関する世界行動計画」を採択、1983年から92年を「国際障害者の十年」と定めた。これが、日本において障害児者に関連する制度設計や社会的環境の整備などが、長期的な視点で実施されていく契機となった。

## 7　国連国際障害者年が日本の障害者施策へ与えた影響

　当時の総理府に設置された国際障害者年推進本部は、1982年3月「障害者対策に関する長期計画」を策定したが、これが政府としては初めての障害児者関連の長期計画であった。この計画は、これまでの障害特性に応じた個別的障害対策ではなく、障害がある人の暮らし全般に関わる対策を計画し、さらに障害の概念

も「単に障害者の個人的問題としてとらえるのではなく、個人とその環境との関係において生じている社会全般にかかる基本的問題」として押さえており、個人を直接的に支えることと同時に社会環境や社会資源を、障害がある人に応じて改変していこうとする流れがみられるようになった。この長期計画の大項目をあげると、①啓発広報活動、②保健医療、③教育・育成、④雇用・就業、⑤福祉・生活環境である。

同本部は1982年4月に改組し「障害者対策推進本部」へと名称が変更された。さらに1987年に「障害者対策に関する長期計画—後期重点施策」（長期計画）を策定し、その後に計画を引き継ぐ形となった。この長期計画は、「すべての障害者は一人の人間として、その人格の尊厳性を回復する可能性を持つ存在であり、その自立は社会全体の発展に寄与するものであるという『リハビリテーション』の理念と、障害者ができる限り一般市民と同様に生活し、活動することができるような生活条件を障害者に提供するという『ノーマライゼーション』の理念とを基本理念（後略）」とするものであり、1950年の世界人権宣言や75年の障害者の権利宣言の思想が盛り込まれたものといってよい。

さらに、この長期計画は1993年の「障害者対策に関する新長期計画」（新長期計画）に引き継がれていく。新長期計画の目的は、「障害者の主体性と自立性の確立、全ての人の参加によるすべての人のための平等な社会づくり障害の重度化・重複化及び障害者の高齢化対応、さらに施策の連携等」が掲げられた。この新長期計画はこれらの目的を踏まえて、ポスト「国連・障害者の十年」の意味合いも含み、1993年から2002年のスパンを想定していた。

そして新長期計画のうち、1996年から2002年の期間の計画として、1995年に新たに登場したのが「障害者プラン～ノーマライゼーション7か年戦略」であった。障害者プランは、基本的には新長期計画の理念を踏襲したが、具体的な障害者サービス提供事業所の整備目標を掲げたところが特徴である。グループホームや福祉ホーム、授産施設、福祉工場、および重症心身障害児者の通園事業所、精神障害者生活訓練施設、精神障害者社会適応訓練事業所、精神科デイケア施設、身体障害者療護施設、精神薄弱者更正施設などの整備について7年間で設置する数を具体的にあげたものとなった。

## 8　障害者施策の理念の転換——障害者基本法

障害者基本法は、1970年の心身障害者対策基本法からの流れを汲み1993年

に成立した（以降2004年、2011年に主な改定がなされている）。条文の柱として、第一条（目的）に「全ての国民が、障害の有無にかかわらず、等しく基本的人権を享有するかけがえのない個人として尊重されるものであるとの理念にのっとり（中略）障害者の自立及び社会参加の支援等のための施策に関し、基本原則を定め、及び国、地方公共団体等の責務を明らかにするとともに、（中略）障害者の自立及び社会参加の支援等のための施策を総合的かつ計画的に推進することを目的とする」とあり、障害がある人への施策としてめざすもの（理念）、障害の定義、さらに国・地方公共団体の責務が明記されている。

　ちなみに、障害者基本法の国・地方公共団体の責務として、主には障害者施策の計画を立案し、その実行にむけて計画を推進していかなければならないことを示している。そして、障害者基本法を根本的に規定しているのが「身体障害者福祉法」および「知的障害者福祉法」であるが、この2つの法律においても国・地方公共団体の責務を規定しており、身体障害がある人、あるいは知的障害がある人の「自立と社会経済活動への参加を促進するための援助と必要な保護（「更生保護」という）の実施につとめなければならない」と明記されている。

　これは、国・地方公共団体の責務として「更生保護」を謳ったもので、国・地方公共団体の責任のもと、「措置」として障害支援サービスを提供せねばならないことを意味していたのである。ところが社会福祉基礎構造改革によって2003年に導入された支援費制度をはじめ、2005年の自立支援法、2013年の障害者総合支援法は、措置制度ではなく「契約制度」を法の根本規定としているところは、押さえておかなければならない。

## 9 社会福祉基礎構造改革の議論

　社会福祉基礎構造改革の議論の一つの原点は、1995年の「社会保障審議会勧告」に見ることができる。これはいわゆる「95年勧告」と呼ばれているもので、1995年当時「総理府」に置かれた社会保障審議会によって、今後の社会保障のあり方について転換の方向が示されたものである。95年勧告は、これまでわが国が培ってきた社会保障制度が、国民の「生活に安定」をもたらし、「貧富の格差を縮小」し、「経済の安定的発展に寄与」してきたことを振り返りつつも、これからの日本社会において社会保障制度を維持していくうえでの懸念材料を以下の三つの視点で示している。

　一つは、これまでの社会保障制度が国民の生活を安定させ、健康維持の条件を整えた結果、長寿化をもたらしたが、そ

のことがこれまでの社会保障政策の枠組みでの対応を困難にさせるのではないか、という懸念。

二つ目に、戦後、個人の人権が承認され、自主性が重んじられる社会の価値観が社会の個人主義を進展させており、そのこと自体は社会の発展として重要であるが、社会保障は社会の連帯によって成立するものであるという懸念。

三つ目に、社会保障経費は、政府と企業等と個人が負担しているが、それが今後も持続可能なものとして負担し続けられるのか、という懸念である。

これら三つの懸念とあわせて、「国民のニーズが多様化高度化し、さらに経済の成長がそれほど見込めない日本社会において、今後社会保障制度の再構築が必要である」と提言したのである。

さらに95年勧告から2年後の1997年には、身体障害者福祉審議会、中央児童福祉審議会障害福祉部会、公衆衛生審議会精神保健福祉部会（三審議会）の合同企画分科会によって「今後の障害保健福祉施策の在り方について（中間報告）」が出された。1997年は「介護保険法」が成立した年でもある（2－1、30頁～参照）。

この中間報告の要点は、第一に、身体、知的、精神の各障害種別が、これまでバラバラの支援の枠組みで対応されてきたものを共通性や整合性をもたせようとするものであること。

第二に、同時期に成立した介護保険制度の導入を踏まえ、従来、障害者施設で対応していた部分との整合性や介護サービスの水準との調整問題があるということ。さらに、保険制度を活用した利用者の権利、サービスの選択、費用負担のあり方について、検討が必要であること。

第三に、社会経済の変化、国民の意識の変化に対応すること。障害があっても、地域のなかで暮らし続けることが自然なこととして位置づき始めたことから、これからは、地方公共団体が中心となって地域の実情に応じて計画立案がなされ、それを基に障害者施策が行われるべきであるということ。さらに、行政のみならず民間の活力を活かすために、規制緩和を含んだ行政改革や効率的なサービス提供をするための制度再編を行い、社会保障構造改革をめざし、さらに、厳しい財政状況の打開を図ること、とあり、これまでの社会福祉の基本構造であった、サービスの提供主体、費用負担原則、さらに公的機関によるサービス提供の原則について、抜本的な改革が提起されたのである。

## 10　三審議会合同分科会最終報告から支援費制度へ

前述の三審議会による合同分科会の最終報告は、1999年1月にまとめられている。ここで報告されたのは、まずはサービス利用の方法である。障害サービスを

利用したい者は、自らサービス提供者と契約し利用することが明記されている。さらに、費用については利用者がまず、サービスを利用した際に利用料を支払い、そのかかった分に対し行政が利用者に助成を行うとされた。この時点で、以前の社会福祉の基本的制度であった措置制度から契約制度への移行が明確となった（措置制度については2－1、25頁～を参照）。

さらに、費用負担の割合であるが、負担能力に応じた負担方法である応能負担がふさわしいのか、あるいはサービス受給により得た益に応じた負担方法である応益負担がふさわしいのかについて、活発な議論が展開された。最終的にこの報告書では、応能負担が適当となった。

2000年6月「社会福祉の増進のための社会福祉事業法の一部を改正する等の法律」が成立した。これにともない身体障害者福祉法、知的障害者福祉法、児童福祉法等も一部改正となり、障害者施策として、2003年4月「支援費制度」を導入することとなった（伊藤 2011）。

支援費制度は図表2－3にあるように、利用者が都道府県の指定した障害サービス事業所と直接利用契約を交わし、サービス提供を受けた対価として利用料を支払い、利用料のうち所得に応じた一定の割合分が市町村から「支援費」として給付される仕組みであった。

この、利用者が直接契約できるシステムにより、従来の措置制度のもとで行われてきた行政主導の支援から、自らサービスの利用先（事業所）を選択できる、個人の意思を尊重した制度となった。また、利用料を基本的に利用者が支払うことでサービス提供者と利用者が対等な関係となることや、サービスの利用先（事業所）を自由に選択できるようになった

**図表2－3　支援費制度の仕組み**

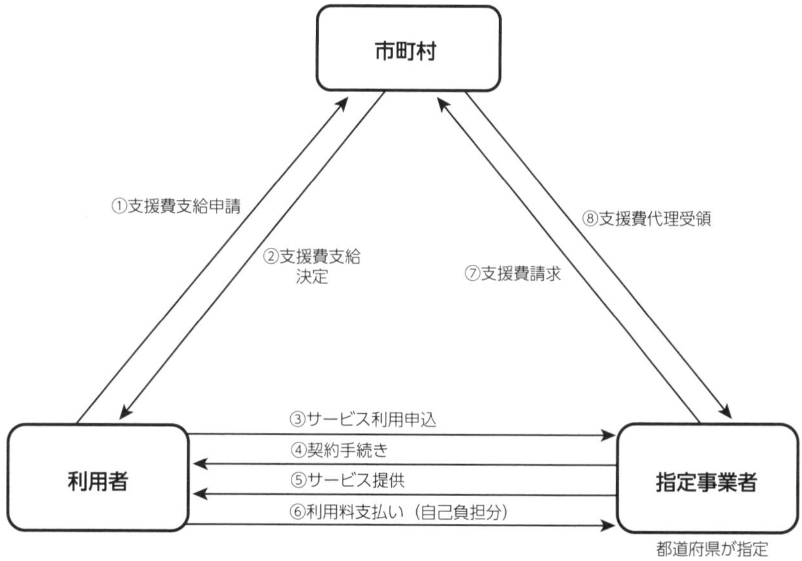

図中：
市町村

①支援費支給申請
②支援費支給決定
⑧支援費代理受領
⑦支援費請求

利用者　　指定事業者
③サービス利用申込
④契約手続き
⑤サービス提供
⑥利用料支払い（自己負担分）
都道府県が指定

出所：厚生労働省資料を筆者一部修正

ことから事業所間で競争原理が働き、サービスの質の向上がみられるのではないかと期待された。これらのことは、三審議会合同分科会の最終報告で謳われて

いたことである。

　現在の障害児者支援施策は、基本的にこの仕組みを踏襲している。

## 11　障害者自立支援法から障害者総合支援法、そして、介護保険への統合の道へ

　支援費制度で利用者とサービス事業者の直接契約の仕組みを実現した障害者支援施策は、2年後の障害者自立支援法へと展開していくことになる。支援費制度では、身体、知的、精神などの障害種別によってサービスが分かれており、利用者には使いづらい。サービス提供の体制が不十分でサービスが行き届いていない、就労サービスが不十分、サービス利用にかかる費用の支給決定を全国共通の判断基準にする必要がある、サービス利用にかかる費用を応益負担にする必要がある、などの問題点が指摘された。これらを受けて、2005年2月に「障害者自立支援法案」が国会で審議され、2006年4月施行、10月に本格実施となった。

　自立支援法では、障害の種別にかかわらずサービスを受けることができるようになり、また支援費制度ではサービス提供主体の指定は都道府県が行い、サービスの情報提供やサービス利用にかかる費用の給付を市町村が行っていたが、すべて市町村管理となった。さらに、支援の必要度に応じて障害認定区分（現在は障害程度区分に変更）の認定を受け、決定された区分に応じてサービスが利用でき

る仕組みとなった。また利用者はすべて原則として利用料の1割を負担することとなった（応益負担）。

　障害の種別にかかわらず、自らの生活スタイルや人生設計に応じてサービスが利用できる仕組みとなり、障害がある人個人の自己決定や自己選択が可能となり、また障害がある人の働く場や労働を通して自らの能力を発達させ、一般社会へ参加していくことも可能となった。しかし、サービス費用の面では、原則一律1割負担が重くのしかかる人も多く、そのために必要なサービスの量を減らしているケースも報告されている。

　2013年には、「地域社会における共生の実現に向けて新たな障害保健福祉施策を講ずるための関係法律の整備に関する法律」が成立、自立支援法の名称が「障害者の日常生活及び社会生活を総合的に支援するための法律（障害者総合支援法）」（以下、総合支援法）に変更された。重度訪問介護の対象が拡大されたことや、ケアホームとグループホームが一元化され拡充が図られたこと、地域生活支援事業が追加されたことなどが自立支援法からの主な変更点である。

また、総合支援法には「介護保険優先原則」が明記されている。これまで総合支援法によるサービスを利用していた人も、当法に従えば65歳に達するか、または40歳以上で介護保険法による特定疾病の診断を受けた場合には、介護保険給付による支援に移行しなければならない。しかし、総合支援法と介護保険法は対象の障害特性に明確な相違があり、一概に年齢によって支援の枠組みを変更できるものではない。

上記の事情を踏まえてか、厚生労働省は2007年に「障害者の日常生活及び社会生活を総合的に支援するための法律に基づく自立支援給付と介護保険制度との適用関係等について」と題する通知を行っていた。また2015年には「障害者の日常生活及び社会生活を総合的に支援するための法律に基づく自立支援給付と介護保険制度の適用関係等に係る留意事項等について」と題する事務連絡を各自治体に発している。この通知は、これまで総合支援法によるサービスを利用していた人が65歳に達した場合でも、同等のサービスが介護保険サービスにない場合や、総合支援法で障害区分認定を受けたが介護保険による要介護認定では非該当になった場合、あるいは介護保険によるサービス提供事業所が居住地周辺にない場合などについて、そのまま総合支援法によるサービス利用を継続することについて柔軟に対応する旨を要請している。

しかし、法律においてはあくまでも65歳以上は介護保険への移行が示され

ており、また通知には法的根拠がなく要請に応じることは各自治体に任されている。そのため介護保険優先に関して自治体間で対応に格差があることや、また総合支援法と介護保険法では自治体が拠出する公費割合に差がある（介護保険法による公費拠出のほうが安価である）ことから、自治体の対応は介護保険移行を推進する傾向にあることが指摘されている（荻原 2015）。

さらに、先述した2007年の通知および2015年の事務連絡の内容について、相談支援専門員や介護支援専門員の知識不足や自治体の情報提供不足などで、継続して総合支援法のサービスを利用することに対し、「障害者・家族には『我慢』や『あきらめ』を強制」させられている実態があることも指摘されている（荻原 2015：208）

現在、厚生労働省では介護保険法と障害者総合支援法の統合が検討されており、2018年度は「共生型サービス」として、介護保険事業所が共生型障害福祉サービスの指定を受ける場合と、障害福祉サービス事業所が共生型介護サービスの指定を受ける場合を想定し、制度設計を行っているところである。これにより、同じ高齢期にありながらも、障害の特性によって高齢者サービス利用が、障害特性や個別性に対応できる援助の専門性や設備等が確保されるかどうかは、継続的に着目しなければならない視点である。

（鴻上圭太）

# 3 施設ケアから地域包括ケアへ

## 1 収容保護の場としての施設とその諸問題

　日本では古来より、家族・地域の相互扶助による生活保障が基本とされてきた。しかし、一部には貧困かつ身寄りがない児童・高齢者・障害者が存在していた。そうした人々の収容保護を行う場としての施設が、古くは民間の慈善事業家や宗教家、のちに国によって設けられてきた。第二次世界大戦以後、1947年の民法改正に伴い、家族による扶養義務を課していた家制度が廃止され、さらに戦後の混乱、生活の荒廃、多数の貧困者が発生する状況下で、収容保護を行う施設の必要性が高まっていった。それに対応する形で各福祉法が制定されていったが、特に高齢者に対する公的支援は保護施設への収容が中心であった。

　実際に制定当時（1963年）の老人福祉法においては、施策の中心である「福祉の措置」として「健康診査」（第10条）、「老人ホームへの収容等」（第11条）、「老人家庭奉仕員による世話」（第12条）、「老人福祉増進のための事業」（第13条）の四つが定められていた。しかし、その予算である老人福祉費総額のうち、健康診査が約1％、老人家庭奉仕員が約0.5％、老人福祉増進のための事業としての老人クラブが約2％、老人福祉センターが約

0.2％という状況であり、予算の約95％が施設入所に関連する予算であった（大山 1964：70）。この点からも、施設への収容保護が高齢者福祉施策の中心であったことがうかがえる。

　そして、当時の施設にはさまざまな問題点があった。たとえば特別養護老人ホームは当時の病院をモデルとして設計されていたため、居室は多床室であり、プライバシーの保護も十分になされていなかった。施設も市街地から離れた場所に建設されることが多く、地域社会から隔離された環境にあった。施設内の処遇に関していえば、おむつ交換は定時で行われることがほとんどであり、かつ回数も少なかった。夕食の時間も職員の勤務の都合に合わせて16時台に行われるなど、一般的な生活実態とは、かけ離れていた。入居者の自己選択・自己決定や基本的人権を保障するという視点が弱く、日常生活に対する管理的・指導的な処遇も行われていた（三浦ほか編1981）。

　その理由としては、救護法下の『救護事業指針』、生活保護法下の『保護施設取扱指針』等を通じて示された処遇方針の採用・慣習化や、公的給付をはじめとする条件整備の不十分さ、後述するよう

な社会福祉思想が未発達であったこと等が考えられる。

しかし1970年代以降、施設への収容保護中心の対策から次第に地域福祉・在宅福祉対策へと重点が移され、また施設内における処遇のあり方も見直されてゆくこととなるが、その背景には国内外のさまざまな動向があった。

## 2 脱施設化・障害当事者運動・ノーマライゼーション思想の展開

1950年代以降、アメリカの州立精神病院や、デンマークをはじめとする北欧諸国の大規模な知的障害者入所施設などで「脱施設化」(deinstitutionalization)運動が展開されていった。それは、従来の閉鎖的・管理的な施設運営を見直し、既存施設の地域化・脱管理化を志向する動きと、グループホームのような地域統合型の居住拡大を志向する動きにつながっていった。また1960年代に入ると、「施設神経症」や「ホスピタリズム」等を指摘する施設批判が展開され、問題の社会的な認識を拡大させた。1969年にはイギリスで在宅福祉サービスへの転換とコミュニティケアの方向性を示した「シーボーム報告」が出された。

1970年代には、アメリカでエド・ロバーツ(Edward V. Roberts)らによる自立生活(Independent Living：IL)運動が展開された。また障害当事者らが運営する「自立生活センター」(Center of Independent Living：CIL)も発足し、ピアカウンセリングや自立生活訓練などのプログラムを通じて、障害当事者の地域生活の拡大へとつながった。さらには専門家主導のリハビリテーションに

も影響を与え、1990年には障害者に対する一切の差別を禁止した「障害をもつアメリカ人法」(Americans with Disabilitise Act：ADA)が成立するに至った。

上記の流れと並行して、ニルス・エーリック・バンクーミケルセン(Neils Eric Bank-Mikkelsen)、ベンクト・ニィリエ(Bengt Nirje)らによって議論が展開されたノーマライゼーション[3]思想も、日本の社会福祉政策に多大な影響を及ぼした。ノーマライゼーション思想は、国際連合による「知的障害者(精神遅滞者)の権利宣言」(1971年)、「障害者の権利宣言」(1975年)、「国際障害者年行動計画」(1980年)、「障害者に関する世界行動計画」(1982年)、「障害者の機会均等化に関する基準規則」(1993年)などで基本理念として位置づけられた。これを母体に「統合化」(integration)、「主流化」(mainstreaming)などの理念も形成されていった。

日本でも1950年代後半には「青い芝の会」などの当事者組織が発足し、1970年の「障害児殺し事件」に端を発した運動や、「府中療育センター闘争」

などが行われ、それ以後の障害者福祉ならびに社会福祉施設のあり方に影響を与えた。こうした動向からも、本章第1節でふれたような、社会保障（福祉）運動の重要性をみることができよう。

## 3 在宅福祉・地域福祉の充実に向けた政策の推進

　1970年代半ば以降、日本でも在宅福祉・地域福祉の推進に向けた政策・制度上の変化が生じていった。人口高齢化が進行する一方で、核家族化や女性の社会進出に伴う家族の扶養機能の低下、過疎化・都市化などの地域社会の変容に伴う相互扶助機能の低下がみられ、社会福祉に関わる需要の拡大・多様化に対応する必要性が高まっていったことなどが理由としてあげられる。

　1975年の社会保障制度審議会「今後の老齢化社会に対応すべき社会保障のあり方について（建議）」では「一人暮らしの在宅高齢者への援助を充実することなく、単に福祉施設に収容することだけでは、老齢者の幸福とはならない」との指摘がなされ、在宅福祉を充実していく方向性が示された。こうした動向を受け、1978年にはデイサービス事業、1979年にはショートステイ事業が制度化された。1979年には全国社会福祉協議会によって「在宅福祉サービスの戦略」がまとめられ、在宅福祉サービスの展開に関わる理論的・制度的枠組みが示された。

　また、1975年には東京都社会福祉協議会によって「施設の社会化促進のために」と題する報告書が出され、1977年には中央社会福祉審議会老人福祉専門分科会による提言「これからの老人ホームのあり方について」において、老人ホームの「収容の場」から「生活の場」への転換が明言されるとともに「地域施設化」の方向性が示されるなど、施設自体のあり方も見直されていった。

　1981年の中央社会福祉審議会「当面の在宅老人福祉対策のあり方について（意見具申）」では、居宅処遇で対応することを「原則」とし、それが困難な場合に施設へ入所するという「積極的な在宅福祉対策」を確立する必要があるとされ、老人家庭奉仕員派遣事業などの「家庭訪問サービス」やショートステイ、デイサービスなどの「福祉施設活用サービス」など、在宅老人福祉対策の実施体制に関わる方針が示された。

　1985年の社会保障制度審議会「老人福祉の在り方について（建議）」では、「老人を施設という特別の場所で処遇するのではなく、できるだけ住みなれた住居や環境の中で、周囲の人たちと同じような生活ができるよう条件を整え、援護するというノーマライゼーションの考え方は、老人自身にとっても、社会にとっても極めて望ましいことである」と、ノー

マライゼーション思想に基づく高齢者福祉政策を推進する方向性が示された。この点は、1990年代の社会福祉改革案を提唱した福祉関係三審議会合同企画分科会「今後の社会福祉のあり方について」意見具申（1989年）でも受け継がれている。

在宅福祉サービスの整備は、1989年の「高齢者保健福祉推進十カ年戦略」（ゴールドプラン)に基づいて具体化されていった。ゴールドプランは、デイサービス、ショートステイ、ホームヘルプという「在宅三本柱」をはじめとする高齢者福祉サービスの整備に向けた具体的な数値目標が初めて示された点に特徴がある。

これを受け、1990年には「老人福祉法等の一部を改正する法律」（社会福祉8法改正）が行われ、社会福祉サービスの実施責任が市町村などの基礎自治体に委譲され、各地域の実情に応じた対応が求められるようになった。また、すべての都道府県・市町村に老人保健福祉計画の策定が義務付けられ、計画期間に整備する目標値を示すことなどが指示された。

その後、各地の老人保健福祉計画をもとに数値目標の見直しが必要となったことから、1994年には「新・高齢者保健福祉推進10か年戦略（新ゴールドプラン）」へと変更され、1999年には「今後5か年間の高齢者保健福祉施策の方向（ゴールドプラン21）」へ、そして2003年に『2015年の高齢者介護』を示した「高齢者介護研究会」の議論へとつながっていった。

（北垣智基）

## 4 施設における支援のあり方の見直し

在宅福祉・地域福祉が推進されるなか、施設においても処遇内容の見直しに関わる議論が行われていった。

1968年の全国老人福祉会議では「特別養護老人ホームにおける処遇」部会が新たに設けられ、「特養の実践報告の中で、処遇上の留意点としてプライバシーの尊重、外出・外泊・面会など家族との交流を密にすること、リハビリテーションによる生活復帰と家庭復帰、技能作品展や遠足など生きがいに通ずる事業などの取り組み等があげられた。また精神障害をもつ老人の処遇について、①寮母に専門的な看護技術の習得、さらに男子職員の養成、②信頼と受容と愛情、③特養施設内での寮棟分類収容に必要な要員と設備、④専門医師、専門病院との緊密な連携、等の必要性が訴えられた」（米本2012：75－76）とされている。

また前項でふれた「これからの老人ホームのあり方について」も、老人ホームの処遇内容に関するさまざまな議論を喚起し、施設処遇の管理・指導的な性格、プライバシーの問題や生活時間の問題など、それまでの処遇のあり方が問題視されていった。そこから、食事については

時間帯の改善やバイキング方式の導入、おむつの随時交換、居室の少人数化などの取り組みが広がりを見せた（小笠原 1995：26）。現場従事者による論稿が多数掲載された老人生活研究所の『老人生活研究』誌上などでも、1980年代後半を中心に施設入所者の主体性や自己決定権保障のあり方に関する議論が積極的に交わされていった。

1989年には全国社会福祉施設経営者協議会「社会福祉施設運営指針」において施設サービスの評価基準が示されるなど、業界団体によって全国的な実践の質向上も図られていった。

同時期には、施設の「社会化」「地域化」論もみられた。1960年代後半よりコミュニティ形成に関する議論が活発化してゆくなかで、欧米における脱施設化運動の中でみられたような、従来の閉鎖的な「施設」からの脱皮が取り組まれた。

1990年代には、特別養護老人ホームにおける個室化・ユニットケア化が試みられていった（図表2－4参照）。ユニットケアとは「特別養護老人ホームなどにおいて、施設の居室をいくつかのグルー

プケアユニットに分けて一つの生活単位とし、少人数の家庭的な雰囲気の中でケアを行うものである」（厚生省 2000：110）と説明される。スウェーデンの「ロカーラ シュクヘム計画指針」を参考に設計された兵庫県の「いくの喜楽苑」（1992年建設）では、居室を三つのブロックへ分散させるとともに、4人部屋、2人部屋でも可動式の間仕切りを設けることにより、個室化が図られた（大原ほか 1995：12）。これは現在のユニットケアの原点の一つであるといえよう。

その後もユニットケアを意識した取り組みが各地で行われ（外山ほか2000）、その意義が広く認知されていったことから厚生労働省は2002年より「小規模生活単位型指定老人福祉施設」（新型特養）を設置し、2003年度以降は全室個室・ユニットケア型の特養でなければ基本的に新設を認めないとの方針を示した。

先述したように、2003年には高齢者介護研究会による報告書『2015年の高齢者介護～高齢者の尊厳を支えるケアの確立に向けて』が示されたが、そこでは施設機能を高齢者の身近な地域で提供す

図表2－4　従来型施設とユニット型施設の居室配置の差異

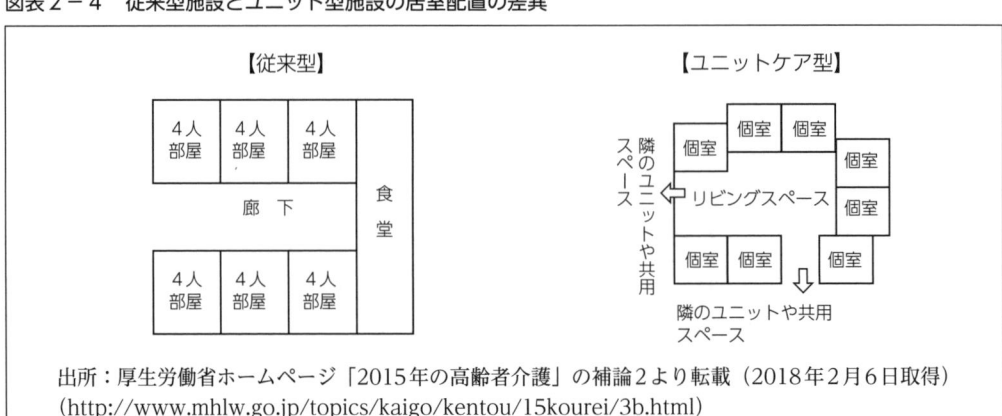

出所：厚生労働省ホームページ「2015年の高齢者介護」の補論2より転載（2018年2月6日取得）（http://www.mhlw.go.jp/topics/kaigo/kentou/15kourei/3b.html）

る方法として「サテライト方式」（地域の公民館や民家などを施設が借り上げ、施設職員がそこに出向いてサービスを提供する方式）が提唱された。2006年の介護保険制度改正では地域密着型サービスとして「サテライト型居住施設（地域密着型特別養護老人ホーム）」が新設され、高齢者が生活を営んできた地域の中に施設を位置づける動きが強まってきた。

そのほか、従来型の施設と異なる新たな形態として1980年代後半から開設されていった「宅老所」の取り組みや、北欧の取り組みに影響を受けて整備が進められた「グループホーム」なども、施設ケアの問題点を克服する取り組みとして注目されてきた。

## 5 地域包括ケアシステムの構築に向けて

現在、「医療・介護一体改革」が進められている（権丈2016）。そのなかで、医療制度改革との「両輪」として位置づけられているのが「地域包括ケアシステム」の構築である。地域包括ケアシステムという用語が行政文書で初めて用いら

図表2-5 地域包括ケアシステムのイメージ

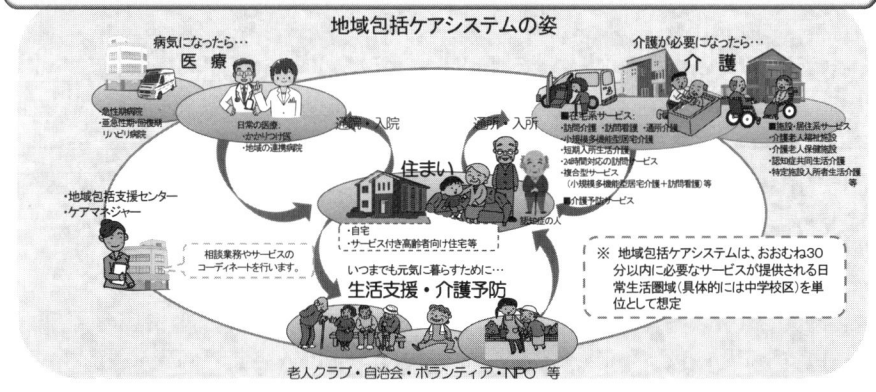

出所：厚生労働省ホームページより（2018年2月6日取得）
(www.mhlw.go.jp/stf/seisakunitsuite/bunya/hukushi_kaigo/kaigo_koureisha/chiiki-houkatsu/)

れたのは、『2015年の高齢者介護〜高齢者の尊厳を支えるケアの確立に向けて』であるとされる（二木 2015：4）。

その後、2010年に高齢者ケア研究会報告書『地域包括ケア研究会報告書〜今後の検討のための論点整理〜』が出され、ここで地域包括ケアとは「ニーズに応じた住宅が提供されることを基本とした上で、生活上の安全・安心・健康を確保するために、医療や介護のみならず、福祉サービスを含めたさまざまな生活支援サービスが日常生活の場（日常生活圏）で適切に提供できるような地域の体制」と定義された。また、「日常生活圏」とは、おおむね30分以内でサービスが提供される圏域つまり、中学校区が基本になるとされる（前頁の図表2−5参照）。

本節では施設中心の対策から地域包括ケアの構築がめざされるまでの歴史的経過を概観したが、日本の高齢者福祉において施設が担ってきた機能・役割や、そのなかで蓄積されてきた実践知の価値は依然として大きい。地域包括ケアシステムの構築にあたっては、そうした施設サービスの水準を、いかにして高齢者にとって身近な地域・居宅で実現してゆくことができるか、という観点からの検討も求められるといえよう。

（三代修・北垣智基）

# 4 地域包括ケアシステムをめぐる住宅問題への対応

## 1 「住宅」を基本とする地域包括ケアシステム

地域包括ケアシステムは、狭い意味での介護保険制度だけではなく、関連する他の領域の諸課題への対応も図られつつ推進されてきている。本節では、特に高齢者の「住まい」に関わる動向に焦点を当てる。

以下では、近年急速に整備が進められている「サービス付き高齢者住宅」について説明した上で、住宅確保が困難な高齢者に対する具体的な支援事例を取り上げる。そして「地域包括ケア強化法案」（2017年5月成立）や2018年4月の介護報酬改定で創設された、介護保険と障害福祉サービスの機能を併せもった「地

域共生型サービス」の内容にもふれたい。

# 2 サービス付き高齢者向け住宅

　サービス付き高齢者向け住宅（以下、サ高住）は、「高齢者住まい法」の改正（2009年）により創設された。その特徴は、見守りなどのサービスとバリアフリー構造の住宅を一体的に提供する仕組みにある。制度が作られて以後、急速に供給量が増えており、現在では22万戸を超え、グループホームの供給量（19.6万人）と肩を並べている（図表2−6）[4]。それ以前の「高齢者住まい法」に基づく高齢者専用賃貸住宅（高専賃）などに比べ、見守りなどの安心機能を付加し、福祉政策としての性格が強まっている。

　運営上の特徴は、以下のとおりである[5]。

　バリアフリー構造で専有居室に水洗便所・洗面設備・台所・収納・浴室を備え25㎡以上の広さを有する（共用部分が十分であれば18㎡以上まで緩和）。安否確認と生活相談を日中帯常駐する専門家から受けることができる。常駐しない時間帯はナースコールなどでの対応となる。特養などの施設入所とは違い、賃貸借契約に基づいた居住などで長期入院などを理由にした一方的な解約や居室変更など

図表2−6　サービス付き高齢者向け住宅の登録状況

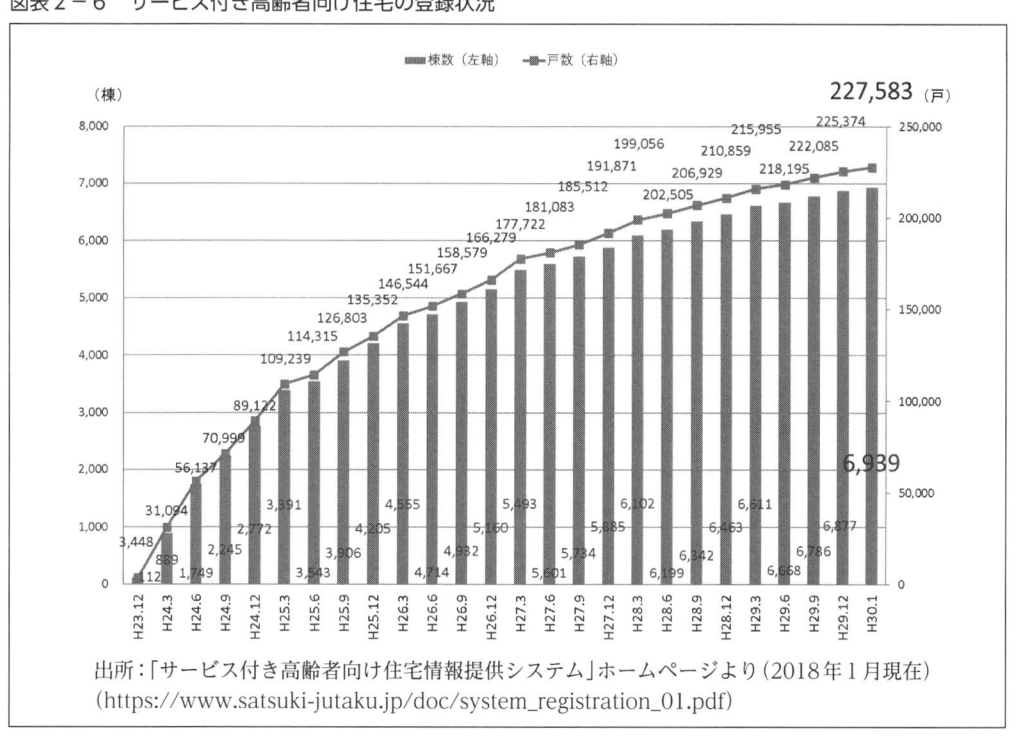

出所：「サービス付き高齢者向け住宅情報提供システム」ホームページより（2018年1月現在）
（https://www.satsuki-jutaku.jp/doc/system_registration_01.pdf）

はない。費用は、家賃とサービスへの対価となっており多額の入居時一時金などの負担はない。食事サービスはおおむね受けることが多く、通所介護や訪問介護等の事業所を併設しているものも多い。

　課題としてあげられることは、第一に、面積の基準緩和（25㎡）を受けているものが8割近くある点である。第二に、設置は民間供給ベースで行われるため、地価の安い郊外部に建設され、結果的に空室が多い場合も見受けられる点で

ある。第三に、併設するサービス事業の利用を一方的に求められる、いわゆる『囲い込み』による過剰サービスが懸念される点である。

　サービス付き高齢者住宅は、施設入所の「住まい」と「介護」の機能を分離した新たな住まい方のモデルといえる。それは「安全」と「自由」の両立を支援する、いわば「施設」と「自宅」以外の新たな選択肢の一つとしてとらえることができよう。

## 3　A氏（85歳）夫婦の事例

　以下では、サ高住で暮らすA氏の事例をみてみたい。これは、あるサ高住でのご夫婦の事例について、本人や家族、職員からの聞き取りを踏まえて筆者が構成したものである。今日、高齢者夫婦世帯は、単身高齢世帯と並んで増加しており、医療・介護、生活支援などの整備が急がれるところである。一方、特養などの介護保険施設では個人単位の入所基準となっており、さらに一定の要介護度（要介護3以上）でなければ入居することができず、さらに2人での生活を想定した整備は極めて少ない。そうしたなか、サ高住が果たしている役割や意義を、この事例は示唆している。

　私は、サ高住で暮らしてもうすぐ3年になります。2DKと小さい間取りながらも、浴室付きです。2人で入居できるサ高住は

まだまだ少ない中で、近所に住む長女が偶然入ったチラシを見て教えてくれました。

　サ高住に入居する前は、車で一時間ほどの場所に暮らしていましたが、妻（82歳）が脳梗塞によって要介護4となり、自宅では一人で介護する自信もなく、半年も介護老人保健施設に預けてしまいました。妻が老健に入所中も、2日に1回は会いに行っていましたが、自分の体調が悪い時は足が遠のくこともあり、妻に申し訳ない思いになっていました。そんな時、長女からの知らせがあり、すぐに飛びつきました。長年連れ添った妻と暮らせる最後のチャンスなのではないか。大きな蓄えはないが、長年夫婦とも教師をやっていた年金で費用も賄えそうだ、と考え、サ高住への入居を決めました。

　入居してからの暮らしには満足しています。妻の介護は隣の小規模多機能型居宅介

護事業所を利用できるので、不安はありません。24時間、何かあればナースコールを押すことで職員が助けてくれます（排泄介助など）。妻から依頼された簡単な用事はできるだけ他の人に頼らずにやってやりたいと思っていますが、やはり入浴などはお隣の設備と職員を頼っています。

食事は二人隣り合って食べる時もあれば、部屋まで運んでもらう時もあります。サ高住では、住んでいる住民のために食事を提供してくれます。話し相手を見つけられたことで、「一人暮らしの寂しさがなくなった」と言う方も多いです。自室で調理したり、買ってきたものを食べる人もいますが、さすがに毎食自分で作る人は少数派です。

土曜日には近所に住む長女が毎週来てくれます。長女によれば、以前妻が老健に入っていた時は、「よく呼び出しがあったし、おまけに『私の暮らしも心配して』と大変だった」と、今さらながらの愚痴を言っています。そして、「一番得したのは私（娘）だ」とも言っています。娘が焼いてきたパンを置いて行ってくれるので、日曜はコーヒーを入れて、朝食を楽しんでいます。そうしたとき、「昔、こうしてきたなあ」という思いになります。老健では食べ物の差し入れ

は禁止だったので、こんな日曜は嬉しく思います。

先日は東京に住んでいる長男が、出張がてら訪ねてきてくれました。お風呂もあるので、ビジネスホテル代わりに使っているんだかどうかわかりませんが、たまに会う息子と長話をする機会も、私にとっては貴重です。老健にいたときは、来訪時に「お世話になっています」と面接簿に記入し、「ありがとうございました」と礼を言っていた息子の様子の変わりようが、おかしくもあります。

そんな妻を、看取ることができました。担当医と併設事業所の職員のお陰で、最後までここでお世話になることができました。重度になると施設入所を勧められるサ高住も多いようですが、入居時から「ここで看取るために来た」と言っていた私の気持ちを察して、最期まで支えてくれました。最期の晩は、息子も娘も泊まり込んでくれました。

私も今は要介護2の85歳です。このサ高住で単身用の部屋が空いたら移れるように申し込んであります。ここでの気ままな暮らしを楽しんでから、妻に会いにいくことになるだろう、と思っています。

## 4 京都市高齢者すまい・生活支援事業

「京都市高齢者すまい・生活支援事業」[6]は、今ある住宅ストックを活かしつつ、高齢者の生活支援を行っていくための国の事業（低所得高齢者等住まい・生活支援モデル事業）を活用し、2015年から京都市で行われているものである。高齢者の住まいの確保が困難といわれている一方で、全国的にも近年「空き家」が増

加していることが問題視されてきた。そうしたなか、本事業は、需要と供給のマッチングを図ると共に、居住後の生活支援を行うことを目的に行われている事業である。

京都市内の空き家率は14.0％（2013年「京都市住宅統計」より）で全国平均よりも高く、なかには賃貸用のものが半数程度含まれている。街づくりや防犯の点からも取り組みの必要性が指摘されているところである。一方で、家主が高齢者の入居にためらいをもつ傾向についても指摘されている。要介護や入院などによって賃料が滞るリスク、室内での死亡などのリスク、周辺トラブル等が、その理由である。現在は元気な高齢者でも、5年、10年といった中長期のスパンでみれば、必ず介護や医療が必要となるリスクを抱えている。

本事業では、ニーズをもつ高齢者と住宅の「マッチング」と、その後の「見守り」を不動産仲介事業者と社会福祉法人が協力し、事業が行われている。事業の柱は大きく二つあり、一つは入居前の仲介事業者による情報提供（高齢を理由に入居を断ることがない物件の登録制度がある）と希望を聞き取る相談を社会福祉法人側が行うというもの、もう一つは入居後に社会福祉法人による週1回の訪問相談を行うことで安否確認を行う、というものである。介護サービスの提供を併せて行うこともあるが、条件となっているわけではない。社会福祉法人による社会貢献の一環と位置づけられているため、訪問相談は月契約で1,500円ほどであり、低廉といえる。

加えて、2007年に成立した「住宅確保要配慮者に対する賃貸住宅の供給の促進に関する法律（住宅セーフティネット法）」の改正法が2017年10月に施行され、高齢者、障がい者、低額所得者、子育て世帯等の住宅確保要配慮者の入居を拒まない賃貸住宅の登録制度など、民間賃貸住宅や空き家を活用した「新たな住宅セーフティネット制度」が本格的に始まった。京都市では、不動産関係団体、福祉関係団体、京都市および京都市住宅供給公社などにより、「京都市すこやか住宅ネット（京都市居住支援協議会）」が組織され、取り組みが進められている。こうした生活支援におけるハード面の対策に、ソフト面（すまい方）の対応も加えながら地域包括ケアシステムが進んでいくことが期待されている。

## 5　B氏（81歳・女性）の事例

以下では、京都市高齢者すまい・生活支援事業を利用されているB氏の事例を取り上げたい。以下の事例も、本人や関係者からの聞き取りに基づいて筆者が構成したものである。当事業は、社会福祉法人が転居後の高齢者の「見守り」を行

うこととしているが、こうした取り組みによって、住み慣れた地域で安心して暮らすことが可能であることを、以下の事例は示している。

　私は長年アパートに住んでいましたが、老朽化のため取り壊されることとなり、転居先を探していました。姉はいますが、年金暮らしなので「保証人にはなれない」と断られたことがあり、困っていました。そうした時、この事業を広報（市民便り）で知り、地区担当の老人ホーム（社会福祉法人）に相談の電話を入れてみることにしました。

　電話で困っていることを話すと、地区担当の不動産業者と一緒に下見にも同伴してくださいました。3軒下見し、買い物などに便利な商店街近くの物件に決めました。家賃保証も公的な制度があり、利用することになりました。入居後は老人ホームの相談員が毎週金曜日の午前に30分ほど来て話をしていってくださいます。近くにあるデイサービスのことについても情報提供してくださったので、今後、いざという時には役立てたいと思っています。

## 6 「我が事・丸ごと」地域共生社会の方向性

　厚生労働省は2016年の7月から「我が事・丸ごと」地域共生社会実現本部での議論をはじめ、高齢・障害・子ども子育てなど分野横断的な議論、さらに生活困窮や総人口減少社会下での社会システムの問題まで議論を広げてきている。上記の「我が事」とは支え手側と受け手側の二分論ではない社会関係（共生型コミュニティ）を、「丸ごと」では分野ごとの行政組織を含めたサービス類型全体の横断化を示唆していると思われる。

　この流れは「一億総活躍社会づくり」といった政府全体の政策スローガンの福祉分野での政策化の動きであり、「地域包括ケア強化法案」（2017年5月成立）で今後の道筋もつけられている。介護保険と障害福祉サービスの関係でいえば、二つを併行して実施するというイメージ

図表2－7　共生型サービスのイメージ

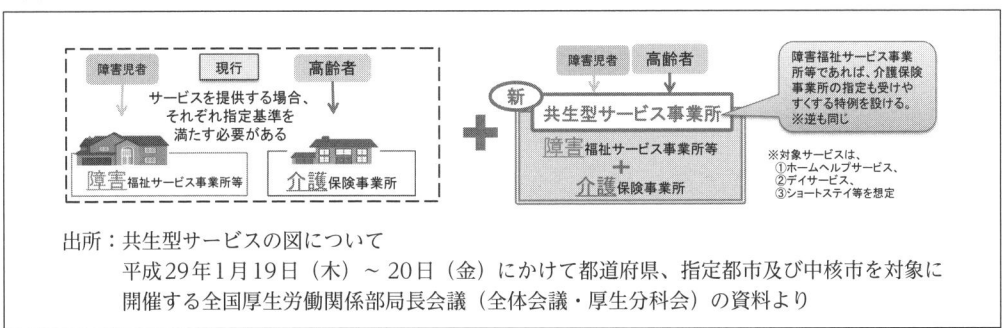

出所：共生型サービスの図について
　　　平成29年1月19日（木）〜20日（金）にかけて都道府県、指定都市及び中核市を対象に
　　　開催する全国厚生労働関係部局長会議（全体会議・厚生分科会）の資料より

よりも、新たなサービスに統合していくことをゴールとしているようだ（図表2-7）。

2018年4月からは介護保険に「共生型サービス」という類型ができることが決まっている。どのような形で地域の中で発展していくのか、注目されるところである。

（三代修）

## 【注】

1）「鰥」は61歳以上で妻のない者、「寡」は50歳以上で夫のない者、「孤」は16歳以下で父のない者、「独」は61歳以上で子のない者、「貧窮」は財貨に困る者、「老」は66歳以上の者、「疾」は疾病障害の者をいう。「自存不能者」とは、文字通り自分で生活できない者を指す。

2）知的障害者福祉法は、以前、精神薄弱者福祉法と呼ばれていたが、1998年に法律用語においてすべての「精神薄弱」が「知的障害」に置き換えられ、それにともない法律の名称も「知的障害者福祉法」となった。

3）ノーマライゼーションの概念について、バンク・ミケルセンは「その国の人たちがしている普通の生活と全く同様な生活をする権利をもつことを意味する」とし、ニィリエは「日常生活の様式をその時代やその社会の一般常識に照らして、それに可能な限り近づけること」とした。ノーマライゼーションを実現するためには、障害をもつ人に対して「特別な配慮が必要」とされている。

4）厚生労働省「介護給付費等実態調査月報」（平成29年9月審査分）より（http://www.mhlw.go.jp/toukei/list/45-1.html）。

5）以下の記述については、「国土交通省・厚生労働省関係高齢者の居住の安定確保に関する法律施行規則」ならびに「サービス付き高齢者向け住宅情報提供システム」を参照した。

6）当事業については、「京都市すこやか住宅ネット（京都市居住支援協議会）」ホームページを参照（https://www.kyoto-sjn.jp/files/img/useful/model.pdf）。

## 【引用・参考文献】

・蟻塚昌克『証言　日本の社会福祉1920～2008年』ミネルヴァ書房、2009

・伊藤周平『社会福祉のゆくえを読む』大月書店、2003年

・糸賀一雄『福祉の思想』NHKブックス、1968年

・大原一興、小川政亮、衣川哲夫『個室のある老人ホーム――高齢者の人権確保のために』萌文社、1995年

・大山正『老人福祉法の解説』全国社会福祉協議会、1964年

・小笠原祐次『介護の基本と考え方――老人ホームのしくみと生活援助』中央法規出版、1995年

・荻原康一「『介護保険優先原則』をめぐる近年の動向と政策課題――運動の生起と自治体運用の問・小沢浩『愛することからはじめよう――小林提樹と島田療育園の歩み』大月出版、2011年

・河東田博『ノーマライゼーション原理とは何か――人権と共生の原理の探求』現代書館、2009年

・唐鎌直義、河合克義、宮田和明、横山壽一編『講座・21世紀の社会福祉①　国民生活と社会福祉政策』かもがわ出版、2002年

・川口弘、川上則道『高齢化社会は本当に危機か』あけび書房、1989年

・権丈善一『医療介護の一体改革と財政―再分配政策の政治経済学Ⅵ』慶應義塾大学出版会、2016年

・権丈善一『ちょっと気になる医療と介護』勁草書房、2017年

・厚生省監修『平成12年版　厚生白書』ぎょうせい、2000年

・真田是『現代の社会福祉理論――構造と論点』労働旬報社、1994年
・社会保障制度改革国民会議『社会保障制度改革国民会議報告書～確かな社会保障を将来世代に伝えるための道筋～』、2013年
・新藤宗幸『福祉行政と官僚制』岩波書店、1995年
・杉本章『[増補改訂版]障害者はどう生きてきたか――戦前・戦後障害者運動史』現代書館、2008年
・杉本敏夫、柿木志津江『障害者福祉論』ミネルヴァ書房、2016年
・外山義、辻哲夫、大熊由紀子、武田和典、高橋誠一、泉田照雄『ユニットケアのすすめ』筒井書房、2000年
・手塚直樹『障害者福祉論〔第四版〕』光生館、1997年
・中野敏子『社会福祉学は「知的障害者」に向き合えたか』高菅出版、2009年
・中野敏子『戦後障害者福祉における「相談支援」の形成過程研究――実践の継承と転換に焦点をあてて』高菅出版　2016年
・二木立『地域包括ケアと地域医療連携』勁草書房、2015年
・半澤節子「当事者に学ぶ精神障害者のセルフヘルプ・グループと専門職の支援」やどかり出版、2001
・藤本文朗・藤井克美『京都障害者歴史散歩』文理閣、1994年
題を中心に」『立命館産業社会論集』第51巻第1号、2015年、pp.193-213
・細渕富夫「重症心身障害児療育の歴史」『障害者問題研究』vol.31、全国障害者問題研究会、2003年、pp.2-10
・堀勝洋『社会保障読本〔第3版〕』東洋経済新報社、2004年
・三浦文夫、小笠原祐次編『現代老人ホーム論』全国社会福祉協議会、1981年
・百瀬孝『日本福祉制度史―古代から現代まで』ミネルヴァ書房、1997年
・米本秀仁『社会福祉の理論と実践への視角――米本秀仁教授退職記念論集』中央法規出版、2012年
・山田明『通史　日本の障害者　明治・大正・昭和』明石書店、2013年

#  仲間に支えられた4年間

### ・たくさんの仲間を作る

私は現在、高等学校で常勤講師として福祉科の教員をしている。私が社会福祉を志向したのは、よりよい生活を送ったり暮らしやすい社会を作るには、たくさんの仲間が必要であると考えたからである。大学4年間で社会福祉の知識や人間関係の大切さについて学んだ。

私が大学生活のなかで一番大切にしたのは、たくさんの仲間を作ることであった。大学の学科会の会長として、学科の垣根を越えてたくさんの仲間を作ることができた。また、4年生の時は、学生自治会の総務委員長として、学年・学科・大学を超えてたくさんの仲間を作ることができた。学科会や自治会での活動を通して、たくさんの仲間と自分の専攻について語っている時に、あることに気付いた。それは、仲間が社会福祉の制度やサービスについて、あまりにも認知していないことであった。特に公的年金や社会保険といった社会保障は、誰もが人生の中で頼らなければいけない時がくるのに、他の学部・学科では学ぶことがほとんどないといった、福祉教育の問題点であった。私は社会福祉士ではなく、高校福祉科の教員免許を取り、福祉の魅力や制度を一人でも多くの高校生に伝える人間になろうと決心した。

### ・仲間作りのノウハウとコミュニケーション技術のおかげ

最初は社会福祉士と教員免許の二つをとろうと思って履修していたが、勉強面以外に、仲間作りや仲間と一緒に大学の行事を盛り上げることにも力を入れており、このままでは社会福祉士と教員免許の二兎を追っても一兎も得られないと思い、教員免許一本に絞った。その選択をした時、多くの人に反対されたが、自分の意思を通したことで、誰よりも学生生活が充実したものになったと自負している。

大学4年生になり、教員採用試験も福祉科だけの採用がないところがほとんどで、私は卒業後のビジョンが立たなかった。卒業目前の2月末のある日、大学のキャリア支援課から電話がかかってきた。常勤講師として福祉科の教員にならないかといった話だった。専攻の先生や、両親に相談した結果、就職を決意した。赴任地は縁もゆかりもない土地で、生まれて初めて地元から出て一人暮らしをすることが不安だった。しかし大学4年間で培った仲間作りのノウハウやコミュニケーション技術のおかげで、現在は第二の故郷と呼べるようになってきた。教員生活の方は、授業はなかなかうまくいかず、毎日一生懸命勉強中だが、生徒とは良好な関係を保つことができている。これも大学4年間大切にした仲間作りが役に立っていると思う。

### ・ビジョンを立てる

最後に今、社会福祉を学んでいる学生に言いたいことは、大学4年間で自分はどういう人生を送りたいのかビジョンを立てることである。目的に向かって自分は今・何をしないといけないかという逆算が立つ。そこから優先順位をつけて、一つひとつクリアしていくということである。私の場合は優先順位を間違えて、取れるはずであった単位を落としてしまうという失敗もあった。学生の本分は勉強である。授業に出席すること、レポートを提出することはもちろん大切であるが、多くの友人を得ること、ボランティアに参加すること、学科の集まりや、大学のセミナーに参加すること、これも勉強だと思う。福祉という言葉は、普段の・暮らしの・幸せという意味である。普段の生活が幸せになると思って、これからも勉学に、さまざまな活動に励んでほしい。

橋本　元

# 3

# 介護福祉の専門性

# 1 介護福祉教育の発展過程

## 1 病院付添婦からホームヘルパーへ

わが国では、1885年に有志共立東京病院看護婦教育所において看護基礎教育が開始された。1886年には博愛社病院（現日本赤十字医療センター）が救急看護師を養成する目的で設立され、1890年から看護師養成が開始された。当時は戦時救護を養成の目的としており、教育には軍医があたり、教育内容は「看護法」「治療介助」「消毒法」「解剖・生理」「救急法」「体温表」「傷者運搬」「薬品の知識」「手術準備」等であった。（木戸 2011：16）その後、災害時救護をも目的とするようになるが、日清・日露戦争を経て看護者の需要は高まっていった。

併せて伝染病の流行により、個人の家庭に派遣されて看護を行う派出看護婦や、病院の増加に伴い院内看護を担う看護婦の需要が高まり、働きながら学ばせる講習所が各地に開設された。太平洋戦争（第二次世界大戦）の時代には、日本赤十字社出身の看護婦が従軍し、兵士の看護の主力者となった。戦後GHQ／SCAP占領下で看護基礎教育のシステムが改定され、看護教育カリキュラムには「生物学」「物理学」「社会科学」「医科学」「看護技術」が導入される。ベッドサイド実習も重視された。1948年には保健婦助産婦看護婦法が制定され、1952年には高知女子大学の家政学部としての位置づけで、大学における看護師養成が開始された。

戦時救護から出発した看護師養成教育は、今や国民の健康生活の担い手として、保健医療の専門職として活躍している。養成開始当初は軍医による教育であったが、今日では看護師による看護師の養成教育が実現している。しかし医師養成と比較すると、その教育にあたる教員数は手薄である。1992年には看護婦等の人材確保に関する法律が制定され、現在も看護師への需要は大きい。

1970年にわが国は高齢化社会となり、1973年の老人医療費無料制度の導入と共に、高齢者の医療へのアクセスは増大し、次第に入院患者の大半は高齢者が占めるようになっていった。医療機関は治療の場であり、十分な療養生活環境にはない。当時は病床数の激増と共に看護師不足は一層深刻化し、看護師による病床での療養生活の世話は望めず、介護力不足による膨大な寝たきり老人が誕生した。日常生活動作（ADL）の機能が低下し、生活環境の変化から認知症を発症する高齢患者もおり、その退院先は在宅

福祉サービスがほとんどなかった当時としては、社会的入院による長期のベッド占拠が続いた。

彼らの介護（日常生活の世話）を担ったのは、病院付添婦という労働省（当時）管轄の職業紹介派遣事業所から派遣された素人集団であり、中高年女性が多くを占めていた。病院付添婦には健康保険から費用が拠出されていたが、1997年には法改正により廃止された。当時、全国に少なくとも11万人いたとされる病院付添婦は、ホームヘルパー採用時研修を職業訓練として受講し、訪問介護員としての再スタートをきることになる。

## 2　在宅介護労働者から始まる日本のヘルパー教育

1956年に長野県で開始された家庭養護婦派遣事業が、制度としての在宅介護労働の始まりである。これは家庭の主婦が傷病などのために家事労働につけなくなった際に、1か月を限度として家庭養護婦をその家庭に派遣し、家事労働を代替して一家の健康生活を維持することを目的としていた。

そもそもこの事業は、一人の未亡人のボランティア活動に由来し、その未亡人が近所の高齢者や妊産婦の家庭を訪問して世話したことから始まった（渋谷 2014：41）。その後、この制度は大阪府をはじめ全国各地に拡大し、家庭奉仕員制度という名称に変更された。1963年に老人福祉法が制定されると老人家庭奉仕員派遣事業として規定された。

当時は低所得の老人世帯に老人家庭奉仕員を派遣し、家事援助や話し相手を通して相談援助を展開するものであった。したがって、一般家庭で家事経験のある主婦を臨時職員として採用し、事前の教育課程はほぼないままに実務についていた。しかしながら、その活動内容は低所得で他者との交流が少ない高齢者の心配事の相談相手として、ソーシャルワークの実践活動として高度な援助技術を駆使していたと推察されるが、当時の詳細な記述資料は残っていない。

1969年には「寝たきり老人家庭奉仕員事業運営要綱」が提示され、事業を設置する市町村が増大した。その後順次、採用時研修が強化され（図表3－1参照）、2013年からは介護実務者研修を修了して、介護実務に3年間従事した経験のある者は介護福祉士国家試験受験資

図表3－1　訪問介護員採用時研修から介護職員実務者研修まで

| 1級ヘルパー研修（2013年廃止） | 230時間 | 介護職員基礎研修　500時間（旧2級課程）又は介護職員実務者研修450時間（旧1級課程） |
|---|---|---|
| 2級ヘルパー研修（2013年廃止） | 130時間 | |
| 3級ヘルパー研修（2009年廃止） | 70時間 | |

図表3－2　実務者研修　教育内容

**届出の必要がない研修にかかる修了認定科目について**

| 教育内容 | 実務者研修時間数 | 介護職員初任者研修 | 訪問介護員研修 | | | 介護職員基礎研修 | その他全国研修 |
|---|---|---|---|---|---|---|---|
| | | | 1級 | 2級 | 3級 | | |
| 人間の尊厳と自立 | 5 | ○ | ○ | ○ | ○ | ○ | |
| 社会の理解Ⅰ | 5 | ○ | ○ | ○ | ○ | ○ | |
| 社会の理解Ⅱ | 30 | ○ | | | | ○ | |
| 介護の基本Ⅰ | 10 | ○ | ○ | | | ○ | |
| 介護の基本Ⅱ | 20 | | ○ | | | ○ | |
| コミュニケーション技術 | 20 | | ○ | | | ○ | |
| 生活支援技術Ⅰ | 20 | ○ | ○ | | | ○ | |
| 生活支援技術Ⅱ | 30 | | ○ | | | ○ | |
| 介護過程Ⅰ | 20 | ○ | ○ | ○ | | ○ | |
| 介護過程Ⅱ | 25 | | ○ | | | ○ | |
| 介護過程Ⅲ（スクーリング） | 45 | | | | | ○ | |
| 発達と老化の理解Ⅰ | 10 | | ○ | | | ○ | |
| 発達と老化の理解Ⅱ | 20 | | ○ | | | ○ | |
| 認知症の理解Ⅰ | 10 | | | | | ○ | 認知症実践者研修 |
| 認知症の理解Ⅱ | 20 | | ○ | | | ○ | 認知症実践者研修 |
| 障害の理解Ⅰ | 10 | ○ | ○ | | | ○ | |
| 障害の理解Ⅱ | 20 | | ○ | | | ○ | |
| こころとからだのしくみⅠ | 20 | ○ | ○ | ○ | | ○ | |
| こころとからだのしくみⅡ | 60 | | ○ | | | ○ | |
| 医療的ケア | 50(※) | | | | | | 喀痰吸引等研修 |
| 実務者研修受講時間数 | 450 | 320 | 95 | 320 | 420 | 50 | |

※「医療的ケア」には50時間とは別に演習を修了する必要があります。

(資料出所)厚生労働省社会・援護局（平成23年11月4日社援基発1104 第1号）「実務者研修における「他研修等の修了認定」の留意点について」別添1

出典：公益財団法人 介護労働安定センター　ホームページ

格を得ることになった。介護初任者研修や旧ヘルパー1～3級課程修了者の免除科目の取り扱いについては図表3－2に示す。

# 3　介護福祉士養成教育の開始

　1987年に社会福祉士および介護福祉士法が制定され、1988年から介護福祉士養成教育が開始された。それ以前は、社会福祉分野における国家資格はなかった。社会福祉士・介護福祉士は人口高齢化の進展に備えて、介護人材の専門職化とマンパワーの確保という観点から創設された。

　制度発足当初は教科書もないままに、2年課程1500時間以上の介護福祉士養成教育が開始された。当初、介護福祉士養成教育を担っていたのは看護師であった。2000年・2009年に養成教育カリキュラムの改定を行っている（図表3－

図表３−３　介護福祉士養成２年課程カリキュラムの変遷

| 改定年 | 時間数 | 教育内容および改定のポイント |
|---|---|---|
| 1987年 | 1500時間以上 | 基礎分野（人間と生活の理解）<br>専門科目(社会福祉概論・老人福祉論・障害者福祉論・リハビリテーション論・社会福祉援助技術・レクリエーション活動援助法・家政学概論・家政学実習・医学一般・精神保健・介護概論・介護技術・形態別介護技術)<br>実習（介護実習・実習指導） |
| 2000年 | 1650時間以上 | 上記科目の内容を補強<br>介護保険制度・ケアマネジメントの追加・連携に必要な医学知識の強化・人権尊重・自立支援・コミュニケーション・居宅介護実習の必修化・介護過程の展開・介護福祉士の専任教員誕生 |
| 2009年 | 1800時間以上 | 抜本的なカリキュラム改正<br>　人間と社会（人間の理解・社会の理解）<br>　介護（介護の基本・コミュニケーション技術・生活支援技術・介護過程・介護総合演習・介護実習）<br>　こころとからだのしくみ（発達と老化の理解・認知症の理解・障害の理解・こころとからだのしくみ）<br>実習施設の拡大化、実習施設Ⅱに実習指導者の必置（2012年4月以降） |

３参照）。

　また制度発足当初は、介護福祉学を構成する社会福祉・家政学・看護学・医学などの隣接領域から教育内容が構成されていた。2000年の改定は介護保険制度の施行を受けて、介護保険制度やケアマネジメントおよび人権尊重・自立支援・コミュニケーション、さらに介護過程の展開といった教育内容を補強、医療との連携に必要な医学知識を強化し、居宅介護実習を必修化した。また介護福祉士有資格者を専任教員として登用し、介護福祉士の養成教育は介護福祉士が行うという、専門職の後継者教育の原型が整った。教育内容の科目構成は据え置かれた。

　2007年には社会福祉士および介護福祉士法が改定され、介護業務の定義に認知症の介護等、従来の身体介護にとどまらない新たなサービスへの対応が追加されたことや、介護福祉士の誠実義務・資質向上の責務が追加され、心身の状況その他の状況に応じて福祉サービス等が、総合的かつ適切に提供されるよう福祉サービス関係者等との連携を保たなければならないとされたことを受け、2009年には抜本的な教育内容の改定が行われた。2年課程で1800時間以上、人間と社会（基盤教養・倫理的態度の涵養）・介護（尊厳の保持・自立支援の視点での生活支援）・こころとからだのしくみ（多職種協働・介護の根拠）の3領域から教育内容を構成し、実習施設（施設・事業所種別）の拡大と実習施設Ⅱ（介護過程の展開を履修する）には実習指導者（介護福祉士資格取得後3年以上の実務経験を有し、25時間以上の介護福祉士実習指導者講習会を修了した者）を必置とした。

　高齢化のさらなる進展により在宅療養者の増加が見込まれるなか、2011年には社会福祉士および介護福祉士法が再度

改定された。医師の指示の下に行われる口腔内の喀痰吸引・鼻腔内の喀痰吸引・気管カニューレ内部の喀痰吸引・胃ろうまたは腸ろうによる経管栄養・経鼻経管栄養（総称して医療的ケア）の基本研修および実地研修を修了した介護福祉士には、医療的ケアの実施が認められた。こころとからだのしくみの領域に、50時間以上医療的ケアに関する基礎研修・実地研修が追加された。またこれを教授する者は、看護師資格を有する医療的ケア教員講習会を修了した者とされた。

# 4 介護福祉教育の今日的課題

国民皆保険制度の実施により、国民の医療機関へのアクセスは容易になった。また第二次世界大戦後の高度経済成長の波及効果により、公衆衛生や国民の栄養状態・健康への意識の変容により、誰もが人生90年を生きる時代となり、今後も高齢者人口の増加は一定期間続くことが予測されている。高度経済成長と共に国民のライフスタイルは大きく変貌し、総人口は減少しているのに世帯数は増加の一途を辿るといった独居や高齢者を含む少人数世帯が増加している。2000年から施行された介護保険制度により介護の社会化は一定進展したが、長寿化に伴う高齢者医療や介護へのニーズは高く、介護福祉士に対する期待は大きい。厚生労働省は介護福祉士資格取得時の養成目標（図表3－4参照）を定め、量・質共に充実した介護人材の確保を進めている。

高齢者人口の増加は、多死時代の到来をも内包しており2005年には年間死亡者数は100万人を突破し、2038年には170万人に達する見込みである。1970年代後半以降、人が人生の最期を迎える場所は自宅から病院に大きくシフトし

図表3－4　資格取得時の養成目標

1. 他者に共感でき、相手の立場に立って考えられる姿勢を身につける。
2. あらゆる介護場面に共通する基礎的な介護の知識・技術を習得する。
3. 介護実践の根拠を理解する。
4. 介護を必要とする人の潜在能力を引き出し、多用・発揮させることの意義について理解できる。
5. 利用者本意のサービスを提供するため、多職種協働によるチームアプローチの必要性を理解できる。
6. 介護に関する社会保障の制度・施策についての基本的理解ができる。
7. 他の職種の役割を理解し、チームに参画する意義を理解できる。
8. 利用者ができるだけなじみのある環境で日常的な生活が送れるよう、利用者ひとりひとりの生活している状態を的確に把握し、自立支援に資するサービスを総合的・計画的に提供できる能力を身につける。
9. 円滑なコミュニケーションの取り方の基本を身につける。
10. 的確な記録・記述の方法を身につける。
11. 人権擁護の視点・職業倫理を身につける。

た。人生の最期は、自宅で穏やかにQOLを高く人としての尊厳をもって過ごしたいと考える人が多い。介護保険の第2号被保険者の特定疾病には末期がんも入っている。今後は在宅療養生活の延長線上には、在宅ターミナルケアの視点が欠かせない。2005年の介護保険法の改定では、介護老人福祉施設での看取加算が創設された（図表3－5参照）。

　介護福祉士養成教育は1988年4月より開始され、当初は25校で養成教育が開始された。2016年10月現在400課程を超える（介護福祉士養成施設協会ホームページ）養成施設がある。しかしながら定員数を充足している養成施設は少ない。介護福祉士をめざす人の確保は前途多難な状況にあり、卒業後に福祉現場で活躍する介護人材の離職も社会的に注目される課題となっている。介護福祉士資格を有していても、その業に就かないといった潜在介護福祉士問題もある。国は介護人材の基礎資格を介護福祉士と位置づけ、求められる介護福祉士像（4－2、91頁参照）をあげている。さらに専門介護福祉士や認定介護福祉士等の上位資格を創設し、介護人材のキャリアパスの作成にも力を入れている。これらの養成教育には介護福祉士養成校や職能団体である社団法人日本介護福祉士会が、生涯研修体系などを組んで対応しようとしている。

　介護福祉士は、社会福祉士や隣接する看護師・理学療法士・管理栄養士等と違って、養成施設（介護福祉士養成校）を卒業すれば国家試験を受験せずとも国家資格が入手できるシステムが養成開始

**介護サービスの基盤強化**
1. 医療と介護の連携強化
2. 介護人材の確保とサービスの質の向上
3. 高齢者の住まいの整備
4. 認知症対策の推進
5. 保険者による主体的な取り組みの推進
6. 保険料上昇の緩和

後約30年間続いた。2017年度卒業生からは、介護福祉士国家試験受験資格付与と改定されたが、2021年度までの間に養成校を卒業した者は、当該卒業した月が属する年度の翌年度の4月1日から5年間、国家試験受験の有無にかかわらず介護福祉士の資格を有することになった。この卒業後5年間の内に国家試験に合格するか、介護等の業務に5年間従事すれば、その後も引き続き介護福祉士資格を有するとされた。その教育的効果の検証として、介護福祉士養成施設では卒業時共通試験（介護福祉士養成施設協会による）を実施している。

　介護の業務に従事（就業3年）しながら実務者研修を受講した者は、必ず介護福祉士国家試験を受験し合格しなければ介護福祉士資格を取得することはできない。戦争という国家有事に救護目的で始まった看護師養成も、看護人材不足の中で働きながら学ぶ講習所が増設された時代があった。看護師・准看護師といった資格の一元化もままならないまま、今や看護師養成は4年制大学で数多く実施され、卒業後のキャリアパスでは各領域別の認定看護師制度も創設されてきている。

　これからの介護福祉士教育について、

以下の4点について提言したい。

　まず第1に、衣食住をトータルに生活支援するための知識と技術がきちんと教育されているか。介護福祉士は介護士ではなく介護福祉士である。社会福祉の知識や技術は制度改正を受けて養成カリキュラムからは姿を消しつつある。生活支援技術とは単なる介護技術ではなく、一人の人間の誕生から死までを見通した、広義のターミナルケアを実践する者にふさわしい教育構造になっているのか。

　第2に、介護福祉士の業務には介護に関する指導が含まれている。指導に際して介護方法のエビデンスが明示でき、複数の介護方法が提示説明でき、有効な指導技術のアセスメントができるか等、その前提として介護に関する知識や技術のみならず高度なコミュニケーションスキルが要求される。

　第3に、医療との連携を可能にし、心身の状況に応じた介護が提供できるよう認知症ケアや医療的ケアをはじめとする最新知識の補充を常に研鑽していかねばならない。そこには介護利用者の安全と安心を担保し、権利擁護の視点を踏まえ、地域包括ケアシステムの中での連携技術を推進すること。

　第4に、後進の育成についてのビジョンの見直しである。介護福祉士養成施設では教員講習会を修了した者でないと教職に就けない。実務者講習の担当講師にも各種の要件が定められている。今後は一層その教育力の補強を促進すると共に、卒後教育（資格取得後）におけるキャリアパスの整備・点検が必要であろう。専門職養成はその専門職によるということは、専門職の条件でもある。隣接領域の専門家の力を借りながらも生涯研修体制を整え、特に現場におけるスーパービジョンをいずれの介護福祉士もスーパーバイザーとしてもスーパーバイジーとしても役割が発揮でき、学習力が向上するような研修体制が必要である。

　なぜ慢性的な人材不足・人手不足が解消されないのか、原因の追究と言語化への努力が求められている。またそれを社会へ向けて発信する力を強化しなければならない。介護とは、その人らしく生きるためのエンパワメントの仕掛け人であり、想像力や創造力が要求される魅力的な専門職である。

（松田美智子）

# 2 介護福祉業務の専門性
## ——生活支援技術と医療的ケア

## 1 施設ケアを中心とした介護福祉業務

戦前から戦後にかけて（主には、2000年の介護保険法施行以前の措置制度時代）の介護は、その中心となっていたのが生活保護法に規定される養護老人ホームや、老人福祉法に規定される特別養護老人ホーム、あるいは老人病院や介護保険法に規定される介護老人保健施設など、施設機能による保護および生活援助である施設ケアが中心であった（2−3、48頁〜参照）。施設ケアは集団生活という生活様式を基にした介護であるため、対象者の命を守り、さらにその家族の生活の安定を図ることにはつながったが、さまざまな課題もかかえることになった。例えば、自由に使える空間（主に居室）の広さに限りがあるため、なじみの家具や生活品を置く数を制限しなければならなかったり、全体の日課が優先され、好きな時間に食事をとることや行きたいときに外出ができないなどの状況が生まれた（本間 1995）。

また、認知症高齢者に対しては、有吉佐和子が1973年に執筆した『恍惚の人』で描写したように、1970年代ごろから次第に認知症の人とその家族の生活困難が社会で認知されはじめ、特別養護老人ホームや老人病院による認知症高齢者の介護が望まれるようになった。それは、認知症を抱える本人の生活保障と合わせて、その家族の日常生活を立て直すこともその理由であった。ところが、認知症の人にとっては、これまでのなじみのある自宅やその地域での生活から、あまりなじみのない施設で生活をすることで、場所や空間、人間関係に対する認知機能に混乱が生じ、場合によっては認知症の症状が進む結果となった（5−4、123頁〜参照）。よって、当時の施設による認知症介護は、認知症の人本人が入所しても家族との日常的なかかわりは欠かせなくなり、認知症の人をもつ家族は、その本人が施設入所した後も介護にかかわり続けた（室伏 1985）。

そのような状況のなかで、北欧の社会的介護システムの具体的事例やその思想が日本にも紹介されるようになった。大熊由紀子は、老化によりさまざまな疾病や障害をかかえていたり、また認知症であっても、自宅で一人暮らしができ、好きな音楽を聴いて過ごしたり、おしゃれ

をして出かけるなど、その人らしく自由に生きる北欧の高齢者の暮らしを紹介した。北欧の社会的介護システムのその背景には、ノーマライゼーションの思想が根づいており、誰もがその地域や文化、時代にあった普遍的な生活を送ることができるよう、社会全体で責任をもって介護が行われていた（大熊 1990、1992）。

一番ケ瀬康子も、「日常生活圏を基軸としたシステム、保健、医療などとの関連をふまえ、家族やボランティアなどのインフォーマルな介護との関連も視野にいれ、そのうえでのシステムづくり、そして柔らかくぬくもりのあるシステム」（一番ケ瀬 1997：8）の必要性を指摘し、介護の専門家を中心とした介護サービスの質の向上と社会的介護システムの必要性を論じた。介護を必要とする人が、それまで住み慣れた自宅や地域で暮らし続けるにしても、高齢者介護施設で暮らすにしても、個人としての尊厳が保たれること、かつどのような疾病や障害をもっていたとしてもQOLの維持さらには向上が望まれるようになった。

さらに、1995年に高齢社会に突入し て以降、高齢者の増加、核家族化の進展により、高齢者の一人暮らしや高齢者夫婦のみの家庭が急増し、家族介護、在宅介護の困難が顕著となった。そのため、老老介護の実態や孤独死などが報告されるようになった。このような介護をめぐる社会の実態に対する認識も、介護福祉サービスが普遍的に供給されるシステムづくりへの機運を高めることとなった。

以上の情勢のもと、1987年には社会福祉・介護福祉を担う専門職の本格的な養成確保が必要視され「社会福祉士及び介護福祉士法」が制定された。1988年から始まった介護福祉士養成課程カリキュラムにおいては、人間と生活の理解を中心とする基礎分野をベースに、専門科目の中に高齢者や障害者分野を含む社会福祉学や社会福祉援助技術、生活支援技術の中核科目としては「介護概論」「介護技術」「形態別介護技術」が設置され、それらと補完し合う形で「医学一般」「家政学概論」「家政学実習（栄養調理・被服関係）」「リハビリテーション論」「レクリエーション活動援助法」が位置づけられていた（3－1、65頁～参照）。

## 2　介護福祉業務の転換──施設ケアから地域ケアへ

介護福祉機能の社会化が進展したのは、介護保険法が施行された2000年以降である。介護保険法制定の背景には、主に高齢者の増加による社会保障費の増大や、できるだけ住み慣れた地域で暮ら し続けたいといった国民のコンセンサスがあった。そして、目的の一つには「なじみのある自宅で暮らし続ける」ことを保障することがあげられていた。

介護保険法によるサービスは、大きく

は「居宅サービス」と「施設サービス」に分類されている。居宅サービスは、介護を要する状況となっても、できる限り自宅で暮らし続けられるよう支援を行うものである。訪問介護をはじめ、訪問（通所）看護やリハビリ、医師、歯科医師、薬剤師などによる療養管理指導等のサービスが用意されている。また、サービス利用にあたっては、必要に応じて介護支援専門員（ケアマネジャー）がサービス構成のコーディネートを行っている。

こうした居宅サービスにより、特別養護老人ホームに入所していた人や、社会的入院（治療やリハビリは終了したが、退院先がなくそのまま入院を継続した状態）と称される状態にある人が、自宅での生活を継続していける可能性が広がった。日中も目が離せないために、家族が介護のために離職を余儀なくされたケースもあったが、通所サービス（いわゆるデイサービスやデイケア）は、家族の昼間の就労を可能とした。

また、認知症対応型共同生活介護（いわゆるグループホーム）は、認知症の人がなじみのある地域で暮らし続けることの可能性を広げた。集団生活ではあるが定員9名の小規模であるため、事業所を各地域に点在させることが可能となり、利用者にとってはなじみのある地域にグループホームが存在するといった状況が作られた。

介護保険法の創設に伴い、介護福祉士養成課程のカリキュラムも2000年に改訂された。介護保険制度についての教育内容の追加、人権尊重や自立支援といった理念を教育内容に反映させたコミュニ

ケーション技術やケアマネジメントの手法・介護過程の展開も教育内容として追加された。医学一般の授業時間数が1.5倍（60時間から90時間）に増大され、それまでは介護実習は特別養護老人ホームを中心に介護施設で実施されてきたが、居宅介護実習（利用者宅に指導者と訪問して実習を行う）が必修化された。加えて、2007年には社会福祉士及び介護福祉士法の改定で、第2条に介護業務の定義に認知症の介護等従来の身体介護にとどまらない新たなサービスへの対応が追加された。

介護保険法制定以降の認知症の人への対策として、「認知症施策推進総合戦略（オレンジプラン）」（2012年）が取りまとめられている。2015年の新オレンジプランでは、「認知症の人の意思が尊重され、できる限り住み慣れた地域のよい環境で自分らしく暮らし続けることができる社会の実現をめざす」とし、認知症サポーターや大学生などの学生ボランティアによる日常生活の見守りや、医療と連携した介護福祉士などの専門家による適切な対応によって、認知症の進行を遅らせたり、また認知症の症状が進んだとしても、できるだけ長く住み慣れた地域で暮らし続けられることが可能となるよう、介護の機能を示している。

さらに、オレンジプランで示されている「認知症カフェ」は、認知症の人とその家族、地域のボランティア、そして介護の専門家が同じ空間で過ごしながら、互いに語り合い、認知症の症状の緩和や家族の不安の軽減を図り、専門家にとっては必要なケアを構築するための情報収

集の場となっている。

　また、介護の機能としての介護予防は、今日の重要な視点である。介護保険制度の「居宅サービス」は介護給付と予防給付に分かれており、予防給付によるサービスは介護予防サービスと呼ばれている。

　介護予防サービスは、介護が必要な状態にならないよう援助するサービスで、買い物の同行や家事、食事の見守りなど、一人では不安があるが援助者がそばにいれば自分でできることを、できるだけ長く続けることができるよう援助している。また、2014年から2016年にかけて実施された「介護予防推進支援事業」は、各自治体で、すべての高齢者を対象とした「通いの場」を作ることを提唱し、各地で実情に応じたものが作られている。その担い手は住民ボランティアで、各自治体によってさまざまであるが有償制度や研修制度も設けられている。そしてその住民ボランティアを中心として、「通いの場」を通して目的ある生活と他

者とのふれあい、身体を動かす機会を作り、高齢者が要介護状態にならないよう予防している。

　この「介護予防推進事業」によって各自治体で構築された「通いの場」は、法的根拠を「介護予防・日常生活支援総合事業」に引き継ぎ、継続した取り組みを行っている。「介護予防・日常生活支援総合事業」は「通いの場」に加えて、地域サロンの開催や見守り、安否確認、外出支援、買い物、調理、掃除などの家事支援、さらに介護者支援などの事業展開を各自治体で行うよう推奨している。

　このような地域のあり方の変化に対しては、介護福祉士を中心に研修修了者や住民ボランティアが一体となって地域に入り、さらに、同時に地域住民のコミュニティーの一角となりながら、事業で示されたプログラムを通して日常生活の営みを共にし、住民のストレングスを高めエンパワメントしていくことを、介護の専門性として求められている。

## 3　地域医療介護総合確保推進法と求められる　介護福祉業務

　2014年5月に可決した地域医療介護総合確保推進法は、正式には「地域における医療及び介護の総合的な確保を推進するための関係法律の整備等に関する法律」（以下、推進法）といい、医療法や介護保険法改正など約10本の改正法を含んでいる（2－1、34頁参照）。推進法は、今後の社会保障費の大幅な増加予

測に対する持続可能な社会保障の構築に向けた改革の必要性を背景にもつものである。

　推進法（特に医療部分）においては、これまでの病院機能を医療の提供レベルや治療段階に再編し、病院が行う医療と、地域の診療所などが地域医療として行う医療を分類した。つまり、端的にいうと

高度医療や急性期医療は病院で行い、回復期や慢性期医療は地域医療として行うことが位置づけられた。これまで別々に行われていた医療と介護のサービス提供をできる限り一体的に行おうとするもので、この関連法によって、介護に求められる機能がドラスティックに変化した。

先述の「介護予防・日常生活支援総合事業」とも関連するが、介護保険法によるサービスとは別に、各自治体が独自に構築するケアシステムのなかで、介護と医療、さらにはリハビリが連携を図りながら援助を必要とする人にケアを展開しなければならない。そのなかで介護に求められている視点は、生活支援を軸に置きながら、医療、リハビリをどう生活の中に位置づけていくのかということである。

推進法に先立ち、2009年には介護福祉士養成課程の抜本的な教育内容の改定が行われ、人間と社会・介護・こころとからだのしくみの3領域から構成され、実習施設の拡大と実習指導者の配置が明記された。2011年の社会福祉士及び介護福祉士法の改定では、一定の条件下で介護福祉士に医療的ケアの実施が認められた。(教育課程の内容については3－1、66頁、図表3－3参照)。これは、医師・看護師のマンパワー不足を介護職に補完させようとする側面もあるが、より根本

的には医療的ケアを要する対象者の増加に対応する必要性が高まってきたことに由来している。

従来のように医療施設で医療職やコ・メディカルによる医療の提供がおこなわれるのではなく、それらは生活の拠点である地域社会（利用者宅）において実施されることになり、生活と一体となった医療やリハビリの展開となる。そのため介護職は、医療やリハビリの実施を含んだ生活をどのように構築し、さらにはその効果を生活の営みにどのように活かし、また生活上の課題をどう医療やリハビリに提言していくのかが課題となるであろう。

また医療も、治療一辺倒の視点から「治し支える医療」（飯島 2014：17）への転換が求められており、疾病や障害をもつ個人の捉え方に関して、医学モデルから生活モデルへと視点を変え、疾病や障害をかかえながらも健康状態のバランスをどうとりながら生活を営むのかが課題にあげられるようになってきている（飯島 2014）。このような状況のなかで、今後、QOLの視点を土台にした生活支援を専門性とする介護職が、医療、リハビリを含むチームケアのコーディネートを担っていくことが期待されている（6－1、図表6－1、155頁参照）。

## 4 地域で介護を担うフィンランドのケアシステム ——ラヒホイタヤ

日本が地域包括ケアシステムの構築に　　向けて、そのケアシステムの在り方、ケ

アを担うマンパワーの確保やその養成、そしてケアする人の専門性やキャリアパスについて論議が重ねられているところであるが、フィンランドの福祉・医療系共通の基礎資格であるラヒホイタヤは、そのモデルの一つとして日本でも研究され、紹介されている。

ラヒホイタヤは、1990年代に創設された。2年間で共通の職業資格課程における単位を取得した後、3年目に基礎職業資格課程として10種のうちから1つ選択し履修するシステムである（図表3－6参照）。10種の基礎職業資格課程のうち、どの分野の資格課程を修了しても

取得した資格はラヒホイタヤであり、10種のうちどの基礎職業資格課程を修了していても、ラヒホイタヤの資格を必要とする職業ならばどこにでも就ける。つまり、3年目に基礎職業資格課程のうち児童分野の課程を修了した人でも高齢分野に就職することができる。さらに、基礎職業資格課程のほかに追加的により専門的な学びや、別の職業資格課程の学びが可能となっている。

このラヒホイタヤは、求められるケアニーズの高度化に対応することや総合的なケアを展開できる専門職との位置づけをめざしたもので、地域生活において、あらゆる対象のあらゆるニーズに応えることによって生活を支えることに主眼がおかれている。最初の2年間の「一般教養（30単位）」と「共通職業資格課程（50単位）」は、時間数にすると3200時間となっており、2年間で履修する時間数としてはかなり多いといえよう（「共通職業資格課程（50単位）」のうち約3分の1は実習）。

また、ラヒホイタヤ創設には、ケアを担う職業人材確保のため、いかに柔軟に職業分野を選択・継続できるものにするかといった課題が背景にある。フィンランドも高齢社会における社会保障費の増

図表3－6　ラヒホイタヤのカリキュラム

| | ※1単位＝40時間 |
|---|---|
| 1〜2年目 | ・一般教養　30単位 |
| | ・共通職業資格課程　50単位 |
| | 1. 発達の支援と指導　15単位 |
| | 2. 看護と介護　20単位 |
| | 3. リハビリテーション支援　15単位 |
| 3年目 | ・基礎職業資格課程　（一つ選択）30単位 |
| | 1. 救急ケア |
| | 2. リハビリテーション |
| | 3. 児童・青少年向けケア・養育 |
| | 4. 精神保健及び薬物依存への福祉対応 |
| | 5. 看護および介護 |
| | 6. 口腔・歯科衛生 |
| | 7. 障害者ケア |
| | 8. 高齢者ケア |
| | 9. 顧客サービス |
| | 10. ペディケア |
| | ・その他、追加的職業資格課程 |

注：森川（〔2016〕を参考に筆者作成）。

図表3－7　医療・福祉系資格共通基礎課程のイメージ

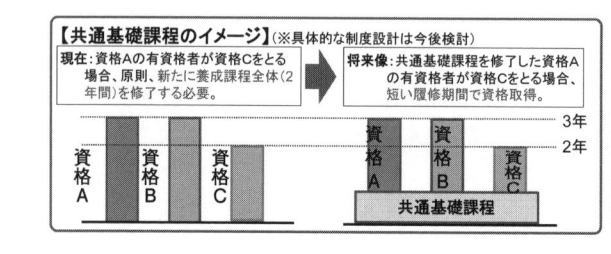

出所：平成29年1月19日政策統括官「全国厚生労働関係部局長会議資料」

大は、ニーズの拡大が社会的課題となっており、これまで医療分野が行ってきたケアも、部分的に看護師からラヒホイタヤへと業務移譲されてきている（森川2016）。ラヒホイタヤは、高齢期の人へのケアに限らずケアを必要とするあらゆるライフステージの人や課題に対応することが求められている。

日本においても、ラヒホイタヤをモデルに福祉医療系資格の共通基礎科目創設について2016年から厚労省で論議されており（図表3−7）、あらゆるバックボーンをもった専門職が、地域におけるさまざまな援助課題に対して、生活支援を軸にした介護の機能を展開することが期待されている。

# 3 専門職とは何か
## ——資格取得の課題と現状

## 1 専門職とはなにか？

### (1)「プロフェッション」と「スペシャリスト」

　専門職とは「プロフェッション」（profession）の訳語である。これに類似した概念として「スペシャリスト」（specialist）という概念がある。上泉和子によれば、専門職は「知識と愛他主義を前提として、特別の権威を有する職能集団」であり、「非専門職」（non-profession）「アマチュア」（amateur）の対概念とされる一方で、スペシャリスト（specialist）は「特定の領域や分野において特別の知識や技術をもっていると評価される人」を意味し、「ジェネラリスト」（generalist）の対概念として用いられるとされる（上泉2010：73）。

　以上の内容を踏まえると、専門職という概念は、介護福祉の仕事に従事する職業集団に対して用いるのが適当であり、現在養成が進められている「専門介護福祉士」の「専門」を"specialist"の意味で用いるのが適当と理解できる。ただし、「プロフェッションはスペシャリストであるが、スペシャリストはプロフェッションではない」（石村1969：6）ともいいうるため、「スペシャリスト＝プロフェッション」とはならない点に注意が必要である。

## （2）専門職論

「専門職とは何か？」という問いめぐる議論は、これまでにも数多くなされてきた。近代以降に行われた最初の報告として、A.フレックスナー（Flexner. A）による医学教育についての研究「フレックスナー・レポート」（1910年）があげられる。また、フレックスナーが1915年にアメリカのメリーランド州ボルティモア市で開催された、全米ソーシャルワーカー協会の大会において行った「ソーシャルワークは専門職か」（Is Social Work a Profession ?）と題する講演で示された専門職の規準が知られている。

その他、社会学的観点からアプローチを行ったカー・サンダース（Carr-Sanders. A.M）とウィルソン（Wilson. P.A）や、グリーンウッド（Greenwood. E）、ミラーソン（Millerson. G）らによって、専門職の規準や属性が検討されてきた。また、これらの研究方法として、専門職が備える属性を明らかにしようとする立場からのアプローチ（属性モデル）と、職業としての発展過程を検討する立場からのアプローチ（プロセス・モデル）があげられるが、属性モデルにおいてもプロセスモデルにおいても、設定された

観点によって、ある職種が専門職か否かの評価は分かれることとなる。

日本における先駆的業績としては、石村善助による専門職論が知られている。石村は自身の議論のなかで「プロフェッション（専門職）」を次のように定義した。すなわち「プロフェッションとは、学識（科学または高度の知識）に裏づけられ、それ自身一定の基礎理論をもった特殊な技能を、特殊な教育または訓練によって習得し、それに基づいて、不特定多数の市民の中から任意に呈示された個々の依頼者の具体的要求に応じて、具体的奉仕活動をおこない、よって社会全体の利益のために尽くす職業である」（石村 1969：25－26）。ここで詳細に紹介することはできないが、上記の議論を踏まえつつ、日本でも社会福祉・介護福祉の領域で専門職をめぐる議論は数多く行われてきている。

## （3）「専門職」「専門職性」「専門職制度」

秋山智久は、従来の専門職研究において「専門職」「専門職性」「専門職制度」という三つの概念が混同して用いられてきたことを指摘した。その上で「レベル」「理念・目的」「理論」「実践の方法・技術（サービス利用者のための）」「手段的

図表3－8 「専門職」「専門職性」「専門職制度」概念の要点

| 専 門 性 | 専門職性の基礎となる「学問・研究のレベル」の課題を持ち、抽象度が高い項目が要点となる。 |
|---|---|
| 専 門 職 性 | 「職業のレベル」の課題を持ち、社会における「職業としての専門職」としての要点項目が多い。 |
| 専門職制度 | 「制度・システムレベル」の課題を持ち、社会において専門職が機能する場合の制度やシステムが課題となる。 |

出所：秋山智久『社会福祉実践論──方法原理・専門職・価値観［改訂版］』ミネルヴァ書房、2005年、206頁の内容に基づいて著者作成。

価値」「理念・目的の達成手段（専門職のための）」という分析的視点から、「専門職」「専門職性」「専門職制度」の要点比較を行い、それぞれの概念の要点を図表3−8のように説明している。このような観点は、それぞれについて検討を行う際の対象を明確化することができるため、有効であるといえる。

## 2　介護福祉士は専門職か

介護福祉士は専門職といえるのか。この問いは、今なおさまざまな見解が成り立ちうる論点であろう。ここでは、秋山智久が社会福祉専門職の条件として提示した、①体系的な理論、②伝達可能な技術、③公共の関心と福祉という目的、④専門職の組織化（専門職団体）、⑤倫理綱領、⑥テストか学歴に基づく社会的承認、という六つの観点から検討する。

まず、介護福祉士の養成カリキュラムには、医学、看護学、家政学、法学、社会学、経済学等の多様な学問領域の蓄積を取り入れながら、介護実践の軸となる思考方法としての「介護過程」「生活支援技術」などと関連付け、介護福祉学としての、①体系的な理論枠組みが構成されているといえる。②伝達可能な技術についても、上述した「生活支援技術」の領域で各生活場面の支援技術が整理され、実際に教育の場面で伝達されている。また、介護福祉士は言うまでもなく、③公共の関心と福祉を目的に活動を行うものと捉えることができる。④専門職の組織化（専門職団体）については、1994年より「日本介護福祉士会」が組織されており、ここで、⑤倫理綱領としての「日本介護福祉士会倫理綱領」定められている。⑥についても国家試験が課され、合格した者のみが介護福祉士という名称を名乗ることができる。このようにみると、介護福祉士は専門職としての条件を満たしているとみることができる。

## 3　介護福祉士資格を取得する上での複数のルート

介護福祉士は専門職としての条件を満たしているといえると述べた。しかし、介護福祉士資格については、取得ルートとして、①厚生労働大臣が指定する介護福祉士養成施設を卒業するルート（養成施設ルート）、②3年間の介護現場での実務経験を経た後、国家試験に合格するルート（実務経験ルート）、③厚生労働

大臣が指定する科目を履修する福祉系高校を卒業し、国家試験に合格する途（福祉系高校ルート）の三つが存在してきた。

この記述からもわかるとおり、実務経験ルートと福祉系高校ルートは国家試験を受験し、合格することによって介護福祉士国家資格を得ることができるのに対して、養成施設ルートは卒業と同時に資格が付与されることとなっていた。ま

た、それぞれの教育時間・内容も大きく異なっており、特に実務経験ルートの者は法制度や理論に関する教育機会が不十分である等の指摘がなされ、質向上のための見直しが必要視されていった。

こうした経緯から、2007年の「社会福祉士及び介護福祉士法等の一部を改正する法律」によって、介護福祉士の資格取得要件が変更された。法改正によって

図表3－9　介護福祉士国家資格の取得ルート

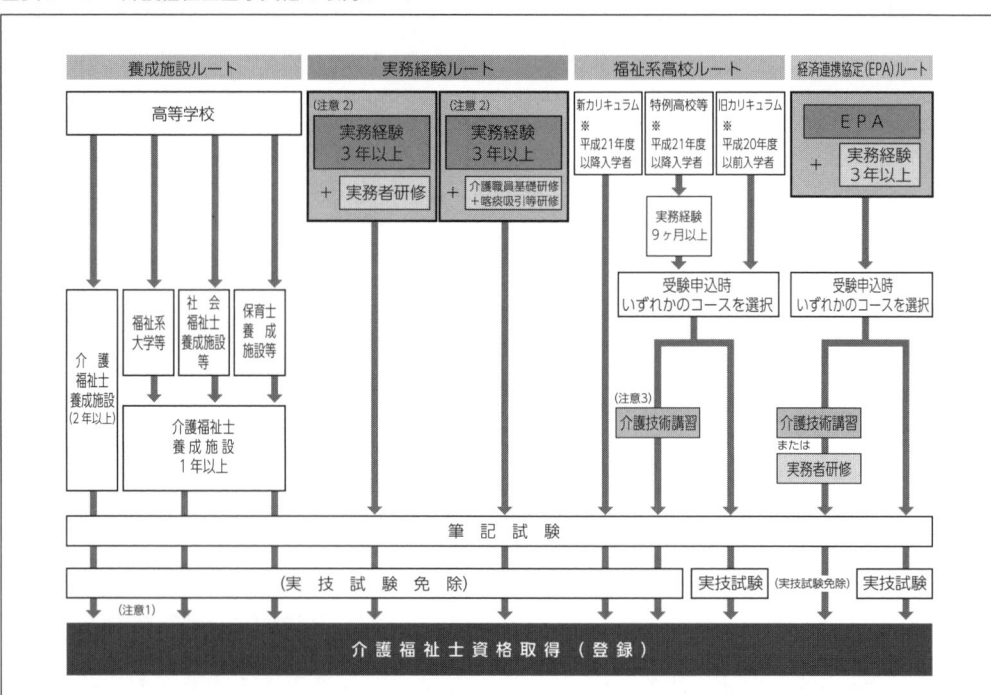

（注意1）「社会福祉士及び介護福祉士法」の改正により、平成29年度（第30回）から、養成施設ルートが介護福祉士国家試験の受験資格となります。なお、養成施設を平成33年度末までに卒業する方は、卒業後5年の間は、国家試験を受験しなくても、または、合格しなくても、介護福祉士になることができます。この間に国家試験に合格するか、卒業後5年間続けて介護等の業務に従事することで、5年経過後も介護福祉士の登録を継続することができます。平成34年度以降に養成施設を卒業する方からは、国家試験に合格しなければ介護福祉士になることはできません。

（注意2）実務経験ルートで受験を希望する方は「実務経験3年以上」だけでは受験できません。

（注意3）平成20年度以前に福祉系高等学校（専攻科を含む）に入学し、卒業した方、特例高等学校（専攻科を含む）を卒業し、9か月以上介護等の業務に従事した方が、「実技試験の免除」を申請する場合は、「介護技術講習」を修了する必要があります。
　　　　　「実務者研修」の修了で実技試験が免除になるのは、「実務経験ルート」と、「経済連携協定（EPA）ルート」の方のみですのでご注意ください。

出所：公益財団法人社会福祉試験・振興センターホームページより抜粋

各ルートの学習時間が増加し、①養成施設2年以上（1800時間）、②福祉系高校（1800時間程度）、③実務経験3年以上＋養成施設6か月以上（600時間程度）となり、国家試験の受験も必須となった。図表3−9は、現在の介護福祉士国家資格の取得ルートを示したものである。

国家試験の義務化は、これまでにも何度か議論されてきたもが、有資格人材の育成・確保等を理由に延期されてきた。現在に至っても、養成施設ルートの者が平成33年末までに卒業する場合は、国家試験に合格しなかった場合も、卒業後5年間の現場経験によって国家資格が付与される「経過措置」がとられている。加えて、現時点においても各ルートで国家試験の受験に至るまでの教育内容に違いがある。介護福祉士として備えるべき能力のボトムアップがどの程度実現してゆくのか、引き続き検証が必要である。

## 4 介護に関する資格の多様性

介護に関する資格も、現状では介護福祉士国家資格で統一されているわけではない。従来のホームヘルパー資格に代わって導入された「介護職員初任者研修」や、近年では幅広く人材確保を図るために「入門的研修」なども導入されつつある。これらのカリキュラムを比較したものが図表3−10である。

1987年に成立した「社会福祉士及び介護福祉士法」の第2条において、介護福祉士は「国家資格」を有し、「専門的知識」および「専門的技術」をもって「身体上又は精神上の障害があることにより日常生活を営むのに支障がある者につき心身の状況に応じた介護」を行い、「その者及びその介護者に対して介護に関する指導を行うことを業とする」ものとして位置づけられている。

かつて佐藤豊道は、この点を踏まえつつも「現状においては、寮母やホームヘルパーなどのケア・ワーカーは、国家資格を有する介護福祉士である人もいれば、国家資格を持たないで日常の介護業務に従事している人もいる」とし、「現段階においては、介護福祉士は専門職者であるが、それ以外のケア・ワーカーは必ずしも専門職者であるとはいえず、専門職者の途上にある者と位置づけられよう」（佐藤 1996：80）と指摘していた。

この点に関連して、荏原順子も「介護職養成確立期」にあり、ホームヘルパー研修が職業訓練的性格を有していること、介護福祉士が名称独占のままであること、専門家団体の活動の未成熟、資格付与規準などの専門職の要件を満たしていないことを理由に、専門性の確立はまだ不十分であると判断している（荏原 2014：148）。

図表3－10　介護に関する資格のカリキュラム比較表

| | | 介護福祉士<br>（養成施設ルート） | | 介護福祉士<br>（実務経験ルート） | | 介護職員初任者研修 | | 介護入門的研修 | |
|---|---|---|---|---|---|---|---|---|---|
| 人間と社会 | 人間の尊厳と自立 | 30 | 人間の尊厳と自立 | 5 | 介護における尊厳の保持・自立支援 | 9 | 尊厳の保持と自立支援 | 1 |
| | 人間関係とコミュニケーション | 30 | | | | | | |
| | 社会の理解 | 60 | 社会の理解 | 35 | | | 高齢者や家族の心理 | 1 |
| | 人間と社会に関する選択科目 | 120 | | | 介護・福祉サービスの理解と医療との連携 | 9 | 介護保険制度等の理解 | 1 |
| 介護 | 介護の基本 | 180 | 介護の基本 | 30 | 介護の基本 | 6 | | |
| | コミュニケーション技術 | 60 | コミュニケーション技術 | 20 | 介護におけるコミュニケーション技術 | 6 | コミュニケーション技術 | 1 |
| | 生活支援技術 | 300 | 生活支援技術 | 50 | 生活支援技術 | 38 | 生活支援技術 | 4 |
| | 介護過程 | 150 | 介護過程 | 90 | | | | |
| | 介護総合演習 | 120 | | | 振り返り | 4 | | |
| | 介護実習 | 450 | | | 職務の理解 | 6 | 介護現場の理解 | 2 |
| こころとからだのしくみ | 発達と老化の理解 | 60 | 発達と老化の理解 | 30 | 老化の理解 | 6 | | |
| | 認知症の理解 | 60 | 認知症の理解 | 30 | 認知症の理解 | 6 | 認知症の理解 | 2 |
| | 障害の理解 | 60 | 障害の理解 | 30 | 障害の理解 | 3 | | |
| | こころとからだのしくみ | 120 | こころとからだのしくみ | 80 | こころとからだのしくみ | 37 | リスクマネージメント、緊急時の対応 | 1 |
| 医療的ケア | 医療的ケア | 50 | 医療的ケア | 50 | | | | |
| 合計 | 1850時間 | | 450時間 | | 130時間 | | 13時間 | |
| 備考 | 国家資格 | | 国家資格<br>国家試験を受験するには、プラス3年の介護従事経験が必要 | | 介護保険法に規定されている都道府県認定資格 | | | |

出所：鴻上圭太「介護に関する資格者の養成に関する現状と課題──学ぶ機会と介護労働におけるソーシャルワークの関係」日本科学者会議編『日本の科学者』Vol.52、本の泉社、2017年、9頁に基づいて著者作成。

　厚生労働省も、将来的にはすべての介護現場従事者が介護福祉士資格を有するべきとの方向性を示しているが、現状においては介護職員初任者研修修了者や介護入門的研修の修了者も「介護職」というカテゴリーに含まれる。このような意味で「介護職」は「専門職（プロフェッション）か？」と問うならば、専門職としての条件が満たされていない面があるため、専門職とみなすことはできない。さらに、介護福祉士資格の有資格者と無資格者との介護職場での支援内容の違いも、まだまだ実証的に明らかにされているとはいえない。この点は専門職と

しての介護福祉士の社会的認知・評価に関わる今後の重要課題であるといえよう。

（北垣智基）

## 参考文献

・秋山智久『社会福祉実践論——方法原理・専門職・価値観〔改訂版〕』ミネルヴァ書房、2005年
・秋山智久『社会福祉専門職の研究』ミネルヴァ書房、2007年
・安瓊伊「介護福祉士の専門性の構造」『介護福祉学』第22巻第2号、91-102、2015年
・飯島勝矢「在宅医療の基本的な考え方」東京大学高齢社会総合研究機構編『地域包括ケアのすすめ——在宅医療推進のための多職種連携の試み』東京大学出版会、2014年
・石村善助『現代のプロフェッション』至誠堂、1969年
・一番ケ瀬康子監修、日本介護福祉学会編『介護福祉職にいま何が求められているか』ミネルヴァ書房、1997年
・荏原順子『介護職養成教育における専門性の形成——教育カリキュラムの分析を通して』大空社、2014年
・大熊由紀子『「寝たきり老人」のいる国いない国—真の豊かさへの挑戦』ぶどう社、1990年
・大熊一夫、大熊由紀子『ほんとうの長寿社会をもとめて—市町村からの新しい波』ぶどう社、1992年
・太田貞司「『共通基礎資格過程』導入と介護福祉士の今後——『日常生活の営み』支援」『介護福祉学』Vol.24-1、42-48、2017年
・上泉和子「看護専門職の機能と活動」井部俊子、中西睦子監修『看護管理学習テキスト第1巻　看護管理概説−21世紀の看護サービスを創る』日本看護協会出版会、2010年
・木戸久美子「看護基礎教育の精髄——本邦における看護基礎教育の歴史と変遷から」『山口県立大学学術情報』第4号、13-19、2011年
・黒澤貞夫「『介護福祉学』の構築に向けて−介護福祉学の基盤と思想について」『介護福祉学』第22巻等1号、50、2015年
・佐藤豊道「介護福祉の専門性と専門職」古川孝順、佐藤豊道、奥田いさよ編『これからの社会福祉⑩介護福祉』有斐閣1996年
・渋谷光美『家庭奉仕員・ホームヘルパーの現代史　社会福祉サービスとしての在宅介護労働の変遷』生活書院、2014年
・日本介護福祉士養成施設協会編『日本介護福祉士養成施設協会　創立20周年記念論文集』,日本介護福祉士養成施設協会発行、2011年
・本間郁子『特養ホームで暮らすということ』あけび書房、1995年
・松田美智子他編著『介護福祉学への招待 地域包括ケア時代の基礎知識』クリエイツかもがわ、2015年
・室伏君士『痴呆老人の理解とケア』金剛出版、1985年
・森川美絵「地域包括ケアシステムに必要とされる人材の考え方——フィンランドの社会・保健医療ケア共通基礎資格ラヒホイタヤを手がかりに」『保健医療科学』Vol.61 No.2、130-138、2012年
・森川美絵「地域包括ケアシステム構築のための人的基盤——フィンランドの共通基礎資格ラヒホイタヤからの示唆」『月間福祉』2016年7月号、36-41
・渡辺裕美「『介護福祉学』の構築へ向けて——集団処遇の業務中心介護から個別の本人中心介護への転換」『介護福祉学』第20巻1号、89-95、2013年

##  これから福祉の仕事を めざす人たちへ

私は短期大学にて介護実習を経験した。まず私の実習体験の紹介をしてから、学生の方々へのメッセージを述べる。

### ・介護実習Ⅰ（グループホーム）

洗濯物を畳む・料理を作る等、利用者の個々の能力に合わせて役割を与えられていた。それによって利用者たちが存在意義を感じているのか、帰宅願望や不穏になる人が少ないように感じた。キッチンやソファーや食卓があり、どこかの家を訪問しているような雰囲気だった。認知症の方が利用されているので、嬉しかった出来事や家族の心配等の同じ話を何度も聞くことがあった。話を聞ける機会が多くあったので、言葉の裏にある気持ちを想像する・話を掘り下げて聞いたりして言葉から気持ちを推測した。

### ・介護実習Ⅱ－1（障がい者支援施設）

初めて利用者の興奮状態を見た。その方は変化に対応することが難しく、新しく見た実習生に驚いたのだろうと職員は話していた。手話やジェスチャーで伝わるまで必死で伝えようとしてくださる人・目も耳も聞こえず、表情やわずかな体の動きでしか意思表示ができない方がいた。言葉以外にも伝わること、伝えられることがたくさんあると学んだ実習だった。

### ・介護実習Ⅱ－2（訪問介護）

自宅で生活したい・終末を迎えたい人・人に頼りたくない人・自身の生活でのこだわりがある人等、関わった日数は少ないが、生活習慣が違う利用者と接することができた。個別ケアについて考えさせられる実習だった。

### ・実習Ⅲ（特別養護老人ホーム）

行事に参加させていただいた。職員の利用者に対する接し方が温かく、親切な人がほとんどだった。また活き活き働いているように見えた。利用者も明るい人が多い印象だった。夜勤帯の実習もあり、日中とは違う利用者の様子を見ることができた。日中は職員や利用者に威圧的な態度を取ることが多い利用者がいた。夜間は暗く静かなので、助けてくれる人がいるのか、不安なのか、コールが頻回だった。側で話もして手をつなぐと安心したのか、しばらくすると寝られることもあった。実習期間が長く利用者や職員のことを知り、就職を意識した実習だった。

### ・これから実習に臨む学生さんへ

実習中は慣れない環境で緊張や気疲れ、記録等でしんどさや不安はあったが、それ以上に学んだことや、新しい発見や気付きができて嬉しさや楽しさがあった。実習の中で些細な出来事にもアンテナを張り、記録に活かせるように細かくメモを取り、職員や実習指導者の話に耳を傾けたから気付けたことは多くある。また、日々の授業や課題に真摯に取り組み、学んだことを活かせるように努めたことも大きく関係していると考える。

私は卒業後、実習Ⅲでお世話になった施設に就職することとなり、現在もその施設で働いている。就職の決め手は職員が活き活きしていて、利用者が活き活きしていて、手本にしたい職員がいて、自宅から通いやすく、給料がある程度満足できるレベルにあり、自分のスキルアップのために協力的だった点だ。ただ就職してから知る問題点や不満な点は少なからず出てくる。そこで職場を辞めるのではなく、改善するために自分に何ができるか考えることが大切だ。「職場に不満があれば、辞めるのではなく自分で変えればよい。就職場所を転々としても問題は変わらない」と言った恩師の言葉が今も私の頭に残っている。

私は介護の仕事しか経験がないが、自分の身体が動く限り福祉の仕事に携わりたいと思っている。人の幸せそうな顔を見ることができる・人の幸せのために自分は何ができるか考え実行できる・この人の幸せとは何か追求できる。こんな素敵な仕事はない。福祉の仕事をしたいと思った気持ちを忘れず、この本を読むみなさんに福祉の仕事をして素敵な経験をしてほしいと願っている。

井出　百合子

# 4

# 介護福祉の倫理

# 1 介護福祉学の哲学・価値・倫理

## 1 日常生活のなかに存在する哲学・価値・倫理

哲学や価値や倫理というと、日常からかけ離れた所にある抽象的な概念理解のようにとらえられるかもしれない。しかし、このように考えていただきたい。例えば介護福祉士の倫理綱領（1995）に記載されている第1番目の内容を見てみよう。「介護福祉士は、全ての人々の人権を擁護し、一人ひとりの住民が心豊かな暮らしと老後が送れるよう利用者本位の立場から自己決定を最大限尊重し、自立に向けた介護福祉サービスを提供していきます」と示されている。ここには「人権擁護」「利用者本位」「自己決定の尊重」「自立」といった言葉が出てくる。この一文からだけでも、これから述べようとする価値・倫理のキーワードがちりばめられている。

つまり、利用者の人権を擁護しているかどうか、利用者本位の姿勢を貫いているかどうか、利用者の自己決定を最大限尊重しているかどうか、自立に向けたサービスを提供しているかどうか、といったことはまさに、日常の利用者との一つひとつのコミュニケーションにおける言葉かけや介助を行う際の態度や行動に現れているのである。すなわち日常生活そのもののなかにこそ価値や倫理は存在する。

もちろん専門職として大事なのは、その職種に独自の専門的知識や技術を磨くことであるが、目の前にいる利用者に専門的実践を行う場合に、介護福祉サービスの提供に伴う言語的・非言語的コミュニケーションをいかにとるかが、実は専門職としてのその人を体現するもっとも重要な要素となっているのである。すなわち、専門職としてのあるべき姿として定められている職業倫理が、言語的・非言語的コミュニケーション（言動）として展開されている、ということを理解してほしい。職業倫理の内面化と体現化、行動化の学びこそが、専門職の専門性の向上にはもっとも大事な要因なのである。そういう意味合いで、価値・知識・技術の3要素は、専門職にとって三位一体と呼ばれるほどに不可分の要素なのである。

## 2 専門職にとっての指針となる職業倫理 ——対人援助職として向き合う態度

　介護職員は、人の「命」や「生活」と直接向き合う専門職である。その人が望む、その人らしい日常性のなかで命や生活を保持していくための支援に求められるものは、正しく認識された専門職としての倫理観（職業倫理）である。介護福祉士に限らず、社会福祉士や精神保健福祉士などの専門職には、「何を目標として、どのように仕事を組み立てていくのか」、また「どのような態度や行動が求められるのか」ということを常に考えながら職務に就くことが求められる。その際に、「介護職員としてのあるべき姿」「あるべき介護福祉の方向性」を考える指針となるものが、それぞれの領域における職業倫理である。

　「価値」や「倫理」は、あらゆる対人援助職における基盤になるものである。さらにそのベースにあるのは「哲学」であるといえる。

　哲学とは、物事を本質から明らかにし、その総体を理解しようとする学問である。人間が生きていくことの本質的意味を意識化させていることで、目の前にいる人に迷いなく明確な態度で関わることができる。つまり、人間の態度や行動の基底にあるものが哲学である。「哲学」は問いかけから始まる。それもすぐには答えを導き出すことのできない問いかけ、たとえば「人間とは」「生きるとは」

「幸せとは」などの問いに対して考えることである。古来より多くの哲学者が何らかの答えを出そうと希求してきた。

　介護は、専門職だけにかかわらず、家族を始め広く一般市民が行ってきた歴史がある。「介護の哲学」とは、「介護者として相手が望むような生き方に向き合うことをどのように考えていけばいいのか」という問いかけに対して、何らかの答えを求めて考究していく過程である。必ずしも初めから答えが出ているわけではない。介護という行為を行うなかで、さまざまに出会う問題について答えを探りつつ支援をしていく、そのプロセスのなかにこそ、介護の哲学は存在するのである。

　それは、日常の社会生活を送るうえで、ニーズや解決課題をもちながら暮らす人々と向き合うなかで、人間の至極本質的な問題についての意味づけを行い、介護職員としての思考や態度を明確なものとする拠り所となる。ともすれば、介護場面は他者の目に触れにくいところでの行為となり得る場合がある。そこで手を緩めるのか、それとも気合を入れて向き合うのか、いずれの態度をとるかということを考えてみても、そこでその人の専門職としての倫理観が問われていることになるのである。

## 3 人間の尊厳——支え、支えられる関係

　介護福祉の価値・倫理について言及するに当たり、ここでは、「人間の尊厳」および「支え支えられる存在としての人間（支え合うことの倫理）」について説明する。これらは、人間の存在と、支援すること・されることの基本的視点について、どのようにとらえるかに関わっている。介護福祉の実践は、究極的には「人間の尊厳を守り、支援を必要とする人々の日常性を維持・確保するための支援である」といえるだろう。尊厳を守り守られる関係、支え支えられる関係、この理解が曖昧であれば、職業倫理を体現する介護職員の実践そのものが齟齬をきたすものとなってしまう。何のための実践なのか、なぜそのように考え、判断したのか、それは適切な判断であったのか……と迷うことの多い現場のなかで、価値や倫理に照らして、個人的・組織的に内省する時間を確保することが望まれる。

### ①人間の尊厳（かけがえのないこと）

　すべての利用者の尊厳を守ることが、第一に遵守すべき視点である。すべての人間は、この世に生を受け、存在することそのものに絶対的な価値がある。それは人間のもって生まれた価値といってもよい。その人に何ができるか、どのような属性をもつかといったこととは無関係に、存在それ自体に大きな意味をもつということである。

　カントは、他の何ものとも交換することのできない（つまりかけがえのない）ものの価値を「尊厳」と描出した。他の何ものとも取り替えることができないものとはつまり、人間一人ひとりの存在そのものが尊厳であり、すべての人間は目的として必要とされなければならないと考えた。

　すなわち、すべての人々は、かけがえのない存在である。その人がどのような人生を歩んできたとしても、どのような病気や障害をもっていようとも、生きていることそれ自体に最大限の尊厳があるということを意味する。だからこそ、一人ひとりのニーズや意思を最大限に尊重しなければならない。介護保険制度の理念にも「尊厳の保持」が謳われているが、これは、高齢者一人ひとりは、他の何ものとも代替不可能なかけがえのない尊厳ある存在であるという意味を有しているのである。

　個人の尊厳という価値観に立脚した場合、一人ひとりの利用者を、かけがえのない人間として敬意をもって関わるという姿勢が生まれる。そうして、「介護を必要とする人々が今何を求めているのか」「その人らしさを発揮できる生活とはどのようなものか」「その人にとってどうあることが幸せで快いものなのか」「どんな思いをもっているのか」といった事柄と背景にある感情に気づくよう努力し、ニーズのアセスメントや共感に基づく対応が求められる。

そして、「自分が今、利用者にしている言葉づかいは、はたして利用者の尊厳を守るような言い方になっているだろうか」「自分が今、利用者に対してとっている表情や態度は利用者の尊厳を守っているのだろうか」「自分が今、利用者に対して行っている介助や支援は、利用者にとって恥ずかしさを感じさせない、満足のいくものであり、尊厳を守るものになっているだろうか」と常に考えを巡らせながら実践しなければならない。

このことは、生活支援などを行う場が、他者の目に触れない室内などであれば、なおさらのこと気をつけなければならない。なぜなら、介護職員の実践は、他の福祉専門職と同じく、ブトゥリム（Butrym,1978：xi）の述べるところの「価値を担う活動」（value-ridden activity）だからである。

### ②支え、支えられる存在としての人間

人は誰も、一人では生きていけない。すなわち人間は他者に依存しながら生きていく社会的存在である。人は、その人生のどこかで人の支えを必要とする。そして人は、目の前の困っている人々や手を貸さなければならない人々や場面に遭遇した時に、本質的に相手を気遣い何とか助けたいと思い、行動化する。つまり人間は、助けられ、また助けようとする存在である。古来よりそうした家族・近隣・専門家などから受ける助け合いのもとに社会が成り立っている。

森岡正博（1994：19・20）は「これからの超高齢社会では、他者から支えられてはじめて生活ができ、自己決定できるような人間こそが、高齢福祉社会を構成する基本的な人間」であり、「他からささえられ、他をささえてゆくことこそが、人間の本質だとみなされてゆくのではないか」と述べ、それを「ささえあいの人間学」と表現している。介護の哲学や価値にとっても、大変示唆深い言葉である。すでに超高齢社会を迎えて高齢化率が27.7％（2017年9月現在）と総人口に占める割合が1／4を超え、過去最高となって増え続けている。こうした社会では「支え、支えられる関係」をもつことは、ごく当たり前のこととなっている。

自分もいつかは支えられる存在になる可能性がある。だから、支える側になった場合には、「今自分は支える側に立っている、だからと言って強者の立場に立っているわけではない。人生の先達に対して、支えることのできるポジションに在ることはむしろ感謝の念こそもつべきであろう。高齢者を敬う気持ちをもって関わらせていただこう」というように考えたとき、利用者の日常生活全般に関わる最善のサービスを提供することの意味が明確になる。

さらに、この「支え、支えられる関係」というのは、介護者と要介護者との間にだけ成立するものではない。介護（ケア）する人をも支える、という視点もそこから出てくる。支え合いという言葉の意味は「互いに支援し合って共存する」ということである。支え合うことの送り手と受け手は相互に行き来するのである。介護する家族や職員も誰かに支えられることが必要となる。そうでないと、どこか

で誰かが疲弊することになる。誰もが支えられるという循環性を保持するためのシステムや人間関係の構築も必要となる

（この点については、7－4、189頁の「支援者支援」のところを参照してほしい）。

## 4　支え合いの人間関係

　支え合いの人間関係の内容についてであるが、「要介護者と介護の提供者双方が、ただ単に介護を提供する、介護を受けるという関係だけではなく、人格と人格とが関わり、命と生活を共有するという相互作用により、双方の成長を促すという処に介護の価値が存在する」（『介護福祉士の教育のあり方に関する検討会報告書——養成カリキュラムに関する中間まとめ』2010年8月13日）とある。また森村修は「ケアしケアされるという関係が重要なのは、ケアが生きる意味という、私たちの生存の条件にかかわっているからである」（森村　2000：92）と述べている。

　ケア（介護）は、このように人が生きる意味を見出すところに関わっている。他者との信頼関係があって、気づかいがなされ、配慮がなされ、気持ちを共感してもらうことができて、敬意をもって介護者から生活支援を受けることができたなら、「自分はこのままで生きていても良いのだ」「生活支援を受けながらも、生きていること、存在していることそれ自体に価値があるのだ」と思うことがで

きよう。そうした「関係性」のなかで人は、身体・心理・社会生活上の諸困難を、少しずつ徐々に受け入れていくことができる。介護職員には、こうした相互関係のなかで相手に尊厳を伝えることで、生きる意味の再確認をさせうる、という使命があるからこそ、高い倫理観が求められるのである。

　森村（2000：224）は、メイヤロフやフーコーの説を引用しながら、ケアの倫理は、他者へのケアと自己へのケアという双方向性のケアが大切であることを指摘している。他者をケアする自己をもまたケアされなければならないのである（この点についても、7－4、189頁を参照してほしい）。

　ここでは介護職員が内面化すべき二つの価値について述べたが、こうした「価値」を態度や行動のレベルにおいてさらに具体化したものが「倫理」である。さらにそれを実践の指針として明文化したものが、各専門職団体で作成している「倫理綱領」である。

（南　彩子）

# 2 専門職と価値・倫理

## 1 専門職としての倫理観

　価値とは「人間の好悪の対象になる性質」「個人の好悪とは無関係に誰もが『よい』として承認すべき普遍的な性質」である（『広辞苑（第6版）』2008：547）。価値には、社会的なレベルでの価値や個人的レベルでの価値が基底にあって、さらにその上に専門職としての価値が積み重ねられていると考えられる。

　厚生労働省より提示されている「求められる介護福祉士像」によると、①尊厳を支えるケアの実践、②現場で必要とされる実践的能力、③自立支援を重視し、これからの介護ニーズ、政策にも対応できる、④施設・地域（在宅）を通じた汎用性ある能力、⑤心理的・社会的支援の重視、⑥予防からリハビリテーション、看取りまで、利用者の状態の変化に対応できる、⑦多職種協働によるチームケア、⑧一人でも基本的な対応ができる、

⑨「個別ケア」の実践、⑩利用者・家族、チームに対するコミュニケーション能力や的確な記録・記述力、⑪関連領域の基本的な理解、⑫高い倫理性の保持の12項目があげられている。ここには、尊厳を支えることや、自立支援の重視に加えて、12番目に「高い倫理性の保持」が謳われている。

　専門性の高い介護福祉士は、国家資格を取得しているのみならず、人間と社会に関する幅広い知識を有し、自己の利益を度外視して他者のために献身するという利他意識、さらには、人権意識や人間の尊厳に代表される倫理観や専門職業人としての使命感を根底にもち、公平・公正な態度で、専門的自律性が発揮できることなどが必要である。なかでもことのほか大事な条件は、専門職としての高い倫理観の保持である。

## 2 弱い立場にある人々と関わる態度

　なぜ介護福祉士に「価値」や「倫理」が問われるのだろうか。人間は本質的に

他者との相互関係をもちながら社会生活を送っている社会的存在である。その人

生において他者に依存しなければならない時期がある。介護福祉士は、身体上または精神上の障害により日常生活を営むのに支障をもって暮らす利用者の生命や生活を守り、支えるという、直接的で根源的な人間にしかできない実践を行う。そして「利用者」と呼ばれる人々は、恒常的ではないにせよ、施設や制度、サービスを利用せざるを得ない何らかの理由をもつのである。

　ある意味でいうならば、その時点では自分自身の力で食事や入浴、排泄などが困難であったり、人生に立ち向かう力が弱められているという意味で、弱い存在であるといえる。それを欲しているわけではないにもかかわらず、自らの力で思うようにならない部分をもつに至っているのである。そうした利用者と介護福祉士は対峙している。そのことの意味に介護者（援助者）は、思いを致すことができなければならない。専門職性の高い職業であると言われている医師・弁護士・

牧師などを考えてみても、人間の極めて弱い部分とかかわる職業である。弱い部分と関わるのであれば、弱さにつけこむことも可能である。だからこそ、自分自身にブレーキをかけなければならない。

　他者の命や生活にかかわる度合いが大きくなればなるほど、高い倫理観、自分の心にブレーキをかけるもの、すなわち行動の指針として旨とすべきものが必要になる。そこで、価値や倫理が具体的に文章化され、判断に迷う場合に指針として機能するのが「倫理綱領」である。介護福祉士の「倫理綱領」については、次節を参照して欲しい。社会福祉士や精神保健福祉士についても別途策定されているので、各専門職団体のホームページなどで必ず確認するようにして欲しい。それ以外にも、医師や弁護士、看護師などの倫理綱領などもぜひとも一度は目にしてみてはどうだろうか。それぞれの職種が、いかに自分自身を厳しく律しようとしているかが理解できるだろう。

## 3　倫理的ジレンマ解決のための優先順位

　倫理を学んで気がつくことは、日常の生活支援場面において課題の解決を図ろうとする際に、いくつかの倫理が関わってきて、はたしていずれの倫理を優先させるべきかについて迷ってしまう場面に遭遇することがあるということである。このように介護福祉士が判断に迷った場合に、まず準拠すべきは「倫理綱領」で

ある。しかし、手がかりになるものが見つからない場合や、倫理基準の間で葛藤が生じる場合には、図表4－1のような選別リストが参考になる。これは、ソーシャルワーカーが倫理的ジレンマを解決するための選別リストであるが、介護福祉士の場合にも応用可能であろう。

　図表4－1において、倫理的原則1は

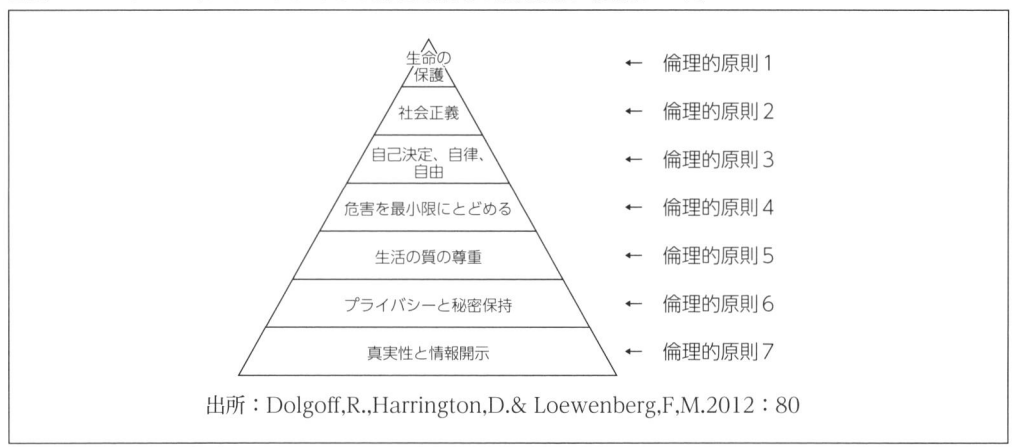

生命の
保護　　← 倫理的原則1

社会正義　　← 倫理的原則2

自己決定、自律、
自由　　← 倫理的原則3

危害を最小限にとどめる　　← 倫理的原則4

生活の質の尊重　　← 倫理的原則5

プライバシーと秘密保持　　← 倫理的原則6

真実性と情報開示　　← 倫理的原則7

出所：Dolgoff,R.,Harrington,D.& Loewenberg,F,M.2012：80

倫理的原則2に優先し、倫理的に原則2は原則3に優先するものと考える。原則1の生命の保護は、すべての人々にとって当てはまるものであり、他のどのような権利や義務よりも優先すべきものである。生きる権利はあらゆる人々にとってもっとも基本的な権利であり、これが損なわれればどのような権利も享受することができない。しかしこれは、杓子定規に適用されるものではなく、その時々の状況によって何を尊重すべきかの個別判断や医学的・法的視点とのバランスなども考慮する（Dolgoff, R., Harrington, D.ら　2012：80-82）。

　たとえばつぎのような例を考えてみよう。介護施設の利用者で家族もほとんど訪ねて来なくなり、食事介助時に「食べたくない」と言って食事を何日も拒否して痩せていき、介護職員を困らせている、という場合である。ここでは「自己決定の尊重」と「生命の保護」という二つの価値観の間に葛藤がみられる。原則的には「生命の保護」がもっとも優先される。そこで、短絡的に食事を強要するという手順を当てはめるのは、倫理的意思決定のプロセスを無視している。介護職員に与えられているのは、いかようにも話し合うことのできる相手の存在である。ことに命の期限と向き合う介護を行う場合に求められるのは、目の前にいる相手とじっくりとコミュニケーションをとってみることである。

　病状や症状の変化と共に本人や家族の揺れ動く気持ちをしっかりと感じて受けとめ、その時々の思いや言語表現の背後にあるものを理解する。その上で、食事を拒否するという選択をした場合に、どのような結果になるか、それは本人と家族の望む方向なのかどうかを、一つひとつ吟味して、複数の人々の思いを整理していくことが大事である。本人が食事を拒否する背景には、単に家族に心配をかけたくないというだけに止まらず、これまでの関係性のなかで生じた輻輳した因果関係の仕儀が隠されていることもあり得る。一般には一時でも長く家族と時を共にしたいのが命の終焉に迫った者の情感ではないだろうか。しかし、特別な事情が存在することもあり得る。

　食事を拒否するという自己決定を優先

した場合に、病態は継時的にいかに変化すると予測されるのか、医療関係者の意見を聞くことも必要だろう。さらにそのような決断の帰結として予測される事態に家族の心慮はいかばかりのものかを評価することも必要だろう。それらを患者と家族を取り巻くチーム全体で、総合的にアセスメントした結果を本人と家族に提示して意思疎通をはかり、受けとめ聴き入れながら、揺れ動く価値葛藤の間でほどよいバランスを保ちつつ、優先すべき価値は何かを明らかにし、最善の意思決定に向かうプロセスを共同進行していくことになる。

どのような意思決定を望むかは人それぞれである。辿り着いた結果を支持するよう温かくモニタリングすることが次の課題である。すなわち、介護のなかで重要な決定を下さなければならない場合に、即断で応答するのではなく、それぞれの気持ちに配慮しながら、全員で共有しながらより良い決定を導いていくこと

が大事なのである。

倫理的ジレンマ解決に向けて取り組んでいくプロセスは、「与えられた資源や制限のなかで、またクライエントの意思決定を尊重しながらも、優先順位を決め、関係する人々のリスクを最小限に抑え、選択肢を考え、最善の専門的判断をしていくこと」であるとされている（川村 2002：69）。

倫理的ジレンマに遭遇した場合には、倫理綱領や倫理の優先順位のリストなどを手掛かりとしながら、ジレンマが生じている状況や背景にある利用者や家族の思いを十分に把握するためのコミュニケーションが何よりも大事である。そのなかで、複数の人々の思いの整理が重要である。そして、多職種や医療関係者の意見も聞きつつ、チーム全体で総合的にアセスメントし、揺れ動く価値葛藤の間でより良いバランスを保ちつつ、倫理的に妥当な意思決定に向かうプロセスを共有していくことが求められる。（南　彩子）

# 3 介護福祉士の職業倫理と行動規範

## 1 介護福祉士の倫理綱領

倫理とは、「価値が行動化されたもの」（Levy,1993）である。また、介護福祉

の価値を具体化していく際の行動の基準を明文化したものが倫理綱領である。倫理綱領に従うということは、理性的判断の立場から、自らの行為や態度を吟味することである。それは、専門職の価値を行動レベルに落とし込んで、より具体的に示したものであり、特定の専門職に従事するメンバーの行動原理と規範を示すものである。すべきこと、また逆にしてはならないことなどを明示しているため、養成校における学習段階で暗記するぐらいに読み込んでおかなければならない。

日本介護福祉士会は、介護福祉士がどのように行動すべきかの指針として1995年11月17日に「介護福祉士の倫理綱領」を宣言している（日本介護福祉士会ホームページ参照）。

前文では「私たち介護福祉士は、介護福祉ニーズを有するすべての人々が、住み慣れた地域において安心して老いることができ、そして暮らし続けていくことのできる社会の実現を願っています。そのため、私たち日本介護福祉士会は、一人ひとりの心豊かな暮らしを支える介護福祉の専門家として、ここに倫理綱領を定め、自らの専門的知識・技術および倫理的自覚をもって最善の介護福祉サービスの提供に努めます」と謳われている。これは介護福祉士として職務を遂行するに際しての確固たる決意表明である。

ここでは、住み慣れた地域のなかで「生活の継続性」のなかで尊厳が守られる社会の実現と、最善・最適なサービスを提供するという、専門職としての具体的な行動指針が明確化されている。これ

らを読み込むことで、介護福祉士としてなすべき行動、自身の責務や姿勢、また何が大事で、何が必要で、何をめざして支援するのかを常に意識化して実践することができる。

この前文に続いて7項目にわたる行動指針が続く。それは、「利用者本位、自立支援」「専門的サービスの提供」「プライバシーの保護」「総合的サービスの提供と積極的な連携、協力」「利用者ニーズの代弁」「地域福祉の推進」「後継者の育成」の七つである。これらの7項目について、一つひとつ見ていくことにしよう。

### ①利用者本位、自立支援

「介護福祉士は、すべての人々の人権を擁護し、一人ひとりの住民が心豊かな暮らしと老後が送れるよう利用者本位の立場から自己決定を最大限尊重し、自立に向けた介護福祉サービスを提供していきます」

ここでいわれている利用者本位というのは、利用者のしたいように何でもしてあげるということではなく、利用者の思いは尊重しながら、利用者にとってもっとも適切だと思われる介護とはどのようなものかを、利用者の個別性や状況に配慮しながら、自己決定を支えていくことである。そのためには、利用者のこれまでの生活状況や支援についての経緯を情報収集しながらしっかりと把握した上で、関係者の意見も聞きつつ、可能な選択肢や代替案などを提示できる力量が求められる。さらに、利用者に不利益が生じないような自己決定支援が必要である。

自立とは、自分の力でいろいろなことができるようになることである。しかし、それだけが自立ではない。他者の力や自立を促進する道具の力を借りながらも、自分の意思で選択したり決定したりすることによって、できるだけ自分らしい生活を送れるようになることも自立である。また、生活の場面で自分がどうしたいのかを選び取り、自分がどのような人生を送りたいかを自己決定していくことも含まれる。あらゆる人々は、その人らしい生活が送れることを保障され、尊重されるべきである。

すなわち、利用者にとっての最善の支援やサービスとはどのようなものなのか、について利用者本人の意向・家族の意向・多職種の意見なども聞きながら、利用者自身に不利益が生じないような自己決定を尊重していくような支援を心がけるべきである。

### ②専門的サービスの提供

「介護福祉士は、常に専門的知識・技術の研鑽に励むとともに、豊かな感性と的確な判断力を培い、深い洞察力をもって専門的サービスの提供に努めます。また、介護福祉サービスの質的向上に努め、自己の実施した介護福祉サービスについては、常に専門職としての責任を負います」

専門職が身につけていなければならないものは、専門的価値に裏打ちされた知識と技術であることは言うまでもない。しかし、援助の対象となるべき利用者は、病気や障害を抱えていたりして日常生活を送る上で、他者からの支援を必要

としている人たちである。その状態は日々24時間変化していて、いつも同じではない。昨日のＡさんと今日のＡさんとは、どこがどう違っているのか、それは見ただけではわからない。感性を働かさねばならない。時には、直接触れられる体験をすることに戸惑いや申し訳なさを感じているかもしれない。かつて自分自身でできたのに、今はそれがかなわない状態にあることについて自身の自尊感情が低下しているかもしれない。その場その時で、利用者は今どのような思いでいるだろうかと、常に想像力を働かせることも介護福祉士に必要な感性である。

感性が豊かであればあるほど、多くのことに気づくことができよう。そうした豊かな感性の上に立って、身体的・心理的・社会的側面から利用者を多角的に観察して、コミュニケーションをはかり、多職種から情報を収集しながら、アセスメント（分析・統合）して、総合的判断の上に立った支援計画を作成していかねばならない。介護職員の支援は、日々アセスメントの連続であり、一瞬一瞬がアセスメントの連続である。そのように考えれば、意味のないコミュニケーションは一つもない。すべてのコミュニケーションは、最善のサービスの提供につなげるためのものである。

病や障害をもつ利用者が、どんな思いでその場に「在る」のか、苦痛や悲しみや楽しみといった感情や強さに思いを巡らせ、人間理解が十分にできる知識の蓄積と先に述べた感性や想像力は、いつ・どんな時にも求められる。なぜなら、訴

えたくともニーズや意思を十分に表現できない利用者は多いからである。

### ③プライバシーの保護

「介護福祉士は、プライバシーを保護するため、職務上知りえた個人の情報を守ります」

対人援助職全般に言えることであるが、利用者の命や生活にかかわる専門職の支援対象者は、何らかの日常生活上の困難を抱えている人々である。想像を絶するような過酷な体験をしてきた人もあるだろう。人に見せたくないような身体の症状や障害を抱えている場合もあるだろう。簡単には人に知られたくない事情を抱えている場合も多いだろう。

介護福祉士は、家族以外で利用者の生活のなかに入り込むことや、身体に直接触れる支援を行うことが職業的に許されている専門職である。専門職として利用者に関わる以上、そうしたことに触れずには支援が成り立たないのである。身体介護や生活支援、相談援助のなかで介護職員に知られてしまった事柄について、もしもそのことが他の人に簡単に知れ渡ってしまうのであれば、安心して支援を頼むことができなくなってしまうだろう。また、自分のことが簡単に他者に知れ渡って、プライバシーが保護されないのであれば、利用者は介護従事者に対して不信感を抱いてしまうことになるだろう。

これでは、援助職者にとってもっとも大事にしなければならないとされる「専門的信頼関係」自体が崩れてしまう。利用者とのコミュニケーションは何よりも大事なものではあるが、コミュニケーションの進展とともに知ってしまったことについての「重み」に十分気づいていなければならない。したがって、必要以上に利用者から情報の収集をしないことや、興味本位に目的のないコミュニケーションを行わないように、常に心がけていることも大事である。利用者の秘密の保持を遵守し、プライバシーを保護することができてはじめて、援助者と利用者との間の「信頼関係」が絆の深いものとなる。

### ④総合的サービスの提供と積極的な連携、協力

「介護福祉士は、利用者に最適なサービスを総合的に提供していくため、福祉・医療・保健その他関連する業務に従事する者と積極的な連携を図り、協力して行動します」

入所施設では、施設内に多くの専門職がいて、協働を図りながら支援を行っている。介護福祉士は、多職種と常に最新の情報を交換しながら、総合的アセスメントに基づいた総合的サービスの提供を行うことが可能となる。そのため、それぞれが知り得た情報は「利用者への最善のサービスの提供」という共通の目的のもとに共有される。したがって、どの部分をどの専門職が担うのかといったことについては、正しく理解を深めておかなければならない。そのためには、それぞれが多職種の専門的独自性について理解した上で連携を図ることが求められる。

また利用者が地域移行していく際には、地域の支援事業者をはじめ多くの関

係機関や関係者と連絡をとりながら協働していくこととなる。地域移行がスムーズに行えるためには、ケア会議への参加などをとおして、やはり普段からの積極的なコミュニケーションに基づく協力体制の構築が必要であろう。

### ⑤利用者ニーズの代弁

「介護福祉士は、暮らしを支える視点から利用者の真のニーズを受けとめ、それを代弁していくことも重要な役割であると認識したうえで、考え、行動します」

介護福祉士は、利用者の代弁者としての役割が課せられている。すなわち介護福祉士は、日々の暮らしを支えるという立場にあるため、常に利用者にもっとも近いところにいてサービスを提供できる。利用者と接している時間が長い分、細部の観察が可能となる。それは、単に身体的な側面に関することだけではなく、心理的、社会的な側面に関しても微妙な動きや変化を察知することが可能となる。したがって生活上の困りごとについての相談を受けることもあろう。いかに的確に真のニーズをキャッチすることができるかどうかは、こうした日々の関わりがものをいう。

このことは、たとえ利用者が言語的コミュニケーションの難しい人であったとしても、意思表示が思うようにできない人であったとしても、介護福祉士がその人の思いや感情やニーズを汲み取って代弁していくという役割がとれるよう尽力する必要がある、ということを意味する。したがって「声をあげることのできない人々の声」を聴きとることのできる

ような訓練と、その人になり代わってその声を代弁できる力量が求められる。

### ⑥地域福祉の推進

「介護福祉士は、地域において生ずる介護問題を解決していくために、専門職として常に積極的な態度で住民と接し、介護問題に対する深い理解が得られるよう努めるとともに、その介護力の強化に協力していきます」

地域では、さまざまな介護問題に遭遇している人々が生活している。施設に入所していた利用者で、退所後さまざまなサポートを受けながら地域での自立生活を行っている人もいるだろう。今は要支援・要介護状態ではないが、いずれはそのような状態になると思われる介護予備軍の人もいるだろう。さまざまな「介護問題」が地域には存在する。障害者や要介護高齢者などが住み慣れた地域で、自立した生活を営んでいくには、地域に独自の課題や問題も存在するだろう。そのような課題解決のために、介護福祉士としてできることを地域住民に対して行っていくことも、専門職としての使命の一つである。

そのためには、地域にどのような介護問題があり、どのような社会資源が存在するのかといったことにも熟知し、地域でのケア会議などへの参加に応じたり、地域連携支援体制の一員として看護力の強化に協力することも必要である。なぜなら、どのような利用者であっても、社会が保障する制度やシステムに公平にアクセスする権利が保障されなければならないからである。

### ⑦後継者の育成

「介護福祉士は、すべての人々が将来にわたり安心して質の高い介護を受ける権利を享受できるよう、介護福祉士に関する教育水準の向上と後継者の育成に力を注ぎます」

介護福祉士やその所属する施設は、養成校からの求めに応じて、実習生を受け入れる。あえて、いまだ資格をもたない勉学途上にある者に利用者の生活の場を見せ、援助者になるための実践的学びを経験させることは、リスクを伴うことでもある。しかし、そうしたことが許される理由は、将来の介護福祉士を育成する、という目的のためである。したがって、実習生には謙虚な姿勢が求められるし、実習させていただくことを許してくれている利用者に最大限の敬意を表し、感謝しなければならない。そうした場で、介護福祉士は、指導者として、これまで述べてきた人権感覚をはじめとする揺るぎのない価値観を体現するロールモデルとしての態度・行動や支援の実際を、十分に実習生に示せるような先達であってほしいと思う。

## 2 介護福祉士の行動規範

実際に「倫理綱領」を運用するにあたり「倫理基準（行動規範）」も示している。すなわち、倫理綱領の7項目の一つひとつについて、行動レベルに落とし込んだものに、「日本介護福祉士会 倫理基準（行動規範）」がある。これについても、日本介護福祉士会ホームページに掲載されているので、必ず参照して常に念頭に置きつつ、そのことが日常の態度・行動のなかに自然と表出されるよう心がける努力が必要である。

それは、日々の何気ない介助場面においても言葉かけの一つひとつに「利用者本位・自立支援」をめざしたコミュニケーションを行うことや、利用者の尊厳を傷つけないような配慮に基づいた専門的サービスの提供など、日々の支援のベースにはすべて倫理綱領があることを忘れてはならない。

たとえば、日々の実践のなかで援助を組み立てていくときに、専門職としては「利用者本位」の立場から利用者の自己決定を最大限尊重してあげたいと思っていたとしても、気がつくと刻々と変化するその日その時の利用者の気持ちを十分に聴かずに、多忙な日常業務のなかで日課をこなすように強要してしまっていたりすることがあるかもしれない。どうしてこのようなことが起こるのか考えてみよう。

介護保険法をはじめとして社会福祉に関する制度やサービスは刻々と変化し、それへの対応に追われるなか、一人ひとりの利用者の思いに寄り添うような支援

を行うことのできるゆとり時間が減ってきている。ついつい話を途中までしか聴かずに別の利用者の訴えに耳を傾けることになってしまっているかもしれない。

ではどうすればいいのだろうか。利用者の意思を最大限尊重していくためには、時間をかけた観察とコミュニケーションが求められる。日々変化する利用者の感情や気持ちの理解のうえに立って、「どうしたいか」「どうありたいか」ということを問いかけ、気持ちや感情の変化がある場合には、共感的理解のうえに立ってしっかりと傾聴し、一瞬一瞬のアセスメントを行い、多職種とも連絡・情報交換・協議のうえで、ルーティーンの日課に代わる代替案をいくつか提示し、そこから利用者の望む最善の方法を選び取ってもらうというプロセスをとる

のである。しかもそれが、自立に向けた、より満足のいく生き方に添った支援になっているかどうかをふりかえりながら実践することが望まれる。

以上、「介護福祉士の倫理綱領」7項目についてみてきた。今後の課題として、「社会福祉士の倫理綱領・行動規範」には、「虐待の防止」や「権利侵害の防止」や「ソーシャル・インクルージョン」に向けての倫理責任などにも言及されており、これらは今後「介護福祉士の倫理綱領」にも盛り込まれるべきであろう。

（南　彩子）

#  職業倫理をいかに学ぶか

## 1 Evidence Based Care

人を援助する仕事に就こうとする人の就業動機の一つに、「困っている人を見たら、見逃しておけない」「何とか助けてあげたいと思う」「ありがとうと言ってもらえる仕事がしたい」「自分の祖父母も介護が必要であり、介護福祉士の方に世話になったので自分もこの仕事に就

きたいと思った」「誰かの役に立つ仕事がしたい」などがあるだろう。あるいは「介護の仕事をしているうちにやりがいを感じ、楽しくてしようがない」といった内発的な動機を有する場合もあるだろう。しかし、対人援助専門職の仕事に就く際には、そうした原初的な動機だけで

十分であるという訳ではない。知識を
ベースに実践力を磨くと共に、自身の内
面に揺るぎない職業倫理を築き上げると
いうかたちに昇華させなければならな
い。

　専門職の職業倫理については、これま
でのところで倫理綱領や行動規範といっ
た職能団体が定めているものを提示して
きたので、基本的には倫理的判断に迷う
場合に参考にすれば良い。しかし、人を
相手としての関わりというものには、非
常に個別性があり、どの人に対するどの
ような対応についても一般化して論じる
ことは難しい。しかも、対人援助職の言
動は、一瞬一瞬がアセスメントの連続で
ある。一つひとつの言動は、すべて何の
ためにそうするのかということを意識化
して行われる。

　すなわち専門職に対して「あなたはな
ぜ今そのような言葉を発したのか？」「な
ぜそのような態度・行動をとったの
か？」あるいは「なぜそのような対応（支
援の仕方）を行ったのか？」と問われた
ときに、すべてにその理由が言えなけれ
ばならない（1－3、18頁～参照）。す
なわち、根拠のない言動や支援は、あり
得ないのである。もちろんその根拠の
ベースにあるものは、介護福祉の哲学・
価値・倫理であり、それを体現した倫理
綱領や行動規範である。そのため、繰り
返し価値と理論と実践を結びつける努力
を積み重ね、倫理観を自分自身のなかに
内面化させていくことが必要である。そ
れが身についたかどうかについては、実
践場面での判断力や行動力によって評価
される。

## 2　生涯にわたって学び続けるもの

　養成・教育機関に実践的体験学習の場
が用意されている場合、学生は誠実に享
受する義務がある。これを十分にしてお
かないと、就職してから何をめざして、
どちらを向いて仕事を遂行していけばよ
いかについての指針をしっかりもつこと
ができないだろう。就職後は、現任教育
や研修などの機会を十分に活用し続ける
ことである。なぜなら、職業倫理の修得
などは、資格取得だけで身につくという
ものではないからである。

　就職してから、わかっているつもりで

も、気がつけば倫理に則った行動をして
いないこともある。たとえば、利用者本
位を優先して行動するべきところを、つ
いつい自己本位になってしまっているか
もしれない。倫理学習は一朝一夕にはで
きるものではない。折に触れて繰り返し
学んで、自己のなかに意識化し定着させ
ることが必要なのである。施設や機関や
専門職団体がそうした学習機会を今以上
に増やすことや、組織的取り組みの検討
も必要だろう。

　学習の方法としては、「自己省察学習」

といったかたちで、逐語記録を活用して「起こったこと」「感じたこと」「判断したこと」「どのように支援したのか」「その言動にはどのような倫理的裏付けがあったのか」をプロセスレコードとして記述し、理論と結びつけて考察したり、どうすればより良い支援ができただろうかと省察を深めることをとおして、自己の倫理観に気づくことができる。専門職であるからには、就職してからも自己研鑽ということを忘れてはならない。

また、介護という仕事は極めて人格的な部分が高い。介護とは、利用者が生きる力を取り戻すことである。他者の生活支援をする際に、介護者は直接身体に触れるようなケアをとおして、他者の生を守り支える。ケアする際には言語的やり取りが伴う。しかし言語は真実の一部でしかない。それを補填するのが感情的やり取りであり、そこに専門性が成立す

る。つまり、相手の発する感情的シグナルを敏感に受信することによって、介護者が利用者と「共に在る」関係になることができる。

人間は、心の弱さや痛みを誰かと共有することで、自分一人で背負う辛さから解放され、癒される。介護者になぜそうしたことが求められるのか。それは、介護という仕事が、単に技術の提供という業務的行為ではなく、メイヤロフ（2006）も述べるように、相手の成長や自己実現を助ける極めて人格的行為だからである。したがって、他者への倫理的な配慮と共に、介護職員として職業生活を続けていくうえで、他者との関係性のなかで相互の倫理のあり方について学ぶこと、また倫理的ジレンマ（葛藤）に対しても倫理綱領や倫理規範に照らして判断していくプロセスを身につけることも求められる。

## 3　豊かな感性を磨く

援助者としての感性を磨くということは、利用者の心のひだに気づく感性をもつということだけではない。もしも施設や機関のなかで、倫理に照らして考えてみたときに、間違っていると思われることや、非倫理的行動と考えられるようなことが起こっていると気づいた場合には、それを鋭敏に感じとり、対応することも必要である。現実にどのようなこと

が起こっていて、倫理綱領に照らして考えた場合にそうした出来事、あるいは職員の行動や態度などは、どこがどのように非倫理的であるのか、その判断根拠は何か、といったことが評価できて、きちんと言語化できなければならない。

そして、それを自分自身のなかだけに留めておくのではなく、職場内の関係者に伝達・発言できなければならない。も

しも職場のなかに、そうしたことを伝達して受け入れられにくい、あるいは聞き入れられないなどといった雰囲気がある場合には、言語化が躊躇されるかもしれない。そのような場合は、職場の管理的立場にある者は、公正な意見を述べ合うことを可能にするような職場環境の整備に配慮する必要がある。

そのためにも、専門職には積極的な自己研鑽の継続と、それを保障する職場環境（職場内での指導者や先輩によるスーパービジョン体制や、多職種合同による事例検討会や内部評価システムの構築等）、あるいは専門職団体によるサポートや非倫理的行為防止のための第三者評価の活用といった体制も必要であること

を理解しておかなければならない。

社会福祉を取り巻く制度やサービス、生活支援システムは、要介護高齢者のニーズの多様化・複雑化・個別化、また地域社会のあり方などが変わったことにより時代と共に変化を遂げていく。しかし、福祉を取り巻く制度や政策、環境がどんなに変わったとしても、決して変わらないものがある。それこそが介護福祉の価値・倫理なのである。介護に携わる専門職のすべての言動を触発するものは、職業倫理なのである。本章で述べてきた事柄は、介護福祉の実践にとって、常にベースとして存在するものである。

（南　彩子）

## 参考文献

・Butrym,Z.T. The Nature of Social Work. Palgrave Macmillan. (=1993川田誉音訳『ソーシャルワークとは何か』1978、川島書店)
・Dolgoff, R.,Harrington,D. & Loewenberg,F.M.Ethical Decisions for Social Work Practice. 9th ed. Thomson Brooks/Cole,2012
・Levy,C,S. Social Work Ethics on the Line. Haworth Press. (=1994小松源助訳『ソーシャルワーク倫理の指針』1993、勁草書房)
・日本介護福祉士会「介護福祉士の倫理綱領」(http：//www.jaccw.or.jp/about/rinri.html)
・川村隆彦『価値と倫理を根底に置いたソーシャルワーク演習』中央法規出版、2002
・佐藤幹夫『人はなぜひとを「ケア」するのか』岩波書店、2010
・ミルトン・メイヤロフ（田村真、向野宣之、訳）『ケアの本質：生きることの意味』ゆみる出版、2006
・森岡正博編『「ささえあい」の人間学』法蔵館、1994
・森村修『ケアの倫理』大修館書店、2000

##  自己覚知と専門性

　私が社会福祉に興味をもったきっかけは、わが国の福祉施策の始まりがそうであったように、慈善的・救貧的な発想からである。当時、私は中学2年生であった。汚れた衣服、日焼けした肌のその高齢者は、私の家の近くの河原でバラック小屋に住んでいた。彼が木製の大きな荷車に古い段ボールをいっぱい積んで引っ張る姿を朝な夕なに見かけた。そのたびに胸が締めつけられ、いてもたってもいられず、大変な仕事や貧しい生活環境から助けることはできないか、という思いに駆られた。結局、彼に対して何をすることもできず、そのうちに彼の姿を見かけることはなくなってしまったが、私の彼に対する思いは自然と「社会福祉」という、いつの間にか覚えた概念につながり、私は大学で社会福祉を学び高齢者福祉の道を志すこととなる。

　大学を卒業して初めて就いた仕事は、養護老人ホームの寮母である。当時は措置制度の下、入所者に対して「処遇」が行われ、「福祉見直し論」や「施設の社会化」がいわれている時代であった。その後、社会が高度経済成長から低成長へと変わる中で、ゴールドプランが策定され、社会福祉はそれまでの施設中心から在宅中心へと方向転換が行われた。私自身も在宅3本柱の一つである老人デイサービスセンターの介護職や相談員、在宅介護支援センターの相談員の業務を経験した。

　最も大きな変化はやはり平成12年の介護保険制度創設であった。私はスタート時点からケアマネジャーの業務に就いたが、当初は措置から契約という考え方に、なかなか馴染めなかった。また、ケアプランの作成や交付、給付管理等、すべてが手探りの状態で、まさに「走りながら考える」介護保険であった。

　私はその後、地域包括支援センターの業務を経験し、現在は医療ソーシャルワーカーとして急性期病院の地域医療連携室で勤務している。歩んできた道を振り返ってみると、本当に多くの業務を経験してきたと思う。所属する組織も福祉施設、医療機関とさまざまであったし、社会情勢や社会福祉に関する制度も大きく変わった。しかし、その変化の中にでもずっと変わらなかったものがある。それは、私が人にかかわることで、たとえほんの少しであっても、その人が現状より良い状態になるように支援しよう、という思いである。

　その思いを実現するために、私が特に大切だと感じてきたことをお伝えしたい。その一つは自己覚知である。私はスーパービジョンや研修で自己覚知について学んだ。そして、自分の価値観、思考や行動のパターンを客観的に意識できるようになってから、自分の感情をコントロールして、対象者を受容し支援することが、それまでよりも容易にできるようになり、支援に対して悩むことが少なくなった。対人援助に当たられる方にはぜひ自己覚知の獲得をお薦めしたい。

　二つ目は根拠のある支援を行うということである。ソーシャルワークでは面接等で得た情報をもとに包括的なアセスメントを行って支援計画を立てるわけだが、その計画に理論的根拠があるのはもちろんのこと、それを言葉で説明できるということが専門職として非常に大切だと考えている。例えばサービスで入浴を計画する場合、なぜホームヘルパーによる入浴介助ではなくデイサービスの利用を計画したのか、きちんと根拠をもって説明できなければならない。場当たり的な支援を行うのではなく、根拠のある支援を行うことができる専門職をめざしてほしい。

　時代の流れとともに、人々が抱えるニーズは複雑化、多様化しており、社会福祉の専門職に求められる専門性も高度になってきている。学習や経験を重ねることで、介護技術、面接技術、アセスメント力等、さまざまな専門性を向上させていかなければならない。そして、それと同時に、自分がどんな理論に基づき、何を大切に支援していくのかという考えをしっかりもっていることも大切ではないだろうか。

藤川　敦子

# 5

# 介護福祉の機能と役割

# 1 介護福祉の機能
## ——対象理解

## 1 介護福祉における対象理解

　ソーシャルワークにおいてもケアワークにおいても、生活上の支障や課題を有する人と環境との調整により、当事者がもつ能力や強み（ストレングス）を活用しつつ生活上の支障や課題の解決を促進し、本人の意思や自己決定に基づく自立生活を支援していくことを目的としている。そういった意味では共に社会のなかで生活している人を対象とし、その対象を理解していく手法に大きな違いはない。

　社会科学の分野では、マクロ・メゾ・ミクロといった段階あるいは視点に分けて整理する手法がある。たとえば社会のなかで共有される文化や制度あるいは国単位などをマクロ、地域あるいは地方自治体などをメゾ、個々の事例やケースをミクロといった段階あるいは視点に分けて説明し、この三段階にはそれぞれ相互作用があり、それらがどのように作用しあって人の生活に影響をもたらすのか、対応策を考える際の指針とすることがある。

　ソーシャルワーカーは障害や病気・老化などによる生活障害が生じた際に、問題解決のために個人である当事者と面接し、社会資源を活用して問題解決を図っていく。その場合、個人である当事者との面接をミクロ、その人が暮らす地域社会をメゾ、その人が有する価値観や人生観を反映する文化や利用できる制度などをマクロの視点からアセスメントし、問題を解決していく。

　介護福祉においては、日常生活に困難を抱える利用者の自立生活を支援していく場合が多いが、その当事者個人がどのような健康状態にあるのか。具体的にどのような日常生活上の困難を抱えているのか。その影響によって、当該利用者の人としての尊厳は侵されているのか。その人らしく安心して平穏な日常生活を自律的に送ることが疎外されているのか。それらを包含して個人を理解（ミクロの視点）し、その人を取り巻く周囲の人間関係や地域社会との交流にも配慮しつつ（メゾの視点）、制度や各種の社会資源を活用して一人の人間として社会のなかで生活する（マクロの視点）ことを支援していく。極めて個別の個人が置かれた身体的・精神的・社会的な状況を克明かつ

正確にアセスメントした上で、その人が健康的な生活を送れるように身体内部の環境を整えるための働きかけと、その人が社会の一員として尊厳をもって生活することが可能となるよう、本人から見ると外部の社会環境を調整する働きかけの二つの機能を有する。

## 2　介護福祉における対象理解の方法

　介護福祉では対象とする個人に関する情報を収集することを対象理解の第一段階とする。情報の入手には多彩な方法があるが、まずは本人と直接面接してコミュニケーションや観察の手法を活用して情報を収集する。介護保険法や障害者総合支援法を利用する対象者であれば、事前に申請窓口で相談員が面接している場合がほとんどで、相談員からあらかじめにケースの概略や制度の利用目的、支援して欲しい主な事柄（主訴）、健康情報（現病歴や既往歴・感染症の有無等）、家族関係や居住地域（住所）などを含む個人情報について伝えられる場合が多い。

　本人との面接では、必ず本人が生活の本拠地として居住する生活の場を確認する。家屋構造（平屋か複層階か）や住宅形態（一戸建てか集合住宅か）、集合住宅であれば居住階・エレベーターの有無、近隣の地域環境（住宅街か商業地域か）や外出のための家屋からのアプローチや交通アクセスなど、本人の生活環境をメゾの視点から把握する。

　本人との面接においては、主に言語的なコミュニケーション手段を活用してや

り取りする場合が多いが、介護福祉の対象者には言語や聴覚の障害あるいは認知症などによって言語的なコミュニケーションがとりづらい人も多く存在する。言語的なコミュニケーションに制限がある場合でも、援助者は直接対象者の顔を観て、表情や活気・機嫌などから本人の気持ちや希望などに関する非言語的なメッセージを汲み取る努力を惜しまない。服装や面接時の所作などから、その人が置かれている生活状況や健康状況・精神状況や経済的な課題を把握することも可能である。身ぎれいで季節や気候に合った着衣であるか。衣服の汚れや綻びはないか、補修されているか。極端な痩せや肥満はないか。体臭はどうか。こういった状況から対象者の食生活や衣服管理、入浴状況などが見て取れる。

　面接にあたっては、本人が話しやすく援助者として信頼が得られるような関係構築をめざして援助者は関わる。相談員からの事前の情報提供による先入観にとらわれず、対象者はどのような状況で生活し、援助者に求める支援内容がどのようなものかを理解できるように努める。コミュニケーションや観察の技術は、援

助者のキャリア形成と大きくリンクする（時實他 2017：30）。援助者自身の価値観や思いこみにとらわれず、共感的に対象者の立場に立って対象者が望む支援の方向性を把握する技術を磨いていく必要がある。

　面接から得られた情報を整理し、その情報が対象者理解のために必要な量や質を満たしているのか、事実関係を論理的に説明できる内容であるか吟味し、支援計画を策定する上で不足する情報があれば、適宜迅速に補足の追加情報を得る。新たな情報の入手は対象者の家族や関係者、通院先の医療関係者である場合も多い。個人情報の取り扱いや援助者に求められる守秘義務や職業倫理に配慮しながら、情報収集を行っていく。

　また介護福祉における援助者は、もっとも対象者の身近にいて、もっとも長い時間、対象者の生活行為を実際に援助しながら関わるという特殊性がある。継続的に関与しながら観察・コミュニケーションを行っていくと、利用者の状況変化や本心にふれる機会が多い。病状変化を迅速に医療関係者につなげ、健康状態

の維持や悪化防止に貢献する場合や、対象者が願う生活（介護目標）状況が具体化されるなどのメリットがある。介護実践のプロセスにおいて、情報収集の的確さや迅速性、多角的にニーズ（利用者の要求）を把握することは、介護福祉援助者の独断場でもある。しかしながらその反面、援助者の利用者理解が独断的になっていないか、ニーズの抽出は対象者を主体としているか、本当に利用者の本意に添ったものであるのか、多職種間でのケースカンファレンスによる確認や、援助者自身がスーパービジョンを受けて自己の援助実践を客観的に振り返り点検することも必要である。

　自宅での生活の継続を望む対象者と、介護施設への入居を願う家族など、両者の思いが異なる場合には援助者自身が大きな葛藤を抱えることになる場合がある。また対象者が望むニーズ（生活支援での必要な要求）とデマンド（対象の希望）が混同され、援助者との信頼関係が損なわれたり、援助者の独りよがりな支援になってしまう危険もはらんでいる（松本 2017：89）。

## 3　介護実践のプロセス──介護過程

　介護実践のプロセスは、対象を理解し、対象が求める生活ニーズを抽出（アセスメント）し、対象が求める生活像（介護目標）を明確化し、その実現に向けて具体的な生活支援技術をどの援助者に

よっても同じ方法・技術水準で対象者に提供できるよう支援計画を立案する一連の過程である。対象は日々生活している主体であり、刻々と心身の状況は変化する。状況変化を機敏に的確に察知し、適

宜評価・考察（再アセスメント）し介護目標や支援計画の修正や変更を加える。この一連のプロセス（過程）は、対象が生活支援を不要とするまで繰り返される。

　介護は単なる作業ではなく、援助を必要とする対象者の生きる意欲とその人らしい生活の回復への支援として展開されなければならない。根拠に基づいて支援計画を立案し、安全・安心な生活支援技術を提供するためには、多職種連携と専門職や関係者を含めたケアカンファレンス（支援にあたっての妥当性や客観性・倫理的な側面についての協議）が不可欠である。そこに、主体として生活支援を必要とする対象者が参加し、対象者の意思に基づく支援計画を立案し介護実践を提供する。

　身体内部の環境を整えるためには、人が生きていくために必要な保健・医療の知識が必要となる。疾患の診断は医師にしかできないが、その疾患によって影響を受ける日常生活活動や行動には、どのようなものがあるのか援助にかかわる者は知っておく必要がある。その人を取り巻く環境と当事者の生活様式を調整するには、どのような家に住んでいて、どのような人間関係や社会関係があり、居住する地域の状況や慣習・文化などにも精通していないと、本人が望む地域社会での自立生活を支援することはできない。生活支援を必要とする「本人が自力でできないこと」ばかりに目を向けるのではなく、「どうしたら（環境整備・福祉機器の活用・援助方法の工夫など）本人が自力でできるのか」、本人が有する能力や強み（ストレングス）にも目を向けて、自立支援を行っていく。障害や困難だけに注目するのではなく、対象者の隠された力を発見するためには、生活の全体に参与しながら継続的に観察することが不可欠である（須加 1998：41-43）。

　たとえば、心臓病や高血圧症があって循環動態（全身に血液を供給する人体のシステムの機能）に機能不全がある場合、循環動態に負荷がかかる日常生活にはどのような生活動作が関係してくるのか、解剖・生理や疾患に関する知識が援助者にも求められる。入浴する場合には通常の浴槽に肩まで浸かるといった入浴行動が適切であるのか。半身浴の方が負荷が軽減されるのか。シャワー浴や部分浴（足浴や手浴といった身体の一部だけを湯に浸ける）にするのか。清拭（温かいタオルで体を拭く）に留めた方が良いのか。血圧値によって入浴方法を選択するのか。その判断の根拠は医師の診断による。医師の診断・指示に基づいて看護師や介護福祉士は入浴方法を選択する。居住する住宅内の生活動線（部屋の配置や物の位置など）や、一日の活動量（外出の範囲や歩く速度・持って良い重量物の量目など）についても、対象者の意向も確認しつつ安全で安楽な生活支援技術の方法を決定していく。一つひとつの生活動作に対応した支援計画に留まらず、生活支援を必要とする人の生活のある部分が変化することによって身体・心理・社会の各側面に本人が望む好ましい変化が連動していくことで、対象者の自立生活が回復する過程が介護過程である。

## 4 相談員による対象理解と介護過程への関わり

　各種の社会福祉施設・介護福祉施設や事業所、関係機関には必ず相談員が配置されている。生活支援を必要とする対象者本人やその家族が最初に訪れるのは、これらに所属する相談員であることが多い。これらの相談員はさまざまな価値観や生活背景をもつ対象者やその家族と、円滑なコミュニケーションを取れるようコミュニケーションスキルを磨き、制度利用にまつわるクライエントの理解を深めるための説明能力や表現力を高めることが求められる。

　また介護保険制度の要となる介護支援専門員の基礎資格に焦点をあてた先行研究によると、介護経験から得た知識や技術が対象理解やアセスメントに活かせる内容として、ADLを把握するための着眼点・家族介護者へのアドバイスや情報提供・コミュニケーションの取り方や認知症の人への接し方があげられている（石川2010：125）。さらに、介護業務の経験で得た利用者理解や専門的介護の提供を、利用者や家族の主体性を引き出す関わりや、家族介護者や事業所の実際の介護の見極めという実践（応用的・具体的な介護方法の提案や指導）に活かしているという報告もある（小木曽他2017：73）。

　ソーシャルワークとケアワークは、援助者のキャリア形成にとって車の両輪の関係にあり、両者の職務経験を適切に積み上げ、実証的に検証過程を重ねることで、援助者としての資質が高まり、その専門性も深化すると思われる。

（松田美智子）

# 2 生活支援における社会福祉援助技術

## 1 社会福祉援助技術の体系

　社会福祉援助技術は、直接援助技術・間接援助技術・関連援助技術の三つに分類できる。それぞれの内容は図表5-1のとおりである。

図表5-1　社会福祉援助技術の体系

| 直接援助技術 | 個別援助技術（ケースワーク）、集団援助技術（グループワーク） |
|---|---|
| 間接援助技術 | 地域援助技術（コミュニティワーク）、社会福祉調査法（ソーシャルワーク・リサーチ）、社会福祉運営管理（ソーシャル・ウエルフェア・アドミニストレーション）、社会活動法（ソーシャルアクション）、社会福祉計画法（ソーシャル・プランニング） |
| 関連援助技術 | ネットワーク、ケアマネジメント、スーパービジョン、カウンセリング、コンサルテーション |

## 2 生活支援技術における個別援助技術（ケースワーク）

　介護福祉では、さまざまな生活課題や日常生活を送る上でのセルフケア（身辺の自立生活）に支障を有する利用者に対して、人から人への1対1の個別の働きかけ（ケースワーク）を基本に展開される。個別援助技術の基本であるバイステックの七つの原則は、援助者が利用者と信頼関係を構築するための基本的態度といえる。バイステックは、①個別化の原則、②意図的な感情表出の原則、③統制された情緒的関与の原則、④非審判的態度の原則、⑤受容の原則、⑥利用者の自己決定の原則、⑦秘密保持の原則の7つの原則を基本的態度とした。

　介護過程の展開場面では、援助者（ケアワーカー）はケアマネジャーや相談員を通して利用者と出逢うことが多い。初めての出逢いにおいては、事前に紹介者であるケアマネジャーや相談員から利用者に関する基本情報を得ていることが多い。実際に利用者本人と対面し観察やコミュニケーションを通して、いかに利用

者固有の生活状況や本人が置かれた生活環境、本人が望む生活状況（介護目標）を個別に把握するかが問われる。

利用者が援助者を信頼し、心を開いて本心を吐露できるような関係作りに努める。気になる事実を一つひとつ根気強く確認・検証しながら、必要に応じて家族や関連職種からの追加情報も得て利用者理解を深める。ジェノグラムやエコマップを用いることで、家族との関係や利用者を取り巻く環境の理解を深めることができる。ジェノグラムは家族関係図と訳され、原則三世代の家族の関係図のことをいう。エコマップは、本人と家族にどのような公的制度、機関、人的資源がかかわっているのかを俯瞰的に理解する上で有効である。片麻痺があって日常生活を送る上での不自由を抱えた人といった定型的な対象理解ではなく、それまでの利用者の生活史や価値観・性格や希望・

要望、利用者を取り巻く人々や関係者なども視野に入れて、総合的に個別のオーダーメイドの援助計画を作成する。一連のプロセスにおいては、バイステックの七原則が有効に機能する。

また、利用者のニーズを明確化する際のアセスメントの視点として、できないことばかりに目を向けるのではなく、利用者本人がもつ強み（ストレングス）にも配慮して、どのような社会資源を活用することで自立生活が拡大するか、本人が望む生活（介護目標）へ近づけることができるのか、関連する多職種との連携によって個別援助計画を策定する。その時、利用者本人の意向を確認し、本人の同意と自己決定に基づく援助計画を策定する。多職種との連携場面では、ネットワークやコンサルテーションなどの関連援助技術を活用する。

## 3 生活支援技術における集団援助技術（グループワーク）

介護保険制度における施設サービスや地域密着型サービスは小規模・多機能化している。入居サービスにおいてはユニットケアを取り入れる施設が多く、12〜15名程度の小集団を一つのユニットとして生活支援していく。認知症対応型共同生活介護（グループホーム）や中重度者の在宅生活を支えるサービスとして注目されている小規模多機能型居宅介護サービスや複合型サービスでも利用者定員の上限が決まっており、小規模集団を対象とした介護サービス（生活支援）が提供されている。

集団をどのようにとらえるかは、援助を行う際に考える必要がある。集団を構成するメンバーは、それぞれ役割をもつ。集団における援助のあり方は、集団を構成するメンバー個々に働きかける場合と、集団全体に働きかける場合がある。

集団援助技術（グループワーク）とは、生活上何らかの課題、ニーズを抱えている利用者に対して、その課題の解消・軽減や、ニーズの充足を図ることを目的として計画される社会福祉援助技術のことである。コノプカ（1967）は個人の社会生活上の問題解決を小集団がもつ治療的機能に着目し「意図的なグループ経験を通じて、個人の社会的に機能する力を高め、また個人、グループ、地域社会の諸問題に、より効果的に対処しうるよう、人々を援助するものである」と定義している。

それぞれの生活支援の場で、グループメンバー個々の個別性やメンバー間の関係性に配慮しつつ、食事やくつろぎタイム・レクリエーション活動の場などでグループワークを活用する。各メンバーの自立支援を進めるために、誰に・どのような役割を担っていただくか、その際に注意すべき配慮や留意点などのリスクマネジメントも行った上で援助計画を立案する。その前提として、対象者個々人への深い理解と幅広い基本情報が不可欠である。個々人の得意分野は何か、どのような環境設定や福祉用具の活用で援助活動の活性化が促進されるか、援助者は定期的に評価を行う。生活支援の場の状況や利用者個々の参加態度や状況、援助者の援助内容の経過などを記録しておく。

## 4 生活支援技術における地域援助技術（コミュニティワーク）

地域援助技術（コミュニティワーク）とは、地域の中のニーズ・課題を住民自身で、あるいは住民と専門家が協働して解決を図るものである。地域には、ボランティアグループ、NPOやまちづくり協議会等のさまざまな団体が存在する。介護施設でのサービスや居宅で受ける訪問介護や訪問看護等はフォーマルサービスであり、利用者の家族や友人・近隣の人やボランティア等の社会資源はインフォーマルサポートと呼ばれる。

介護保険施設から地域への呼びかけとして、ボランティア募集を行う等地域との連携を図ることがある。たとえば、介護老人福祉施設が地域住民とのつながりを促進するために、地域の住民がボランティアとして利用者にかかわる「傾聴ボランティア」「配食・配茶ボランティア」「喫茶ボランティア」がある。「夏祭り」「敬老会」「クリスマス会」等の行事への参加型ボランティアもある。また学童保育を併設したり、地域の子どもたちを介護現場へ体験学習の一環として受け入れ、異世代間交流を促進し教育的な機能を提供する試みも増えてきている。防災活動を地元自治会と共催したり、認知症カフェをはじめとする地域住民への施設機能の開放・提供を積極的に展開している施設もある。

現代社会は、少子高齢化が進んだこと

や個々の価値観の多様性とあいまって、家庭や地域で相互に支え合う機能は弱まってきている。地域において、住民相互が共に支え合い、助け合うといったつながりが希薄になってきている。利用者自身が介護予防に取り組み、健康寿命を伸ばすという「自助」、家族・親族や地域で暮らしを助け合う「互助」、介護保険サービスや医療保険サービスの利用による「共助」がある。介護保険制度における介護サービスのみならず、その他のフォーマルサービスや地域のインフォーマルサポートを利用者が活用できるよう包括的・継続的に支援することが求められている。

地域包括ケアシステムの整備構築が喫緊の課題となっている。種々の介護福祉現場では介護サービスを必要とする当事者のみならず、施設や事業所が拠点とする地域でのさまざまなインフォーマルサービスを整備する機能が求められており、近隣住民を巻き込んで日常生活支援総合事業の資源づくりなどへの取り組みも、地域援助技術を活用して進めていかなければならない。

（白井三千代・松田美智子）

# 3 生活支援における保健医療の知識

## 1 在宅療養の時代

介護保険法の目的は地域社会での自立生活を支援することであり、制度の持続可能性を維持するために数回の改正を経て、介護予防や健康増進策を積極的に推進し、健康寿命（平均寿命から要介護期間を差し引いたもの）の伸展を追究してきた。しかしながら、人間は多くの場合、健康で自立した生活を送ることには限界がある。ノーマライゼーション（障害があってもなくても普通の当たり前の市民生活を送る）の観点からも、たとえ介護が必要になっても適切な介護支援を受けて自宅で生活することが可能となるよう、地域に密着した居宅介護サービスをはじめとする地域包括ケアシステムの整備が進められてきた。

全人口に占める高齢者の割合が進展すると、国民の有病率（病気を有する割合）

は上昇し、老人医療費は一層増加が見込まれる。病院・診療所の機能分化が進められ地域包括ケアシステムへの転換が図られる中で、老人医療費の増大を抑制し効率よく医療資源を供給するシステム作りが進められている。2014年には医療と介護の確保のための法律が策定された。今後は入院治療といった医療が必要な期間は可能な限り短縮され、何らかの基礎疾患を抱えても自宅で療養する人・自宅で死を迎える人が増加する在宅療養の時代となる。

介護ニーズのみならず医療ニーズを必要とする利用者が増える。2011年には社会福祉士および介護福祉士法が改正され、一定の研修を修了した介護福祉士には医療的ケア（経管栄養と喀痰の吸引）の一部が解禁された（3−2、75頁参照）。また人口の高齢化は、年間死亡者数の増加につながる。現在の年間死亡者数は約120万人だが、厚生労働省により認可された病院・有床診療所のベッド数は約160万床である。人生の最期をどこで迎えるかという各種の意識調査では、「自宅」と回答する人が7割を超える。これまでのように病院で死亡する人の数は減少し、在宅でターミナルケアを受ける人が増えると見込まれる。在宅医療・療養を支える社会福祉援助者には、保健・医療の知識の充実が望まれる。

## 2 人体の機能と老化

人間の体は骨格と筋肉群により構成され、生きていくために必要な酸素・栄養素・水などを活用するために各器官の生理作用（図表5−2参照）が適正に維持され、新陳代謝を正常に保つことにより健康な体が維持される。介護の機能は生命活動を適正に維持するために必要な生活環境を整え、生活活動の不足部分を援助しQOL（生活の質）の高い自立生活を支援することにある。

図表5−2　器官系と働き

| 器官系 | 働き |
| --- | --- |
| 呼吸器系 | 口や鼻で呼吸し、肺で酸素を取り込み二酸化炭素を排出する。 |
| 循環器系 | 栄養や酸素などを血液を利用して身体各部の細胞まで届ける。心臓のポンプ作用を利用して全身の血管内を巡る「体循環」と心臓と肺の間で二酸化炭素を取り込み肺で酸素を排出する「肺循環」がある。 |
| 消化器系 | 口から取り入れられた食物が食道・胃・小腸・大腸を通過する間で消化作用を受け、栄養素や水分が吸収される。不要な老廃物は大便として肛門から排出される。 |
| 内分泌系 | 各種の内臓が適正に働くよう指令を出すホルモンを分泌する。 |
| 腎・泌尿器系 | 体液の性状を一定に保つための働きを腎臓が担い、老廃物を尿として膀胱に貯留し尿道から排出する。 |

生きていく・年齢をかさねる（Aging）ということは、老化が進行するということである。老化の進行を止めることは誰にもできない。全身に及ぶ老化の果てには老衰が待っている。一般的な高齢者の身体機能の特徴は図表5−3に示すが、老化現象の現れ方には個人差がある。加齢に伴う生理的な老化は進行が緩徐だが、高血圧や糖尿病・高脂血症などの生活習慣病があると老化の進行は促進され、これを病的老化という。

老化が進行すると老年病が現れてくる（図表5−4参照）。外見の変化だけではなく、視覚・聴覚などの感覚受容器の老化は情報収集能力を低下させ、事故やトラブルに巻き込まれるリスクを高める。骨密度の低下は転倒による骨折のリスクを高め、骨折するとアクティビティが低下する。心肺機能の低下は持久力の低下を意味し、全身の活動性の低下を招く。

高齢になり活動量の低下や低栄養（タンパク質の摂取不足）が顕著になると、代謝機能が落ち筋肉量が低下する。筋肉量の低下は筋力の低下につながり、筋力の低下により持久力も低下し一層の筋肉量・筋力の低下といった悪循環となっていく。この状態を筋量と筋力の進行性かつ全身性の減少により特徴づけられる症候群「サルコペニア」という。

放置すると活動性の減少による廃用障害（有する機能を使わないことにより機能低下する・長期の安静臥床による寝たきり状態など）の出現やQOLの低下を招く。活動性の低下は予備力や回復力の低下を招き、これ以上全身の機能低下が進行すると障害状態となる閾値に近づく「フレイル」という状態に至る。高齢者にはフレイルの状態にある人が数多く存在する。

フレイルの状態にある人が転倒・近親者の死・入院や施設入所といった事態に遭遇すると、全身の諸機能が一層低下するリスクが高まる。サルコペニアが進行しつつある高齢者では、体重減少・主観的疲労（疲れた・疲れやすい・気力がないなど）・活動量の減少・歩行速度の低

図表5−3　高齢者の身体機能の特徴

| 循環器系機能 | 運動時の最大心拍出量は加齢により低下 |
|---|---|
| 呼吸器系機能 | 肺活量は低下し残気量（息を吐いた後に肺に残る空気）は増加する |
| 腎　機　能 | 糸球体の濾過率が低下し頻尿（尿意を頻繁に感じる）になる |
| 精　神　機　能 | 環境の要因（転居・近親者との死別など）による影響を受けやすくなる |

図表5−4　主な器官・組織の老化の徴候と老年病

| 器官・組織 | 老化の特徴 | 老年病 |
|---|---|---|
| 皮膚 | しわ・いぼ・しみ | 皮膚瘙痒症 |
| 骨 | 円背・低身長 | 骨粗鬆症・骨折 |
| 心・血管 | 動脈の伸展力低下 | 収縮期高血圧 |
| 眼 | 老視 | 白内障 |
| 大脳 | 記憶力低下 | 認知症 |

下・握力の低下などがみられたら要注意である。

一般的に高齢期には一人で複数の疾患をもっていることが多く、環境による精神面への影響も大きい。全身状態を総合的にとらえながら、どの疾患群からどの程度、どのように治療を進めるのか、どのような続発症や合併症が予測されるか、常に本人の意向やQOLの状況についても評価しながら、どこまで積極的に治療するか、最終的にターミナルケアはどこでどのように迎えるかといったことも考えながら療養を進めていく。また老化に伴い、認知症を有する利用者（700

万人に達する見込み）は増加する。

認知症は早期発見・早期対応により、その後の病状や生活障害の現れ方が大きく異なることがわかってきた。未診断の利用者をいかに早く医療機関につなげるかも重要である。高齢利用者への介護目標は、本人の立場から、本人にとって意味のある生活支援に向けてアセスメントし、疾患に基づく生活障害の増悪や二次的障害を予防する。身のまわりの生活動作を援助し、生活の円滑化・活性化を支援することでQOLや社会性の維持拡大・近親者との円滑な人間関係が継続されるよう支援する。

## 3 高齢者に多い疾患と観察のポイント

高齢者に多い死に至る可能性の高い疾患はがん・心疾患・肺炎・脳卒中・老衰である。いずれも加齢や生活習慣との関連が深い疾患で、背景に高血圧・高脂血症・糖尿病・認知症などがあることも多い。効果が高い降圧剤が開発され、食育による減塩食の奨励が浸透し、脳血管障害で亡くなる人は減少傾向にあるが、今も高齢者に多い疾患の第一位は高血圧症である。

高血圧の状態が長年続くと全身の血管が動脈硬化を起こし、血管が詰まって心筋梗塞や脳梗塞を起こす。脱水は血栓の形成を促進し、血管閉塞のリスクを高める。また高血圧が持続すると心臓への負担も高まる。サルコペニアやフレイルへ

の移行も促進される。高血圧の治療には処方された降圧剤の正しい服用と、減塩食などの食事療法、血圧の急上昇を招くような日常生活行動（たとえば寒暖差の大きい場所の移動・入浴時の湯温・激しい運動・興奮状態など）を慎むことも大切である。

糖尿病は予備軍も含めると日本人に多い疾患で、Ⅰ型糖尿病とⅡ型糖尿病がある。Ⅰ型糖尿病は出生時から血糖値（血液中のブドウ糖濃度）を下げる膵臓から分泌されるインシュリンというホルモンが不足して糖尿病に至る。Ⅱ型糖尿病は生活習慣と関連が深い疾患で、エネルギー摂取の過剰（食べ過ぎ）によりインシュリンが不足して糖尿病に至る疾患で

ある。初期には自覚症状が少なく、検診によって指摘される場合が多い。食事療法やエネルギー消費のための運動療法を行い、生活習慣の改善をめざすが、それでも血糖値が下がらなければ経口血糖降下剤の服用やインシュリン注射療法などの薬物療法を行う。

血糖値のコントロールが悪いと糖尿病性網膜症・糖尿病性腎症・糖尿病性神経障害などの合併症を発症し、失明や腎不全による透析療法の導入・下肢の神経障害からちょっとした傷や深爪・靴擦れなどによる患部の感染で下肢の壊疽を起こし切断という事態も生じる。血糖値を適正にコントロールするための食事療法（カロリー制限）が守られているか、医師から指示された運動療法（多くの場合1日に何歩位歩くか）が日常生活で守られているか、薬物療法を開始している場合は服薬状況やインシュリン注射の接種状況に問題はないか観察する。

血糖値を降下させる作用のある薬剤は、食事摂取の状況や下痢・嘔吐などの消化器症状との関連で低血糖を起こすことがある。低血糖になると脳のエネルギー不足から意識が消失することもあり、長時間低血糖状態が持続すると脳へのダメージが大きくなる。糖尿病ではフットケアも重要で、靴の装着状況や下肢の傷・浮腫（腫れ）・爪の状況などに注意する。

がんは、加齢と共に増加する老化と関連が深い疾患である。放置すれば死に至る疾患であるが、高齢期には進行も緩徐である。男性には肺・胃・大腸・肝臓がんが多く、女性には大腸・肺・胃・膵臓

がんなどが多くみられる。いずれもがんが発生する臓器の機能に関連する異変に注意し、早期に医療職につなげる。

食事摂取状況や大便など排泄物の性状の変化に注意し、低栄養を予防する。がんの治療に伴う主要臓器の予備能力の低下や合併症に注意し、QOLを低下させない援助をめざし、痛みや倦怠感などが強い場合には、緩和ケアの医療スタッフなどとも連携して利用者に寄り添いメンタルケアに努める。

心疾患やCOPD（慢性閉塞性肺疾患）など呼吸・循環機能に病変があると、全身への酸素の供給が円滑にゆかず、低酸素症による呼吸困難や末梢の皮膚のチアノーゼ（皮膚の色が暗紫色になる）が生じ、活動量に制限が出てくる。アクティビティの低下はロコモティブシンドロームやフレイルを促進させる。

肺炎は高齢者では誤嚥によるものが多いが、全身状態が低下してくると上気道感染（風邪）がきっかけで肺炎に進行することも多く、炎症性疾患は発熱や苦痛を生じ、一層の体力や全身の臓器の予備能の低下を招く（図表5－5参照）。

認知症は、認知機能の低下による情報収集能力や記憶障害に基づく判断能力と実行機能障害をきたす症状を総称する。現在のところ、わが国で多くみられる代表的な認知症をきたす疾患には、アルツハイマー病・脳血管障害による血管性認知症・レビー小体病・前頭側頭型認知症などがある。

アルツハイマー病は著しい記憶障害が特徴的で、記憶の喪失や混乱により日常生活に支障をきたす。血管性認知症は記

図表5-5　症状と原因

| | 症 状 | 原 因 |
|---|---|---|
| チアノーゼ | 皮膚や粘膜が暗紫色に見える状態。体表層毛細管中の血液の還元ヘモグロビン量が100ml中5g以上、すなわち酸素不飽和度が6.5vol%以上となった場合に出現する。チアノーゼは耳朶、鼻尖、頬、指爪、口唇、指趾などによく出現する。 | 呼吸器疾患（気管支喘息・慢性閉塞性肺疾患など）と心疾患（循環障害）により身体各部の毛細血管の血流障害が原因で発症する場合が多い。<br>基礎疾患がなくても寒冷刺激などで末梢血管の血流が悪くなっても生じる。 |
| 脱水 | 体から排出される水分量が増えたり、摂取する水分量の不足によって体内の水分が減った状態。脱水症状としては、口渇・口唇の乾燥・尿量の減少・頭痛・全身倦怠感・食欲不振・めまい・嘔気・嘔吐などが挙げられる。 | 水分の摂取不足・多量の発汗<br>嘔吐・下痢・高血圧で降圧利尿剤を服用中・糖尿病患者が高血糖になった時など。 |
| 低栄養 | 体の必要量に対して、食べ物からとるエネルギーやたんぱく質などの栄養素が足りない状態。低たんぱく質状態の指標は血清アルブミン値3.5g/dl以下の人。半年間に体重が5%以上低下した人。<br>やせている高齢者[BMI＝体重（kg）／身長の2乗(m)が18.5未満]強度になると浮腫（むくみ）や腹水（痩せているのにお腹が膨らむ）が出現。感染症にもかかりやすく褥創ができやすい。 | 食事摂取量の減少（生活活動度の低下・嚥下機能障害・消化機能低下・味覚低下・認知機能低下による食欲の減退など）<br>生活環境要因（一人暮らしや高齢者夫婦のみの生活による閉じこもり・さまざまな精神的要因など） |

憶障害の現れ方にムラがあり、適切なヒントの表示により生活機能が維持される場合もある。レビー小体病はパーキンソン症候群（振戦・固縮・無動など）を伴う場合が多く、幻視を伴うことも多いのが特徴的である。

　前頭側頭型認知症では、記憶障害は著明ではないが性格や人格の変化が顕著で、それまで几帳面だった人が身なりを構わなくなったり、温和だった人が突然怒りっぽくなったりする。以前はみられなかった振る舞いがみられることが多く、行動へのこだわりが強くなる（強迫的に決まった時間に何かすることにこだわる）・突然、万引きを繰り返すようになることもある。

　認知症イコール記憶障害というイメージが一般的であるが、何かに怯える・不安が強い、これまでとは違った行動や振る舞いが目立つ場合にも、早めに専門医の受診を勧めることが必要である。歩行状況の変化を詳細に観察することで、認知症の発症や重度化を早期発見する機会にもつながる。歩行困難や転倒の頻発が認知症と関係している場合もある。

　また、判断能力や表現力の低下が進行すると、自覚症状が訴えられず異常の早期発見や健康管理などへの適切な対処行動を自らとれなくなる。健康状態のチェックと健康生活維持のための生活支援は、社会福祉援助者の観察力とアセスメント能力に負うところが大きい。

　社会福祉援助職は人体の構造・機能の正常域を知り、疾患についての基礎知識を学習すると共に、身体機能を低下させるような生活行為について助言し、利用

者の伴走者として見守り、安全と安寧・安心な生活の維持に努める。

　観察はピンポイントで行うのではなく、生活支援のなかで全身状態を観て総合的にアセスメントし、健康を脅かす生活行為や持病の悪化・続発症が考えられたら、タイムリーに医療従事者につなげる。「覆水盆に返らず」といった状態変化を見逃さないための医療従事者との連携が必要である。

## 4　観察のポイントとアセスメント

　観察とは、よく観ることである。医療従事者は医療情報・健康情報に関することをその専門性を活用して観察する。社会福祉援助者はその専門性を活かした生活支援の実践のなかから、当該の利用者が罹患している疾患と関連のある療養生活の状況や、今後、予測される続発症、新たな健康障害に関する生活情報を観察する。

　療養生活の状況とは、かかりつけ医から指示されている日常生活での活動量や注意事項・食事療法・服薬が正しく履行されているかなど、利用者が利用している他の介護サービスの従事者とも情報交換しながら、1日の生活の状況を把握していく。自分が直接関わった間の状況のみで評価せず、24時間の生活状況を福祉職・医療職・家族などから収集していく。

　日常生活では利用者の生活行動をよく観察する。治療に支障のある生活行動の有無はないか。例えば食事療法が守れているか・しっかり食べられているか・入浴は安全快適に行えているか・着衣の乱れはないか、一つずつ丁寧に正確に情報を収集する。生活習慣が健康管理に支障をきたしていないか、身だしなみや生活環境を整えることへの意識はどうか、支障をきたす原因は疾患と関連していないかなど、生活から出てくるゴミを観察することでも食生活や間食の習慣などの状況を窺い知ることも可能である。

　社会福祉援助者にとって、疾患に関する基礎知識を充実させることはもちろん必要であるが、まずは担当利用者の普段の健康状態や生活態度を把握することが第一である。普段の状態を把握する際には自身の五感をフル活用して観察しアセスメント（図表5−6参照）する。客観的に示される血圧や体温・脈拍などのバイタルサインは有用である。認知症などにより的確に自覚症状を訴えられない人でも、バイタルサインは客観的な事実を示す。

　また、利用者の全体像としての機嫌や活気・表情などの観察を行い、その場面だけで判断するのではなく、生活全般の過ごし方からアセスメントする。その上で緊急の医療対応が必要な状況かどうかの判断が求められる。一人で判断に迷う

図表5-6　五感を使っての観察とアセスメントの一例

| 五感 | 観察事項 | 予測される異常や病態 |
|---|---|---|
| 視覚（観る） | 服装が不適切である<br>傷があるのに隠す<br>皮膚に湿疹や発疹がある<br>むくみ（浮腫）がある | 認知症<br>虐待<br>薬剤の副作用・感染症<br>腎疾患・心臓病 |
| 聴覚（聴く） | 呂律がまわっていない<br>話の辻褄が合わない | 脳血流の異常 |
| 嗅覚（嗅ぐ） | 尿臭・便臭がする<br>異臭 | 失禁・保清が適切でない<br>着替え・洗濯物の処理が適正か |
| 味覚（味わう） | 食事の嗜好が変わった<br>水分を多量に欲しがる<br>食事の時間が長くなった | 味覚障害・代謝異常<br>脱水・糖尿病<br>嚥下障害 |
| 触覚（触れる） | 身体が火照っている<br>四肢の末端が冷たい | 発熱<br>循環不全 |

図表5-7　薬の代表的な副作用

| 薬剤 | 主な副作用 |
|---|---|
| 鎮痛薬 | 吐き気・尿量低下・倦怠感・アレルギー |
| 胃腸薬 | 眠気・のどの渇き |
| 精神安定剤 | ふらつき・めまい・妄想 |
| 抗ヒスタミン剤 | 眠気・頭痛・発疹 |
| 強心剤 | 吐き気・不整脈・視力障害 |
| 利尿剤・降圧剤 | 脱水症状・疲労感・起立性低血圧 |
| 抗生物質 | 吐き気・尿量低下・アレルギー・難聴 |

注：ここにあげたものは代表的な一例である。高齢者の場合は違った症状が出る場合がある。

際には、まずは上司や同僚・ケアマネジャーに相談する。また健康上の異変や急変が生じた際の緊急連絡先も把握しておく。人間は普段見慣れたものほど見過ごしてしまいがちである。

社会福祉援助者は利用者の普段の状況の全体像を正しく把握し、いつもと違う・何かおかしいと感じた時に、タイムリーに医療従事者に連絡・報告・相談することが求められる。利用者の普段の状況を的確に把握するための基本情報として、既往歴（過去にかかった病気）や現病歴（現在の病気の治療経過）、過去・現在に服用していた薬剤についても把握しておく。

薬には副作用がある（図表5-7参照）。副作用による症状が出現している場合があり、副作用の早期発見は重要な医療情報であり、直ちに医療従事者に伝える。またかかりつけ医での定期検診の結果も情報共有しておく。特に貧血の有無・栄養状態（血液検査でのアルブミンやたんぱく質の量・BMI［図表5-8参照］など）・感染症の有無や免疫アレルギーの有無などである。

貧血があれば起居動作時の転倒のリス

図表5-8　BMIの判定基準と算出方法

[BMI 指数＝体重(kg)÷｛身長(m)×身長(m)｝]

| 判定 | やせぎみ | 普通 | 太りぎみ | 太りすぎ |
|---|---|---|---|---|
| BMI 指数 | 20 未満 | 20 ～ 24 未満 | 24 ～ 26.5 未満 | 26.5 以上 |

クを考慮したケアプランの作成が必要である。低たんぱくによる低栄養はロコモティブシンドロームの指標ともなる。感染症の有無は感染予防対策のみならず、感染による体力低下への対策をケアプランに反映させる必要がある。免疫系の低下は易感染性（感染症を発症しやすい）による感染のリスク対策が必要である。アレルギーがあれば、アレルギー対策が必要である。

# 5　医療従事者との連携

　介護福祉従事者にはさまざまな資格・教育背景をもつ人がいるが、その専門性は介護福祉サービス利用者の安全・安心な生活を支援することである。利用者の自立支援・QOLの向上をめざした実践活動のなかで、利用者が抱える疾患やそれに基づく生活障害があれば対応する。観察技術を磨き的確でわかりやすい報告ができるよう、医療関係の専門用語について理解を深め、使いこなせるようになることである。専門用語とは、関係者の間で即時に共通理解ができる共通言語である。コミュニケーションスキルを磨き、利用者のみならず医療従事者との信頼関係も形成し、互いの専門性を尊重しながら、利用者にとってより良い療養生活を支援するためのカンファレンスに参加し、自らの専門性を発揮した助言や提案を行う。

　在宅療養を可能にするために必要な社会資源（各種の制度など）の活用を調整する医療ソーシャルワーカーらを中心に地域連携会議などで親交を深め、利用者の療養生活の質を高めるための協働者となることをめざす。

　地域包括ケアシステムの下では、介護サービス・医療サービスを利用する人は、地域社会で暮らすことが基本である。何より利用者自身の意思を尊重し、本人にとって意味のある質の高い生活を実現させることが重要である。在宅ケアでは各サービスの提供は、利用者が生活する24時間のほんの一部である。生活支援の中で介護サービス・医療サービス提供者が必要とする情報には共通するものが多くある。

　基本的な医学知識を活用して的確な記録を心がけ、利用者の状況変化に応じてタイムリーに報告・連絡する技術と、急変時の対応についても関係者との連携体

制を整えておくことが求められる。

　さらに、医療サービスの利用が必要であるにもかかわらず、自ら医療へのアクセスをとれない状況にある人をさまざまな地域福祉活動の中からアウトリーチによって医療につなげることや、健康寿命の伸展に向けた介護予防活動のバリエーションを増やし、医療職と協働していくことも社会福祉援助者には求められている。

（松田美智子）

# 4 認知症ケア

## 1 認知症を取り巻く状況

　『世界アルツハイマー報告書2015』の中で、世界の認知症患者の数は約4,700万人と報告されている。2050年には3倍の1億3,000万人に達すると見込まれている。新規患者数は毎年約990万人と推定され、3.2秒ごとに患者が1人増える計算となる。わが国でも、『平成28年度版高齢社会白書』で認知症高齢者の数は2012年で462万人と推計され、2025年には約700万人となり、65歳以上の高齢者の約5人に1人に達すると見込まれている。認知症は、誰もが身近にかかわる可能性の高い病気である。

　1960年代までは、認知症の人はほとんど自宅で家族の介護を受けて暮らしてきた。儒教の教えにより「家」を尊重し、高齢者や親を敬うことで社会秩序を保ってきたからである。しかしながら、高齢者の増加とともに介護の負担が大きくなり、一方、その「家」や「家族」といった枠組みも変化してきた。1974年に出版された有吉佐和子の小説『恍惚の人』で取り上げられた嫁による認知症介護の状況が、社会での大きな話題となった。

　認知症の人の表面的な症状が問題視され、認知症であることを家族は恥ずべきことと考え、世間から隠し、家族のみで限界まで介護をする状況は社会に衝撃を与えた。家族のみによる介護の限界を超えた時、認知症高齢者の居場所は、精神病院や老人病院に変化した。認知症は精神疾患の一種であり、医療や治療の対象としてとらえられていたからである。

　1980年に京都市で「呆け老人をかかえる家族の会（現在名：認知症の人と家族の会）が発足した。現在、全国47都

道府県に支部があり、認知症の本人、家族、専門職など11,000人の会員がいる。つどいや電話相談、月刊会報の発行、認知症施策の充実を求める活動、国際的な交流、調査研究など、「認知症になっても安心して暮らせる社会」をめざして活動を行っている。「つどい」では、認知症の本人や介護者同士が直接話しあうことでピアカウンセリング機能を果たしている。

1984年から痴呆性老人処遇技術研修事業が始まり、すべての特別養護老人ホームで、認知症の人を積極的に受け入れ努力をするといった取り組みが始まった。しかし、認知症の症状を問題行動ととらえ、対処として外出防止のための施錠による閉じ込め、おむつはずし防止のためのつなぎ服の着用、徘徊用の回廊式廊下（ロの字型に廊下を設置しどこまでも歩き続けられる構造）の設置などといったものが主で、認知症の人の尊厳や人格を尊重するものではなかった。

こういった対処法（ケア）に疑問をもち、新たな取り組みを実践しようとする人々によってグループホームが誕生した。認知症になっても住み慣れた地域で、安心して暮らし続けることができるように支援していくことをめざした。介護保険の居宅サービスでは認知症対応型共同生活介護として位置づけられている。

2004年には、厚生労働省が用語検討会を行い、「痴呆」から「認知症」へと行政用語が変更された。認知症になっても、本人はそれまで暮らしてきた地域で、自分らしく他者と関わり、一人の人として尊重されることを望んでいる。「パーソン・センタード・ケア」という、本人の立場に立ってアセスメントする認知症ケアが進められるようになった。援助者はできないことばかりに目を向けるのではなく、できることを見つける努力を忘れてはならない。

また、認知症に対する偏見や誤解を解消する施策が進められ、2012年から認知症施策推進総合戦略（オレンジプラン）が策定された。2017年7月改定された新オレンジプランは、厚生労働省をはじめ12の関係省庁による横断的な施策である。認知症の人が住み慣れた地域で、安心して自分らしく暮らし続けられることを目的に、認知症の人や家族の視点の重視をベースとし、①認知症への理解を深めるための普及・啓発の推進、②認知症の容態に応じた適時・適切な医療・介護などの提供、③若年性認知症施策の強化、④認知症の人の介護者への支援、⑤認知症の人を含む高齢者にやさしい地域づくりの推進、⑥認知症の予防法、診断法、治療法、リハビリテーションモデル、介護モデルなどの研究開発およびその成果の普及の推進、⑦認知症の人やその家族の視点の重視、といった七つの柱が総合的に推進されている。

## 2 医学的側面からみた認知症

　認知症とは、通常に発達した認知機能が脳や身体の病気によって障害される状態をいい、日常生活や社会生活に支障をきたすようになる。世界保健機関のICD10国際疾病分類によると「認知症は脳疾患によって慢性あるいは進行性で、記憶、思考、見当識、理解、計算、学習能力、言語、判断を含む多数の高次脳機能障害を示す」と定義されている。

　認知症の症状を引き起こす疾患は70種類以上あるとされており、わが国ではアルツハイマー型認知症、血管性認知症、レビー小体型認知症、前頭側頭型認知症などが多い。図表5−9にわが国でよくみられる認知症の原因疾患についてまとめる。

図表5−9　わが国でよくみられる認知症の原因疾患

| アルツハイマー型認知症 | わが国の認知症の約40％を占めるといわれる代表的な疾患であり、特に高齢の女性に多く、加齢とともにその数は上昇する。<br>原因は明らかではないが、脳全体に萎縮がみられる。<br>いつともなくもの忘れがはじまり、ゆるやかに進行する。初期には遠い過去の出来事は思い出されるが、認知症の進行に伴いそれも難しくなる。記憶低下に伴い「もの盗られ妄想」がよくみられる。 |
|---|---|
| 血管性認知症 | 高血圧、脂質異常症、糖尿病、脳動脈硬化症などのために脳の血流障害が起こり、脳梗塞や脳出血が引き起こされる。それらが原因となり認知症が起こる。また、大脳白質に広い範囲で脳血流の乏しい病変が起こり認知症を引き起こす。<br>片麻痺、感覚障害、構音障害などの局所症状を伴うことが多い。初期症状として、頭痛、頭重、肩こり、耳鳴り、めまい、もの忘れなどがみられることがある。<br>男性に多く、症状は階段状に進行することが多い。 |
| レビー小体型認知症 | 脳の全体にレビー小体といわれる異常な物質が沈着して、神経細胞を障害することで発症する。幻視、妄想、パーキンソン症状、繰り返す転倒や失神、一過性の意識障害、薬に対する感受性の亢進、日内変動などが特徴である。典型的な幻視は、人や虫、小動物が多く、具体的で詳細なものであり、繰り返しみられる。<br>パーキンソン症状は、身体全体の動きが悪くなり、足がすくむ、最初の一歩が踏み出せない、小刻み歩行、前傾姿勢での突進がみられる。 |
| 前頭側頭型認知症<br>（ピック病など） | 脳の前頭葉から側頭葉あたりにかけての部位が萎縮する。初老期に発症する代表的な疾患である。<br>初期には記憶の低下や生活への障害は軽く、認知症とみなされることは少ない。社会のルール、常識的な規範などがわからなくなり、怒りっぽくなったり、同じことを繰り返したりするといった、人がかわったような印象を与える。人格の変化が特徴である。 |
| クロイツフェルト・ヤコブ病 | 特異な性質をもつプリオンたんぱくによると考えられている。50〜60歳代に発症し、初発症状から6〜12か月で死に至る例も多い。<br>記憶障害、運動失調の症状、けいれん、意識障害などさまざまな症状が現れる。 |
| 正常圧水頭症 | 歩行障害、排尿障害、認知障害の三つの症状が特徴的である。<br>なんらかの理由で髄液の循環が滞り、その髄液で脳室が拡大し、脳全体を圧迫している状態。治療として、髄液の流れを整えるシャント手術を行うことが多い。 |

| 慢性硬膜下血腫 | 脳は、外側から硬膜、くも膜、軟膜という薄い3枚の膜で覆われている。転倒などで頭を打撲したことが原因で起こる。<br>外傷直後は、画像検査では異常がみられないが、じわじわと出血し、いちばん外側の硬膜の下に血腫ができる。その血腫が、脳を圧迫して神経細胞に障害を起こす。頭痛、もの忘れ、つじつまの合わない言動、尿失禁などが現れる。<br>血腫を取り除く手術で、認知症が改善することがある。 |

図表5-10　認知症の中核症状

| 記憶障害 | 記憶のもつ三つの力、「新しいことを覚え込む力（記銘力）」「覚えたことをとどめておく力（保持力）」「覚えた記憶をよび起こす力（想起力）」が認知症による記憶力の低下によって弱くなってくる。加齢に伴うもの忘れと異なり、ある出来事をすっかり忘れてしまう。忘れていることを忘れている状態。 |
| --- | --- |
| 見当識障害 | 日付や時刻、年月、昼夜がわからなくなるといった時間、自分がどこにいるのかがわからなくなるといった場所、自分の夫に他人のように振る舞うといった人物の見当がつけられなくなる状態。 |
| 失語 | 脳の中の言葉を話すことにかかわっている部分が機能しなくなり、言葉を話そうとすると話せない。<br>運動性失語（ブローカ失語）：他人の話していることは理解することができるが、いざ話そうとすると言葉がでてこない。<br>感覚性失語（ウェルニッケ失語）：言葉はでてくるが、意に沿った発言にはならない。聞いた言葉を理解できていない。 |
| 失行 | 運動機能は保たれているのに、脳の運動野に障害があるため行為ができない状態。服を着ることができない、道具をうまく使えないなど。 |
| 失認 | 感覚機能は損なわれていないのに、対象を認識できない状態。目の前で見ていることを脳が認識できないなど。 |
| 実行機能障害 | 状況に応じた判断や決断ができない。目的のための行動を行うことが難しい。計画をたて実行することが難しいなど。 |

図表5-11　BPSD

| 心理症状 | 漠然とした不安感や焦燥感、抑うつ気分、無気力、幻覚、こだわり<br>妄想、睡眠障害、感情失禁など |
| --- | --- |
| 行動症状 | 徘徊、帰宅願望、攻撃性、昼夜逆転、不潔行為、異食行為、収集癖<br>ケアへの抵抗、失禁など |

　中心となる中核症状を図表5-10にまとめる。中核症状にさまざまな要因が重なって引き起こされる心理症状や行動症状・日常生活動作の障害のことをBPSD（Behavioral and Psychological Symptoms of Dementia）という。図表5-11にまとめる。

　MCI（Mild Cognitive Impairment、軽度認知障害）とは、正常と認知症の境界にある状態のことで、もの忘れの自覚はあっても日常の生活には支障をきたしていない状態のことをいう。MCIと診断された後に、アルツハイマー型認知症に進行したというデータがある一方で、この状態に留まっていたり正常に戻る人もおり、MCIと診断された時点での予防的な介入が関心を集めている。

## 3 若年性認知症の人の生活理解と支援

認知症というと高齢者の疾患といったイメージがあるが、若年者でも外傷後の脳損傷やエイズなどの感染症によって神経認知障害を発症するリスクはあるので、アメリカ精神医学会が作成しているDSM-5（Diagnostic and Statistical Manual of Mental Disorders V.2013年）では『認知症・健忘性障害』という疾患概念が削除されて、『神経認知障害』としてまとめられている。

18歳以上65歳未満の間に発症したものを総称して若年性認知症と呼ぶ。2009年の「若年性認知症の実態と対応の基盤整備に関する研究」（厚生労働省）では、若年性認知症者は、約4万人と推計され、発症年齢の平均は、51.3±9.8歳と推定された。

原因疾患は血管性認知症が多く、アルツハイマー型認知症と続く。男性に多く、働き盛りでの発症では、経済的問題をはじめとする就業・育児や子どもの就学、親の介護など生活面に直接影響することが多い。現状では相談機関や若年性認知症の人の居場所、就労支援、経済的支援などさまざまな支援が不足している。新オレンジプランでも若年性認知症施策の強化があげられている。

## 4 認知症の人への介護支援

認知症になるとすべての能力が損なわれ、何もできなくなるわけではない。できることに着目して、本人が自信を失わずに安心して暮らし続けられ、家族も穏やかに過ごす方策を考えていくことが支援者として大切である。認知症の人の感情は最後まで残っているといわれている。介護者の感情の写し鏡となる。介護者が苛立ち焦れば、その感情は認知症の人に通じている。

介護者が自分の気持ちを確認し努めて穏やかに関われば、認知症の人も穏やかに落ち着き、BPSDは出現しにくくなる。介護者自身の考え方・行動のパターン・感情の表現の仕方・価値観などを自己覚知することは、非常に重要である。また人間には生きてきた過去・現在・未来がある。ライフスタイル・職業・趣味・生活環境・性格などを総合的に知ることで、BPSDへの対処法のヒントが得られることも多い。

認知症の人は、自分ができなくなっている事実に気づいている場合も多い。できなくなっている自分に対しての不安や

混乱・戸惑いへ、介護者は思いを寄せることが大切である。誰しも自分の尊厳を守りたい。介護者はそれを理解し、その人の自尊心を守る関わりを心がけるべきである。

情報を一度にたくさん伝えるのではなく、一つずつ伝えることで理解できる場合もある。失敗を責めるのではなく支持的な態度で関わり、その人のプライドを傷つけることを避ける。相手の話を傾聴・共感・受容することで、認知症の人は安心して心を開くことができるであろう。同じ話を繰り返すことも多いが、そのつど話の内容にそった会話を心がけ

る。たとえ言葉では理解できないとしても、介護者の態度は感じ取っていることが多い。

人間は自分と違った価値観を受け入れることに抵抗を感じる。また自己の価値観で善悪を判断をしがちである。行った行為の結果のみにとらわれずに、そこに至る感情や思いのプロセスに目を向け、本人の望む生活が送れるようにサポートする。また認知症の人は自己表現を上手く表出できない場合も多く、生活状況や体調変化を慎重に観察することで健康管理を支援することも大切である。

## 5 連携と協働

認知症の人が住みなれた地域で暮らし続けるためには、認知症に関する正しい知識や理解をもち、見守りや支援する存在が不可欠である。認知症の人とその家族への応援者として「認知症サポーター100万人キャラバン」が推進されてきた。2017年12月現在、960万人余りが認知症サポーター養成研修を終了した。

また、認知症に関する相談窓口として、地域包括支援センターが2005年より創設された。地域包括支援センターでは、保健師、社会福祉士、主任介護支援専門員が配置され、「介護予防ケアマネ

ジメント」「総合相談・支援」「虐待防止・早期発見、権利擁護」「包括的・継続的ケアマネジメント支援」の役割を担っている。

団塊の世代が75歳以上となる2025年を目途に、高齢者の尊厳の保持と自立生活の支援を目的として、可能な限り住み慣れた地域で、自分らしい暮らしを人生の最期まで続けることができるよう、地域の包括的な支援・サービス提供体制（地域包括ケアシステム）」の構築を、厚生労働省は推進している。

## 6 家族への支援

認知症の人の介護の主力は家族介護者であるという現状は続いている。家族は、その変化に戸惑い・怒り・混乱し、容易には受け入れることができない。先が見えない不安や、サポート不足から疲弊し孤立することも多い。介護負担がピークに達すると、虐待や殺人・介護心中といった事件につながる場合もある。

家族へ医療や介護の知識を伝え、介護を続けていくためのさまざまな情報提供を行う専門職との関わりは、認知症の人にとっても家族にとっても重要である。家族が休息（レスパイト）の時間をとれるよう、共に認知症の人を支えていくパートナーとして、さまざまな人との協力関係を築くことが大切であり、家族も共に息長く伴走するサポート体制を築き上げることが支援者には求められる。

（宮崎恭子）

# 5 生活支援技術——食生活支援

## 1 食べることへの支援

人間は食物を摂取し、その栄養素を体内で消化・吸収し、その過程で生じる不要な物質を体外に尿や便として排出しなければ生きていけない。そういった意味合いにおいて、食生活は第一義的には生きていくために必要かつ欠くことができない生活行為である。しかし、人間は生きるためのエネルギーの糧としてのみ食事をしているのではない。わが国には歳時記に合わせた季節の行事食を文化とし

て楽しむ習慣がある。

また、食べるという行為は、人間にとって大きな楽しみの一つであり、誰と・どこで・何を食べるかということの意味は大きい。疾患や老化に伴う食べる機能の障害があると、生きていくために必要なエネルギーの補給が不充分になる。また、食習慣や食事の楽しみといった食文化への影響が大きく、生活の質（QOL）を大きく低下させることにもな

る。

　食生活支援においては、栄養学的に適正な食事が供給されているか常にアセスメントし、当事者の意向もくみながら支援を進めていくことが大切である。自宅で生活している人の場合、調理のための買い物や食品の調達・保管、調理が自分で可能か、台所の衛生管理は適正に行えているか、食生活の準備段階から支援計画を立てていく。食生活への認識がきちんと保たれているか、認知症の進行による異食はないか、食べる量への自己管理はできているか、個々の利用者の状況に合わせた対応策が求められる。

　実際に食事を食べる（摂食）場面においては、排泄を済ませて、食事するのにふさわしい環境で、可能な限り自分の意思で、楽しく安全に食事ができるように配慮する。食事の基本姿勢は座位である。両足が床につく高さのいすに腰かけて、やや前傾気味の姿勢が取れる安楽な座位にシーティングする。解剖学的にスムーズな嚥下（飲み込み）が可能な姿勢でもある。手の機能に障害がある場合は自助具を活用するなど、食べやすい食器や食材・調理法の工夫を行う。

　摂食場面での一番のリスクは誤嚥（食べたものが誤って気道に入ること）である。重篤な場合には窒息死に至ることもある。老化に伴う嚥下機能の低下があり反射力が落ちてくると、誤嚥してもむせることがなく、気づかぬうちに誤嚥性の肺炎に至る場合もある。以下に高齢者福祉施設で勤務する言語聴覚士（以下ST）の取り組みについて紹介する。

（松田美智子）

## 2　言語聴覚士による食生活支援への取り組み

　「食べること」は、子どもから高齢者まで、生きる上での楽しみの一つである。加齢により食べる機能は少なからず衰えていく。筆者が勤務している特別養護老人ホームでの多職種連携による食への取り組みを3事例紹介する。過去には一定の割合で誤嚥性肺炎により入院される利用者がおられ、誤嚥性肺炎の減少が一つの課題となっていた。3事例は誤嚥性肺炎を発症する可能性が極めて高い利用者である。

　**A氏の事例**…食事をする時の姿勢や食事形態の見直しは、食生活支援を行う際の基本となる。A氏は約1年の間に2度の誤嚥性肺炎を発症し、入退院を繰り返していた。家族は経口摂取を希望されており、安全な食事摂取を維持し、誤嚥性肺炎の再発を防止していくことが喫緊の課題であった。取り組み前には食後に嘔吐されることがあり、小さいスプーンでゆっくりと食事介助を行うことになっていた。介助者は、飲み込みがよく食事が早い人という誤った認識をもっており、早いペースで介助を行っていた。

はじめに摂食嚥下評価を行った。喉の感覚が低下し唾液や食べ物を誤嚥してもムセにくいか・喉に食べ物が残りやすいか・加齢により嚥下圧が弱くなって飲み込みの状態が低下していないかチェックした。次に理学療法士が運動評価を実施した。車いす座位で摂食する際、頚部の過剰な伸展位がみられた。臥床時に頚部の過剰な伸展位、四肢の関節拘縮、筋緊張亢進があり、臥床時と座位時の姿勢はつながりがあるため、ポジショニングにて臥床時の全身筋緊張を緩和させた。また、シーティングでは車いすの背張り、座張り調整を行い、車いす座位時に対する全身の筋緊張の抑制を図った。

さらに介護職員が食事を介助する際、パルスオキシメーターをA氏に装着して、血中酸素飽和度を計測した（誤嚥性肺炎になると血中酸素飽和度が低下することが多い）。車いすのリクライニングの角度は60度に設定（角度を付けることで食物が咽頭後壁を通過するので気管に進入しづらくなる。ただし、すべての人に当てはまる訳ではない）。頚部伸展位により顎が上がるため、車いすのヘッドレストを調整し、頭部に枕とクッションを当てて調整した（顎を引くことで気管の入り口を狭くすることができる。逆に顎が上がっていると、気管の入り口が広がってしまい誤嚥しやすくなる）。同時に栄養士が食事内容を見直し、ミキサーした粥は喉に残りやすく、乳製品は痰が絡みやすくなるため中止し、主食は飲み込みに配慮しゼリーに変更した。水分補時は牛乳を使用していない物を提供している。

この取り組みの結果、車いすの角度や顎が上がらないよう職員が気をつけるようになった。食事の時の姿勢やムセの有無等を注意するようになり、少しの変化もチームで話し合いSTに相談する機会が増えた。その後の1年間は大きな体調変化はなく過ごせている。

**B氏の事例**…服用中の薬の副作用として、嚥下障害を伴う場合がある。内服薬の減量により、食事の摂取量が大幅に改善された例を紹介する。筆者が食事介助を行いながら嚥下評価を実施したが、咀嚼・送り込み（舌で咽頭へ食べ物を送る動作）が見られず、食事姿勢や摂取方法を検討したが嚥下反射が遅く、入れた物を吐き出してしまう場面が多くみられ、経口摂取は難しいのではないかと考えていた。

まず理学療法士が運動評価を行った。全身の筋緊張が亢進し、四肢の関節の拘縮があり、ポジショニングとシーティングによる筋緊張を緩和して、嚥下機能の向上を図った。介護職員と連携して、食事姿勢・食事方法・自助具の活用等、さまざまな方法を試したが大きな改善は見られなかった。

相談員は家族とのやりとりに奔走した。経済的事情で自助具を購入するのも難しいケースであった。アイスマッサージ（食事前に口腔を冷刺激して摂食への準備を促進する）等によるリハビリテーションを行ったが効果がなく、胃瘻造設も止むなしかと考えていた。しかし、看護師が以下のことに気がついた。

B氏の病名は統合失調症であった。本人の様子をよく観察すると、食事をする

ことへの認識が低いと看護師には感じられた。著者も同様に評価していた。統合失調症の陽性症状は現在では落ち着いているので、常勤の内科医に相談した。向精神薬の投与量が多く、精神科を受診することになった。精神科医の判断で向精神薬の投与量が減量された。その後、B氏は覚醒度が上がり、食事の飲み込みがよくなり、吐き出しも少なくなった。食事摂取量は増加した。内服薬のコントロールにより生活レベルが上がり、発話の量も増え、笑顔がみられるようになった。

**C氏の事例**…食生活支援に限らず、介護は単独の職員では成し得ない。職員間の連携だけではなく、家族との連携も重要である。C氏のケースに関しては専門職の対応は割愛し、家族とのやり取りに焦点を当てて紹介する。

C氏は高齢のため、生活全般が全介助状態である。摂食時はムセ込みがきついが、キザミ食（細かく食品を刻む）で対応していた。職員はミキサー食（食品をミキサーにかけてゲル状にする）に切り替えたかったが、家族の意向もあり、変更ができない状況であった。そのままでは誤嚥性肺炎になるリスクが高く、一刻も早くミキサー食に変更する必要があった。ケアマネジャーと相談員が家族と連絡を取り、筆者も含めて食事に関する話し合いを行い、食事形態を変更することとなった。その際、家族から伺ったお話を原文で紹介する。

> 家族としては形のあるもの（キザミ食）を食べて欲しいという思いがあったが、

体の状況が追いついていないと何となく感じていて、その思いとの葛藤があった。しかし、飲み込む力が弱っており、年齢には勝てないし、飲み込みに対する取り組みもしていただき、専門職から話を聞くなかで、だんだん受け入れることができた。最近では自分の親にとって大事なことがわかってきて、今は安全に食べることが、一日一日を健やかに過ごすために最も大事なことだと思っている（家族談）。

家族とのやり取りの結果、現在はミキサー食の副食・ゲル状の粥を提供し、食事の時にはリクライニングの車いすに座っていただき、覚醒を促しながら食べていただいている。食事量が増え、ムセも減り、安全で安楽に食事されるようになった。覚醒状態のよい時は、語りかけると反応がみられるようになり、そのC氏をご覧になった家族にも笑顔が見られるようになった。

高齢者福祉施設の食生活支援では、食事形態や食事姿勢・自助具の選定や介助方法および食事の提供方法への配慮が必要となる。「食生活支援」が必要になった場合でも、その人らしい生活をおくるための支援、いわゆる「セルフケア」の視点を忘れてはならない。現在の利用者の状況を的確に把握しながら、利用者や家族にはどのような思いがあるのか、それを踏まえてどのような支援が適切なのか、その人の「できる能力」をどう引き出していくのか考えながら、その力を引き出せるような支援を実践していくことが望ましい。

（古屋洋平）

## 3　食後の支援

　口から食べて、トイレで排泄する。自然な食生活の姿である。これを維持し、利用者のQOLを高く維持し続ける取り組みが求められる。食後は逆流性食道炎（食道から胃への入り口である噴門部の括約筋が低下し容易に食べた物が逆流する）や嘔吐による窒息・誤嚥性肺炎を予防するために、状態を少し起こした姿勢（ファーラー位）にして安静を保つ。

　しっかり食べるためには適正な咀嚼力（食品を噛み砕く力）を維持する口腔内の状態を保つよう、口腔ケアに留意する。口腔は消化の第一段階である。食べるという行為をしっかりと認識することで唾液の分泌も促進される。唾液は口腔内の殺菌作用を有すると共に咀嚼した食物を嚥下しやすくする。胃は一定時間、嚥下された食物を貯留し胃酸による殺菌とさらなる食物の分解、たんぱく質の消化を行う。胃の内容物が空っぽになると、脳の空腹中枢を刺激し空腹や食欲を感じる。胃から腸へ送られた食物は、小腸でさらに消化・吸収される。大腸では水分を再吸収し糞便を形成する。糞便が直腸まで移動すると便意を催し、大便として肛門から排泄される。

## 4　排泄への支援

　一連の摂取した食物が栄養素に分解され、不要な食物残渣が良好な大便と化して快適に排泄されるまでが食生活支援である。大腸内に糞便が長く停滞すると腹部膨満感など不快感が生じ、便秘となり排便困難が生じる。日常生活でのアクティビティが低下して運動不足となると便秘を助長する。逆に、消化不良や食中毒により糞便の大腸での通過時間が短縮されると下痢になる。下痢を起こすと水分の喪失量が増大し、水分補給が必要になる。

　便意を感じたら、排便しやすい上体を起こした座位の姿勢で便器に座り、腹圧をかけて排便できるよう介助する。仰臥位（寝たままの姿勢）では腹圧がかけにくく排便しづらい。またオムツへの排泄は、当事者の生活習慣を大きく変更しQOLを損ねる。便意が不明・便意を感じてから排泄行為を開始するまでに時間がかかるなど、排便の失敗（便失禁）があるようなら、原因を模索しながら適切な対応策を考案する。

　人間は栄養素と共に水分も摂取しないと生命活動（新陳代謝）を維持できないが、生理的には前日の尿量程度の水分を

摂取する必要がある。水分は食物塊に比べて誤嚥を誘発しやすいため、正しく嚥下できているか確認しながら必要量を数回に分けて飲水するよう援助する。水分の嚥下が困難な場合には増粘剤などを使用してトロミをつけると誤嚥防止に有効な場合も多い。

　水分は主に胃と大腸で吸収され、血液と共に腎臓で濾過されて人体に有害となるたんぱく質の最終産物であるアンモニアと共に尿として膀胱へ貯留される。一定量（250〜400ml程度）膀胱に尿が貯留すると、尿意を感じ尿道を通じて尿道口から排尿される。

　快適な排便・排尿を維持できるよう24時間を通した生活状況も見据えた、個々の利用者の状況にあった排泄介助が求められる。排泄後は陰部の清潔を保ち、逆行性の尿路感染症などを予防すると共に、個々人に適した排泄グッズを活用するなどしてQOLが高く保持されるよう工夫する。

（松田美智子）

# 6 生活支援技術──衣生活

## 1 身だしなみへの支援

　人は社会の中の一員として生活を送っている。その生活のなかでは、身だしなみを整えることで、他者との人間関係を良好にしたり、自己表現をすることで自信をもったりする。私たちは普段、何気なく日課として顔を洗い、歯を磨き、衣服を着替えている。その何気ない行動の意味を考えることは、介護を行う上で重要なことである。

　身だしなみを整えることは、衣服だけではなく、洗顔、整髪、化粧、ひげそり、爪きり、ネイル、口腔ケアなども含む。これら全般をさして整容と呼ぶ。単なる整容のケアではなく、ケアを受ける人の気持ちが大きく反映されていることを忘れてはならない。介護を必要とするようになったとしても、おしゃれに関して興味をもっていないことはない。お化粧をし、ネイルをし、髪形を整え、着たい服を着る。バッグや靴も選ぶ。アクセサリーをつける。香水をつける。あるいは、ひげの手入れをする。「どこかに出かけるからおしゃれをする」「単におしゃれをしたい」「おしゃれをしたからせっか

くだから出かける」というように、心の
うるおいや活動への意欲は、人生の質を
高める。ここに整容やおしゃれの意義が
ある。

着装（衣服を着ること）には、以下の
機能と意義がある。

第一には体温調節である。体温を調節
することは、人が生きていくうえで大切
な機能である。しかしながら、自然界で
は寒暖、風雨など体温を一定に維持する
ことが困難な現象が起こる。そのため
に、衣服での調整が必要となる。一般に
人体と衣服の間の空気層を衣服内環境と
いい、寒くもなく暑くもないと感じる環
境は、温度32±1℃、湿度50±10％
RH、気流15±10cm／秒といわれて
いる。からだをできるだけ快適に保つた
めにも衣服を着用する必要がある。

第二に皮膚の保護と清潔の維持であ
る。衣服を着用することによって、ほこ
り、害虫、細菌、化学物質、熱、日光、
風などから身を守ることができる。ま
た、硬いものなどとの接触によって起こ
る皮膚の損傷を避けることもできる。皮
膚表面から分泌される汗、皮脂、皮膚の
落屑などを吸収し、皮膚を清潔に保つこ
とも役割の一つである。

第三には快適な生活と生活リズムの維
持である。人は、その日の活動に合わせ

て衣服を選んでいる。リラックスしたい
時には、ゆったりした衣服を選び、運動
をしたい時には、活動的な衣服を選ぶと
いったように、その場面に合わせた衣服
を選択する。日課として、朝起きてパ
ジャマから衣服を着替えることで、生活
にメリハリがつき、生活リズムを整える
こともできる。たとえベッド上で一日を
過ごす人であったとしても、着替えるこ
とによって一日の流れのなかで昼夜の区
別がつき、生活にリズムが生まれる。

第四には社会生活への適応と自己表現
がある。人は儀式や習慣、集団の規範な
どに応じた衣服を着用することによっ
て、社会生活を送っている。他者との人
間関係を維持するための役割を担ってい
る。また衣服の選択には、自分らしさの
表現の役割も欠かせない。好きな色や
形、デザインの服をまとい、おしゃれを
することは、その人の個性であり自信に
もつながる。身なりが整うことで、外出
への興味と意欲に結びつく。外出が楽し
みとなることにより、活動意欲もわき、
より一層社会生活への参加につながると
考えられる。新しい衣服を買いに行くと
いう楽しみもある。気に入った品物を自
分自身で購入することで満足感が得られ
るだろう。

## 2　衣服の選択

衣生活を介護する上で、まずは、その

人らしさの表現を尊重することが重要で

ある。介護者側の視点で衣服を選択するのではなく、その人の好みを理解し、かつ、その人の状態に合った衣服を選択することが必要である。

下着や寝衣は、吸湿性、吸水性、通気性のあるものや、皮膚を刺激しないようなやわらかい素材を選ぶことが大切である。皮膚にトラブルがある場合には、化学素材（レーヨン、ナイロン、ポリエステル、アセテート、アクリルなど）は皮膚を刺激しやすいので避け、天然素材（綿、麻、毛、絹など）を選択することが望ましい。また、汚れやすく頻回に洗濯するものであるため、丈夫で変質がなく、型くずれもしにくいものがよい。

高齢者では、尿漏れや失禁の問題を抱えた人も少なくない。老化とともに膀胱や骨盤底筋群の機能低下が起こり、尿漏れを起こす人は増加する。その人たちを対象とした下着や尿取りパッドが何種類も販売されている。しかし本来、「排泄はトイレで行う」としてきた人にとって、排泄グッズを簡単に受け入れることには抵抗がある。その心理的な側面、身体的な状況の変化を理解して対応しなければならない。また介護者は、利用者が下着に抱いている羞恥心にも、十分な配慮をしなければならない。

上着類は、その人の好みのものを、自らが選ぶことができる環境を整えることが大切である。その日、時、場所に合ったものを選ぶことも必要である。着心地、色、デザイン、重さ、素材など、それぞれの人が衣服を選ぶポイントはさまざまである。また身体状況によってもさまざまな工夫が必要となる。その人ができること、できないことを理解する。できないことのなかには、衣服を工夫、リフォームすることによってできることとなる場合も多い。

たとえば、ボタンホールは縦穴の方が手指の細かい動きが少なくてすむ。最近では、斜めのボタンホールの上着もある。ボタン自体を小さなものから、つまみやすい大きさで縁のあるものに取り替えることもよい。麻痺や拘縮などの障害がある場合は、肩や肘の関節可動域が狭くなるため、どうしても上着を着たり脱いだりする動作が困難となる。そのような時には、アームホールや背幅を広くすると楽になる。伸縮性のある素材を使用することも工夫の一つである。ボタンエイドやソックスエイドなど便利な道具を使うことも選択肢の一つである。

介護を受けている人は、「できれば自分自身でしたい」「周囲の人に申し訳ない」「もう少し自分の思うようにしたい」などといった気持ちを少なからずもっている。その気持ちを十分に理解し、衣服を選択し、工夫していくことが大切である。

# 3 衣服の着脱介護

衣服を着替える前には、必ず着替えることの説明をし、好みなどを聞き、自分が着たい服を選べるようにすることが大切である。その日の身体状況（体調など）、心理・精神状況を把握しておくことも必要である。季節や気温を配慮することも忘れてはいけない。特に冬の時期の着脱では、衣服を脱いだ時に、急激な気温の変化が起こらないように、室温やからだを覆うものにも配慮する。もし、

図表5−12　かぶり上着の場合の手順（右片麻痺の場合）

①健側の手で前身ごろと後ろ身ごろをできるだけ上までたくし上げ、頭を脱ぎやすくする。

②頭部を前屈し、健側の手で後ろのえり首と後ろ身ごろをしっかりとつかみ、頭を脱ぐ。

③健側上肢のそでは、大腿部やわき腹など身体のほかの部位にこすったり、手を振ったりして脱ぐ。

④健側の手を使って、患側上肢のそでを脱ぐ。

⑤着替える衣服を、後ろ身ごろを上にして、えりを膝にくるように置く。その衣服をひろげ、健側の手で、患側上肢にそでを通す。

⑥患側上肢のそででは、頭を通しやすくするために、できるだけ上の方までたくし上げる。
⑦健側上肢のそでを通し、健側の手で、後ろえり首と後ろ身ごろをしっかり持って、頭を通す（先に頭を通してから、健側上肢を通す方がやりやすい人もいる）。

⑧健側の手で、前身ごろと後ろ身ごろを下ろし、えりや両肩、すそなどを整える。介護者は、背中、腰、肩、えりなどの手の届かないところにあるしわやめくれなどを直し、衣服を整える。

※脱ぐ場合には、⑧から①の手順で行う

図表5－13　前開き上着の場合の手順（右片麻痺の場合）

①ボタンをはずし、健側
上肢のそでを脱ぎやす
くするために、健側の
手で患側のえりもとを
持ち、患側の肩の上着
をはずす。

②えりもとを背中まで下
げ、健側上肢のそでを
脱ぐ。

③健側の手を使い、患側
上肢のそでを脱ぐ。

④着替える衣服を、前身
ごろを上にして、えり
は膝にくるように置
く。その衣服をひろ
げ、健側の手で、患側
上肢にそでを通す。

⑤健側の手で、患側の肩ま
でしっかりとそでを通
し、衣服を健側に回す。

⑥健側上肢のそでを通す。

⑦両肩の位置を整え、ボタンを留める。
介護者は、背中、腰、肩、えりなど
の手の届かないところにあるしわや
めくれなどを直し、衣服を整える。

※脱ぐ場合には、⑦から①の手順で行う

介護者の手が冷たいようならば、手も温
めておく。

　認知症のある方のなかには、着替えの
途中で手が止まり戸惑う様子がみられる
こともある。さりげなく次の動作を介助
することが望まれる。着脱の際には、皮
膚の状況、衣服の汚れ方などの観察を
し、普段と違う変化がみられた場合に

は、医療職に連絡をするなど多職種との
連携を図ることも必要である（図表5－
12～5－14）。

**［着脱の介護の実際］**

　片麻痺がある場合は、介護者は患側を
安全と保護のために、患側がわにひかえ
る。衣服着脱を利用者自身で行う場合の
方法をイラストを交えて紹介する。

図表5-14 座ってズボンをはく場合（右片麻痺の場合）

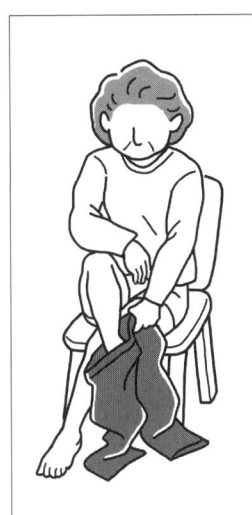

①いすに座り、健側の手で、できるだけズボンを下げ、健側の下肢から脱ぐ。健側に体重をかけて患側臀部をうかせることで、ズボンを座ったままで脱ぐことができる。

②健側の手で、患側の足を健側の足の上に乗せて組み、患側下肢からズボンを通す。

③健側の手で患側下肢のズボンを膝の上まで引き上げる。
④患側の足を戻し、健側の足にズボンを通す。ズボンは、できるだけ上まで上げておく。

⑤手すりにつかまったり、介護者に支えてもらったりして、健側下肢に重心をかけて立位をとり、健側の手でズボンを、しっかり腰まで引き上げる。

※脱ぐ場合には、⑤から①の手順で行う

・カーテンやバスタオルなどを使い、羞恥心やプライバシーの保護に配慮する。
・安全性を考慮し、安定した座位をとる（できるだけ臥位より座位で）。
・発汗があったり、汚れがついている場合は、汗を拭いたり汚れをとる。
・片麻痺がある場合は、関節可動域の広い健側から脱ぎ、患側（麻痺のあるほう）から着る（脱健着患）。

（宮崎恭子）

# 7 生活支援技術──住生活

### 1）住環境がもたらす影響

住まいとは、本来は人々にとってもっとも安全で安心できる場である。食事や排泄、整容、入浴、更衣や睡眠が滞りなく行え、かつ、それらの行為に必要な備品や物品を配置することができなければならない。また、それらの行為を実行していくうえで、住まいの中で移動することは必ずついてまわる問題であり、事故なく安全に住居内を動き回ることができなければならない。

住まいは、一日の活動の疲れを癒し、また明日からの活動に向けて活力を蓄え必要な準備をする場であり、いわば生活の再生産の場である。また、住まいは家族と過ごす楽しみを感じることができたり、自らのプライバシーを守ることができる場でもある。大切なものを置いたり趣味を体現できたりと、それらがライフスタイルの一環にもなり、QOLにもつながっていく。しかし、家庭内における高齢者の死亡事故が発生しているのも事実である。

平成28年度「高齢社会白書」によると、すべての年代をとおして事故発生場所として一番多いところが「住宅」であり、事故発生場所全体の70％以上を占めて

いる。さらに「住宅」における事故で、65歳以上の高齢者による事故の住宅内の場所として多数を占めているのが「居室（自分の部屋）」（全体の45％）、次いで「階段」（同18.7％）、「食堂」（同17％）となっている。居室はもっともくつろげる場であり、不用心になるのかもしれない。

また、厚生労働省人口動態統計「家庭内における主な不慮の事故の種類別にみた年齢別死亡数・構成割合」（図表5-15参照）によると、「家庭内事故」の全年代総数は2016年度統計で14,175件であるが、そのうち65歳以上は12,146件にも上っている。そして65歳以上の人の家庭内における死亡事故で最多を占めているのが「浴槽内での溺死及び溺水」で、次いで「気道閉塞を生じた食物の誤えん」「スリップ，つまずき及びよろめきによる同一平面上での転倒」となっている。

本来ならば安全・安心であるはずの住まいも、環境の整備によっては危害を与えてしまうことにもなりかねない。定年退職などで就労による外出の機会が減るなど、歳を重ねるごとに住宅で過ごす時間は次第に増えていく。住まいでの死亡

事故の多くは65歳以上の人であることからも、高齢者支援にかかわる者は住まいの危険性について十分に把握しておくことが求められる。

## 2）住環境整備の視点

### 1 段差

伝統的な日本家屋には、段差が多く存在する。玄関の上がり框（かまち）は、玄関と住宅内部を仕切る段差の部分で、屋外のほこり等の室内への侵入を防ぐ役割を果たしているが、車いすのまま上がり框を越えて玄関を通過することはほぼ不可能になってくる。上がり框は、特に一戸建住宅に備えられており現在も多くみられる。介護で車いすを使用する場合、車い

図表5－15　家庭内における主な不慮の事故の種類別にみた年齢別死亡数・構成割合

| 死　　因 | 死亡数と割合 | | | | | |
|---|---|---|---|---|---|---|
| | 総数（0歳～） | | 65歳～79歳 | | 80歳以上 | |
| 総　　数 | 14175 | 100.0 | 4670 | 100.0 | 7476 | 100.0 |
| 転倒・転落 | 2748 | 19.4 | 834 | 17.9 | 1528 | 20.4 |
| スリップ，つまずき及びよろめきによる同一平面上での転倒 | 1608 | 11.3 | 422 | 9.0 | 1042 | 13.9 |
| 階段及びステップからの転落及びその上での転倒 | 484 | 3.4 | 174 | 3.7 | 226 | 3.0 |
| 建物又は建造物からの転落 | 300 | 2.1 | 94 | 2.0 | 80 | 1.1 |
| 不慮の溺死及び溺水 | 5491 | 38.7 | 2075 | 44.4 | 3011 | 40.3 |
| 浴槽内での溺死及び溺水 | 5100 | 36.0 | 1937 | 41.5 | 2784 | 37.2 |
| 浴槽への転落による溺死及び溺水 | 38 | 0.3 | 13 | 0.3 | 22 | 0.3 |
| その他の不慮の窒息 | 3817 | 26.9 | 1094 | 23.4 | 2180 | 29.2 |
| 胃内容物の誤えん | 596 | 4.2 | 129 | 2.8 | 323 | 4.3 |
| 気道閉塞を生じた食物の誤えん | 2659 | 18.8 | 825 | 17.7 | 1558 | 20.8 |
| 気道閉塞を生じたその他の物体の誤えん | 183 | 1.3 | 52 | 1.1 | 104 | 1.4 |
| 煙，火及び火炎への曝露 | 787 | 5.6 | 280 | 6.0 | 282 | 3.8 |
| 建物又は建造物内の管理されていない火への曝露 | 705 | 5.0 | 255 | 5.5 | 246 | 3.3 |
| 夜着，その他の着衣及び衣服の発火又は溶解への曝露 | 27 | 0.2 | 5 | 0.1 | 18 | 0.2 |
| 熱及び高温物質との接触 | 77 | 0.5 | 23 | 0.5 | 47 | 0.6 |
| 蛇口からの熱湯との接触 | 62 | 0.4 | 16 | 0.3 | 41 | 0.5 |
| 有害物質による不慮の中毒及び有害物質への曝露 | 332 | 2.3 | 56 | 1.2 | 39 | 0.5 |
| その他のガス及び蒸気による不慮の中毒及び曝露 | 74 | 0.5 | 16 | 0.3 | 3 | 0.0 |
| 農薬による不慮の中毒及び曝露 | 36 | 0.3 | 12 | 0.3 | 21 | 0.3 |

注：割合は、各年代ごとの総数に対する数値。また、死因の内訳は主な項目で、たしても総数とは一致しない。
出所：厚生労働省「平成28年　人口動態統計（確定数）の概要」2017年9月を筆者一部加工。

すごと住宅内に入ることを想定する場合は、上がり框を何らかの形で改装する必要がある。

また、ふすまや障子の敷居（レール）も伝統的な日本家屋によくみられる設備であるが、パーキンソン病や脳梗塞、膝関節症などによって下肢の筋力低下や麻痺、すり足や間欠跛行がみられる場合などは、つまずきや転倒の原因になる。カーペットや床の敷物も同様である。

階段使用も転倒や転落のリスクが非常に高まる。階段からの転落は平地でのつまずきや転倒による骨折よりも重篤になる傾向があり、予後についても元の生活に戻るまでにかなりの時間を要する結果となることも少なくない。階段での転倒・転落を防ぐには、階段の角度にあわせて手すりを設置することや、踏み面に滑りにくい素材を敷設すること、また充分な明るさを確保するなどの改修が必要である。

### 2 空間の広さの確保

日本家屋は、従来より欧米に比べて空間の狭さが指摘されている。玄関、廊下、居室、トイレ、風呂など、特に身体に障害がなくADLに不自由がなければ気づかないかもしれないが、住宅内で車いすや歩行器を使用しなければならない場合に直面した時、その狭さを感じることにもなる。実際に、住宅内で車いすや歩行器を使用できないケースも多い。

また、ADLに対して介助を要する場合には、トイレや浴室などに2人以上で入らなければならない場合もある。その狭さゆえに介助の困難性をさらに高めてしまうことにもなる。車イスを住宅内で使用する場合は、廊下の幅を90cm以上確保することや、トイレや浴室などで介助が必要な場合は、通常の使用で必要な広さにプラスして、介助者用の空間としてさらに50cm以上の空間を広げることが求められる。

### 3 明るさの確保

高齢期になると、虹彩の機能低下により、特に暗いところで光を取り込むことができなくなってくる。そのことが原因で夜間の住宅内の移動に際し、段差でつまずいたり階段を踏み外してしまい、転落してしまうなどの事故が起こる可能性が高まる。天井からの照明や間接照明、または足元灯やスポット照明など、必要な場所と照度にあわせて照明器具や光を照らす方法を検討する必要がある。

また、明るさの確保は、食事の際、食材や料理を引き立たせることで食欲を促進したり、気持ちを高揚させる働きもあり、あらゆることへの意欲にもつながってくる。

### 4 その他の視点

要介護者の体格や下肢筋力に応じたテーブルやいす、トイレや浴槽の縁の高さの検討が必要である。安全かつスムーズに座る、またぐ、立ち上がる等の動作ができる設定が望ましい。

居住空間の移動の際の転倒は、家庭内事故でも多くを占めている。床の段差によるつまずきとあわせて、床の滑りにくさについても検討しなければならない。また、転倒したとしてもケガのリスクを

できるだけ軽減する方策も重要である。フローリングや浴室の床素材の検討が必要である。フローリングよりは畳のほうが弾力があり、転倒した際もケガのリスクが抑えられるといわれているが、近年は弾力のあるフローリングも開発されている。浴室での転倒はその後のリスクも高くなりがちなため、特に注意を要する。

　廊下やトイレの手すりの位置は、要介護者の体格や麻痺の程度に応じて、位置や角度を検討していかなければならない。動線にあわせて手すりを設置したが、意外にもあまり使用されていない手すりが出てくることもある。動線とあわせて、前に進むためのものか、身体の向きを変えるためのものか、あるいは座ったり立ち上がったりするためのものか等、要介護者の連続的な動作の様子を考慮しなければならない。

　各部屋のコンセントや電灯スイッチの位置は、見過ごされがちであるが重要である。住居内には電灯スイッチや換気扇スイッチなどがあるが、要介護者がそれらに手が届くかどうかもチェックする必要がある。また、加湿器や除湿器、扇風機や医療関連機器などを使用することを想定した場合、それらの機器を使用したい部屋の位置からコードが届くところにコンセントがあるかどうかチェックし、なければ移動させるか増設する必要が出てくる。

　扉の形状については、引き戸か開き戸かどちらかで検討することになる。要介護者が自ら開閉にかかわる場合には、引き戸の方が扉と自らの身体とが接触することがなく、使い勝手がよい。しかし引き戸を設置する場合は、引き戸を伝わせるスペースが必要となってくるため、要介護者のADLと動線にあわせて検討する必要がある。

　トイレ、風呂、廊下、居室などの適正な室温の確保は、体調管理の視点において大変重要である。真夏や真冬における部屋間の寒暖の差は体力を低下させるだけではなく、血圧の変動や脳卒中、心筋梗塞などを引き起こす可能性を高めることになる。冬場のトイレや浴室は、室温の低さが生命の危険性を高めるため、特に注意が必要である。

## 2　住環境整備の実際

### 1）住環境整備に対する介護保険サービスの利用

　住環境整備等については、介護保険サービスが利用できる（図表5－16参照）。介護認定を受けて要支援もしくは要介護と認定されることが前提であるが、購入や貸与を通じて日常生活に必要な福祉用具のほとんどを手に入れることができる。また、住宅改修の支給については支給限度額が20万円と設定されて

| サービス名称 | 保険給付の内容 | 対象となる備品、物品、工事内容 |
|---|---|---|
| 住宅改修費の支給 | 同一住宅につき一人当たり20万円が限度額（上限20万円のうち、9〜7割が介護保険給付） | 手すりの取り付け、段差の解消、滑り防止および移動の円滑化などのための床材の変更、引き戸などへの扉取り換え、洋式便器などへの取り換えなど |
| 福祉用具貸与 | 貸出料の9〜7割が介護保険から給付 | 車いす（付属品含む）、リクライニングベッド、床ずれ防止用具（エアマット）、歩行器、歩行補助つえ、移動用リフトなど |
| 特定福祉用具の購入 | 購入費用の9〜7割が介護保険から給付（年間10万円分までが限度額） | 腰掛便座、特殊尿器、入浴補助用具、簡易浴槽、移動用リフトのつり具の部分 |

おり、限度額を超えてしまうケースもあるようだが、必要な住宅改修の手段として活用できる。住宅改修の給付は原則、同一住宅に付き一回のみの支給であるが、介護度が3段階以上高くなった場合には、もう一度住宅改修の給付を利用することができる。

　いずれにしても、望む生活のためにどういった福祉用具や住宅改修が必要なのか、本人・家族、そして介護支援専門員や福祉住環境コーディネーター、福祉用具専門相談員等、関係者が互いに連携をもって、情報交換を図りながら適切に住環境を整備していくことが求められる。

　福祉住環境コーディネーターは福祉住環境コーディネーター協会が発行する認定資格で、1級から3級のランクがあり、高齢者や障害をもつ人の住まいについて、建築工学的な視点とADLを関連させた専門的知識を問われる資格であり、検定試験に合格することによって取得できる。

　福祉用具専門相談員は、介護保険サービスの福祉用具貸与を行う事業所に置くこととされる資格であり、約50時間の講習を受講することで取得できる。社会福祉士、介護福祉士、義肢装具士、看護師などは福祉用具相談員の知識と技術を有する者とみなされている。

## 2）住環境整備の計画からサービスの展開

　現在、介護保険による住宅改修のサービスを利用する場合は、「住宅改修が必要な理由書」を事前に市町村へ提出する必要がある。その際、担当ケアマネジャーによる、住宅改修の必要性・有効性に関する情報提供が重要性を増している。また軽度者が福祉用具を利用する際には、医師の意見確認書も必要となってきている。これは、むやみに福祉用具を利用することで、生活不活発病（廃用症候群）を誘発してしまう事態を防ぐねらいがある。

　住環境の整備を行う際には、住環境が原因で生じている日常生活上の困りごとを把握していく必要がある。そのために、インテークの段階から普段の生活動線を把握し、転倒・転落の危険性がある場所や、段差や広さなどが原因で生活行

為が困難となっている場所を、アセスメントを通じて導き出し、計画を立案する。このプロセスには、ケアマネジャーを中心に、日常的に生活支援を行っているホームヘルパーや、必要に応じて福祉住環境コーディネーター、福祉用具専門相談員なども関わり、連携が図られる。事前申請が認められた後に、施工業者との打ち合わせや契約を済ませ、具体的な工事の段取りに入る。

　福祉用具の貸与・購入の場合は、業者との打ち合わせ・契約のうえ、福祉用具の試用を行う。その後、住宅改修にしても福祉用具の貸与・購入にしても日常生活において数日間使用したうで、再度モニタリングが行われる。

　住環境整備を行ったとしても、実際に使用してみると、使い勝手などが当初の計画通りにはいかない場合がある。また、時を重ねるごとに利用者の状態も変化するため、住宅の設備も福祉用具も永遠に有効性が保たれるわけではない。利用者が望む生活を実現していくため、住環境整備を含む多種のサービスが必要に応じて利用できるよう、制度も含めた広い視野から、環境整備のあり方を検討していくことも重要である。

（鴻上圭太）

# 8　介護福祉の役割

　これからの日本が本格的に直面する超高齢社会の問題として、いわゆる「2025年問題」が声高にいわれているが、医療費など社会保障関連費用の増大に伴う財源の確保、増え続ける要介護者への支援を行う介護従事者の人手不足などに対する取り組みが急がれる一方、死亡者数の急増に向けての対策も重要な課題として考えておく必要がある。

　「2025年」は、戦後のいわゆるベビーブームに生まれた世代が75歳の後期高齢者の年齢に達する年である。平成28年度版『厚生労働白書』にもあるように、医学や医療の進歩、公衆衛生の向上によ り死亡の状況は急激に改善されているが、死亡者数は2003年に100万人を超え、2015年に129万人となり、2039年には167万人に達するという推計が出ている。同時に死亡率（総人口に占める、年間死亡者の総数）も2060年には17.7まで上昇することが見込まれている。

　2016年度には、40兆円を超えるまでに膨れ上がった国民医療費は、その他の社会保障関連費用と併せて国の財政を圧迫し、その対策として、医療面では費用の適正化の観点から、患者自己負担の引き上げや診療報酬の引き下げが行われ、介護面でも報酬改定や負担割合の引き上

げが実施されるなど、増加する社会保障費に対する施策が繰り返し行われている現状がある。また、医療費合計のうち入院費の割合は増加し続け、平成28年度には費用全体の40%（16.5兆円）を占めるまで大きくなっている（参考：「平成28年度　医療費の動向」厚生労働省）。

これには、病院などの「医療機関」で死亡する人が増加していることが理由の一つとして考えられる。死亡場所については、1951年の時点では「自宅」で死亡する人の割合が8割を占めていたが、その後「医療機関」で死亡する人の割合が増加、1976年には「自宅」で死亡する人の割合を上まわり、2014年には77.3%の人が「医療機関」で死亡し、「自宅」で死亡する人の割合は12.8%まで低下している。後期高齢者の増加は、同時に高齢者世帯や認知症高齢者の増加につながり、家族による看護や介護が難しいことから自宅に帰れず、「行き場」をなくした人が病院や施設で、療養や生活をせざるを得ない実態が数値にも現れている。

このような状況下で、国は平成24年度の社会保障制度改革の中で、『在宅医療と介護の推進と再編』を掲げ、「医療から介護へ・施設から在宅へ」をキーワードとしてさまざまな施策を打ち出している。病院は、少子高齢化の進展を踏まえ、必要な病床数の確保と切れ目のない適切な医療を提供すべく、その機能が整理され「高度急性期」「急性期」「回復期」「慢性期」の病床分化と連携を強化、また在宅医療の拡充と介護連携を報酬改定と併せて実施することになっている。

病院機能ごとに治療期間に見合った報酬が設定され、病院経営の観点からしても入院期間を安易に延ばすこともできなくなり、おのずと病院で療養できなくなった人の受け皿が必要となってくる制度設計になっている。その中で「地域包括ケアシステム」は、病院ではなく地域（自宅）で療養し、施設ではなく地域（自宅）で生活し続けていくための仕組みとして打ち出され、2025年までにその構築が進められている。"病院死"が減り"自宅死"が増えることが現実となるなか、地域での「看取り」について介護福祉の立場としても、その仕組み作りと心構えをきちんと考えていく必要がある。

地域包括ケアシステムは「住み慣れた地域（自宅）で最期まで、その人らしく暮らし続けるために……」という方向性であり、内閣府の調査（高齢者の健康に関する意識調査）でも国民の半数以上の人が「最期を自宅で迎えたい」と思っている。ただ、実際に自宅での看取りが可能かどうかは、正直難しいのが現場の声である。最期は、24時間の支援を家族が担うことが求められるが、高齢者世帯や独居高齢者が増えるなかで、それを求められないケースも多い。

また、死が近づくにつれ入院治療に気持ちが変化することも多く、本人はもちろん家族が判断に悩むという実情もあり、現場での課題はたくさんある。医療の普及と世帯構成の変化により、近親者の「死」を自宅など身近な場所で、体験したことのない世代が看取りに向き合うこと自体に現実味がなく、最終的に救急車を呼んで病院で最期を迎えるケースも

少なくない。

　自宅での看取りでは、「人生の最期は無益な延命処置をせず、少しずつ治療が減り、人間として自然な過程のなかで本人を見送る」ことで、具体的には痛みや苦しみを取り除きながら見送ることが多く、医療倫理や法的問題なども併せて確認しなければならない。

　自宅で最期を迎えたいと思っていても、その実現が難しい原因の一つとして「本人への告知」がある。自宅での看取りを望んでいても、病名や余命を本人に伝える難しさがあり、また、告知したことで精神的なバランスが崩れ病状が悪化したり、パニックやうつ症状を引き起こすリスクがあることで、家族が本人に告知することを悩んでしまうことがある一方、本人の想いを抜きにして、本人を中心とした看取りケアを行うことも現実的には難しい。また「できることなら死を避けたい、少しでも長く生きていたい（生きて欲しい）」という気持ちとの葛藤が必ず生じ「望みがあるのなら……」と期待を寄せることも考えられ、状態が急変した時など救急車を呼ぶことで病院死に至ってしまうケースも多い。

　本人や家族が「家で最期を迎えたい」と願い、その覚悟があったとしても、本人や家族だけでは自宅で看取りを行うことはなかなか難しい。もちろん家族の介護力も必要になるが、看取りの現場では、高度な介護・看護力と判断力が必要となり、不安や怖さ、混乱や葛藤の渦中にある本人・家族の代わりに、落ちついて判断し対応できる経験豊富な支援者も必要である。

　本人の痛みや苦しみ等を取り除くケアをしつつ、家族の不安や負担の軽減も併せて考える必要があり、医療・福祉の専門職がしっかりとバックアップできる体制を整えることも重要になる。とりわけ「訪問医」の存在は大きく、病状の理解や精神的な支援が必要な家族にとって、また最終的には24時間体制でのサポートを行う看護・介護チームの相談役として看取りケアには欠かせないメンバーとなる。

　自宅での看取りを考える際、病院やホスピスなどの医療機関との連携も重要で、最後の最後で本人・家族の意思や希望が変わる場合も多く、また、家族など支援する側の体制が崩れるようなことがあれば、いつでも受け入れてもらえる体制と連携をとっておく必要もある。

　がん末期の方を自宅で看取る場合は、症状緩和のため疼痛コントロールが必要であり、医師や薬剤師・看護師などと協同で、その対応を行い「痛みなくゆっくり眠れる」「動いても痛くない」といった状況をできるだけ確保できるよう関わることが多い。自宅での看取りとして、最後まで、単純に家で療養するのではなく、家族の一員としての役割や自己実現ができることも大切で、日々変化する体調や気分をしっかり把握しつつ、これまでの習慣や楽しみを継続したり、アロママッサージや音楽療法などの薬物療法以外で緩和ケアができないかも検討していく。

　自分らしい最期を穏やかに迎えるための準備として、できる限り早い段階で自身の「死」について考え、ゴールのイメー

ジやそれまでの過ごし方を本人が決め、家族もそれを知っておく必要がある。筆者が勤務する介護保険事業所では、軽度者も含めすべての利用者について、サービス開始時に「看取り」についての意向を確認している。

当面の課題は、現在の「生活」や「介護」と思っている本人や家族に対して、まだ「先の話」として受け取られることも多いが、「いつ・どこで・何があるかわからないので、今から考えておくことが大切」と伝え、この機会に本人・家族間で一度話をしてもらえるようお願いしている。これは、支援者が「看取り」までお世話させていただく覚悟をしていることの表明でもあるので、ケアプラン作成においては「人生の最期をどこで、誰と、どう過ごすか」、また「それまでに、どんなことをしたいか」を確認した上で、日々の活動目標を設定している。

死と向き合い、最期まで自分らしく生きたいとの思いで、最近は「終活」という造語もちまたで使われるようになったが、十人十色の死生観をまずは自身で考え、家族や近親者、友人に知ってもらい、人生の目標を再設定した上で、残された人生をより有意義なものにできるのであれば、「終活」や「エンディングノート」などの活用は、自身の置かれている状況が客観視できたり、前向きな活動につながるのではないかと思う。

健康なうちから「人生の最期」について考えておくことが大切だが、医療福祉従事者は「患者」や「利用者」として初めて本人に関わることがほとんどで、その時点から「看取り」について一緒に考えるとしても、本人の意向が確認できないケースも少なくない。自己決定を手助けしていく上でも、本人や家族の意見や要望を聞きだしたいところだが、実際は本人から聞き取れなかったり、家族も考えられない場合があり、意向確認がスムーズに行えないケースも増えてきている。

施設や病院ではない「居場所」を確保すること、その居場所での「生活」を支える体制があること、人生について一緒に考え、意思や望みを共有できる「家族・仲間」がいることなど、より良い生き方や人生の終末期を迎えるために必要な準備はたくさんあるが、大切なのは「他人事」として先延ばしにしたり、目をつぶったりせず「自分事」としてとらえ、家族や地域住民はもちろん、医療福祉の専門職間で仕組み作りや連携を強化していくことが重要である。

（笠松健一郎）

**参考文献**

・赤江雄一編『食べる 生命の教養学12』慶應義塾大学出版会、2017年
・生井久美子『ルポ 希望の人びと』朝日新聞出版、2017年
・石川由美「介護福祉士を基礎職種とする介護支援専門員の職務意識」『高知女子大学紀要』第60巻、125-141、2010年
・大塚洋「ケアの考え方を見つめ直してみよう」『おはよう21』2011年4月増刊号、10-13
・小木曽真司、笠原幸子、白澤政和「介護業務経験がケアマネジメント業務へ活かされる支援とその
　プロセス──基礎資格が介護福祉士である介護支援専門員のインタビューをもとに」『介護福祉学』

第24巻第2号、65-75、2017年

・厚生労働省「高齢社会白書」2016年

・須加美明「ソーシャルワークとしての側面からとらえた介護福祉での援助技術」『長野大学紀要』第24巻第2号、35-44、2002年

・須加美明「介護専門職のアセスメントのあり方」川村佐和子編『在宅介護福祉論　第2版』41-43、誠信書房、1998年

・ジゼラ・コノプカ（前田ケイ訳）『ソーシャル・グループ・ワーク──援助の過程』全国社会福祉協議会、1967年

・時實亮・米原あき・谷口敏代「介護福祉職のワークエンゲイジメントに関する研究─年齢層別および経験年数層別の比較─」『介護福祉士』22, 24-33、2017年

・服部布佐子「衣服の着脱」『おはよう21』2011年4月増刊号 24-31

・藤本文朗他『介護福祉学への招待』クリエイツかもがわ、2015年

・松田美智子他『入門 基本介護技術』kumi　2007年

・松田美智子「利用者の異常症状 早期発見と観察のポイント　〔いつもと違う!〕〔何かおかしい〕と感じることから」日総研『通所介護＆リハ』Vol.11 No.1、52-55、2013年

・松田美智子「利用者の異常症状 早期発見のポイント　生命活動の根源である呼吸・循環・消化器の生理と症状」日総研『通所介護＆リハ』Vol.11 No.2、92-98、2013年

・松本眞美「ホームヘルパーが行うアセスメントの構造と役割に関する一考察──家族介護者の情報把握についてのインタビュー調査を手がかりに」『介護福祉学』第24巻第2号、88-93、2017年

・渡部律子『高齢者援助における相談面接の理論と実際 2版』医歯薬出版、2011年

## あの時やっておいて よかったこと

私が社会福祉を学ぶきっかけは、「お年寄りの役に立つ仕事がしたい」と考えたことにある。幼い頃から祖父母と同居していたので高齢者の存在が身近で、将来は祖父母の役に立つ高齢者分野の仕事に就きたいと考えるようになり、社会福祉系学部への進学を決めた。

大学1年生の時、担任教授から高齢者・介護福祉系の職をめざすのであれば、介護福祉士実務者研修の受講を助言され、「将来役に立つならとりあえずやってみよう」と考えた。アルバイトをして約17万円の費用を貯め、大学2年生の春から通信制の実務者研修を受講した。研修費用は私にとってはかなりの大金で捻出に苦労したが、今から考えると就職してから研修に参加することはとてもしんどいので、あの時に受講してよかったと思っている。研修では大学で学んでいる社会福祉の知識から、衣類着脱介助や排泄介助といった実際の介護技術等さまざまなことを学んだ。

半年間の研修終了後は、大学近くのデイサービスでアルバイトを始めた。実際に自分が介護をしてみると、戸惑いや失敗が多く、悩んだ時もあった。ある時、利用者から「あなたの顔が見られて嬉しい」や「始めはどうなることかと思ったけど、今はあなたがしっかりして嬉しいし安心した」といった言葉をかけてもらえるようになり、やりがいと楽しさを感じるようになった。介護は確かにしんどいことが多いが、その一方で喜びや楽しみを得ることができると実感すると同時に、介護を続けていくためには、介護をする側に対して充実したサポートが必要であると考えるようになり、卒業論文では介護者支援について取り組んだ。

大学3年生では、地域包括支援センターへソーシャルワーク実習に行き、自分自身の課題と相談援助の実際を学ぶことができた。実習で始めに実感したことは、自分自身の知識の定着の低さであった。福祉制度や専門用語について実習指導者から質問をされた時に、文献や講義で聞いたことはあっても内容をきちんと理解できておらず、答えられないことが多かった。

また、介護保険制度の利用説明のロールプレイや居宅訪問時の高齢者の方とのコミュニケーション等、なかなか上手くできないことが多かった。

介護保険制度の利用説明を行うロールプレイでは、「一方的に説明するのではなく、まず相手の思いや状況を理解し、利用者の状況に合わせたわかりやすい伝え方をすることが必要」と指導を受けた。今すぐにでも介護保険サービスを利用したい方なのか、耳が聞こえづらい方であるのかといった利用者のさまざまな状況やニーズを理解して対応していくことが、相手との良好な信頼関係の構築につながるということを学んだ。

実習のまとめでは、相談援助職者として知識や援助技術は必要であるが、最も重要なことは利用者との良好な信頼関係の構築であると指導を受けた。相談援助は人対人で行われるもので、援助者と利用者との間で「この人になら相談できる」という信頼関係が構築できなければ何も始まらないということを、身をもって学んだ。そして社会福祉士の国家試験にも合格することができた。

大学入学時から高齢者福祉の仕事に就きたいという目標があったため、その実現に向けて実務者研修やデイサービスでのアルバイト等、できることは何でもやっていこうと思っていた。実際、これらの取り組みが今の自分を支えてくれている。何か目標をもって学習に取り組むことで「やるだけ・こなすだけ」にならず、いつか自分の役に立つ経験になると考えている。また、大学にはさまざまなボランティアや研修の情報が入ってくる。その中から自分がやりたいことがあれば、早いうちに取り組む方がいいと思う。経験することで新たな発見や自分が本当にやりたいことが見つかり、次の段階に向けての目標が見つかるからだ。大学4年間を振り返ると、その当時ではあまり意識しなかったが「あの時やっておいてよかった」と感じることがたくさんある。

現在、私は社会福祉法人に就職し、養護老人ホームで勤務している。入居者は自立している方から介護保険を利用している方まで幅広くおられ、入居者一人ひとりに応じた援助を行っている。仕事では介護の提供だけでなく、入居者の生活全体を考えて援助にあたる必要があることを日々実感している。仕事は正直しんどいが、入居者との関わりの中で癒しや学びを得ることが多くあり、やりがいを感じている。今後は経験を積み、相談援助職をめざしていきたい。

滝清　真希

# 6

## 介護福祉の
## チームケアと
## ケアマネジメント

# 1 多職種連携／チームケア

## 1 多職種連携／チームケアが求められる背景

　医療保健福祉という対人サービス領域のチームワークについては、急性期疾患対応の医療モデルから慢性疾患対応の生活モデルへの移行を背景に、1950年代から1960年代のアメリカ合衆国で論じられるようになった（野中　2007：17）。日本では1970年代に「チーム医療」の第一次ブームが起こり、社会福祉士・介護福祉士の資格化を経て1995年から医学中央雑誌のキーワードとして「チーム」が独立するようになったころが第二次ブームとされ、2000年に介護保険制度が施行されてから「チームワーク」と銘打つ書籍が増加し、2007年当時の第三次ブームに至ったと整理されている（野中　2007：同上）。

　しかし、近年の日本においては、さらに様相が変化してきている。その象徴は、急性期医療から慢性期医療への政策上の重心移動に対応した支援システムの構築をめざす「医療・介護一体改革」の動向である。すでに退院促進ならびに自宅移行が政策的に進められており、医療的ケアを要する人々が、これまで以上に在宅で生活を営むこととなる。そうした場においても、日常的な医療・介護からターミナルケアまでが、安定的に提供できる体制が整備されなければならない。そこで重要な要素となるのが多職種連携／チームケアである。ケアに携わる専門職には、関連する知識・技術がこれまで以上に求められることとなる。

## 2 関連する用語の意味と関係

　ここでは「連携」「協働」「チーム」という各用語の意味と関係性について確認しておきたい。

　保健医療福祉領域における「連携」概念の整理を行った吉池らによれば、連携

とは「共有化された目的をもつ複数の人及び機関（非専門職を含む）が、単独では解決できない課題に対して、主体的に協力関係を構築して、目的達成に向けて取り組む相互関係の過程である」（吉池

ほか 2009：117）と定義される。その際、「連携」概念と「協働」「チーム」概念との関係性を次のように整理している。

すなわち「同じ目的をもつ複数の人及び機関が協力関係を構築して目的達成に取り組むこと」を「協働（collaboration）」とし、「協働を実現するための過程を含む手段的概念」が「連携（cooperation）」であり、協働における連携の実態として「チーム」という概念が位置づけられる（吉池ほか 2009：116）。

以上の見解をふまえ、本節でも連携とは手段を意味する概念、チームとは実態を意味する概念として理解しておきたい。その上で、ケアにおける多職種連携とは、ケアに携わる多職種（介護福祉士、社会福祉士、介護支援専門員、医師、看護師、准看護師、理学療法士、作業療法士、言語聴覚士、栄養士、管理栄養士等）が協働を実現するための手段であり、その実態をチームケアと呼ぶことができる。ただし、チームは多職種のみならず同職種でも編成されるため、同職種によるチームケアもありうる。

## 3　多職種連携／チームケアの意義

介護実践において、「多職種」が関わること、また「チーム」が組まれることには、どのような意義があるのか。この点について高山は、一人の利用者に多くの人が関わる目的・意義として、
①利用者の多様なニーズに対応することが可能となる。
②多くの情報に基づいた包括的なアセスメント・プランの策定が可能になる。
③効果的な援助のための方法や役割分担を検討できる。
④討議を行うことによって個々の援助者のケアの質の確保・向上が望める。
⑤チームでの相互作用がサポートの源になりバーンアウトの回避につながる。
という5点をあげている（高山 2008：5－6）。

また同時に、利用者に関わる人たちがチームを組む目的・意義として、
①利用者が混乱しない。
②支援の効果を最大限にできる。
③援助の継続性を保つことが可能となる。
の3点をあげている（高山 2008：5）。これらは同職種・多職種問わず当てはまるものであるが、関係者に多職種が含まれている場合は、より多様なニーズへの対応や包括的なアセスメント・プラン策定が可能となる。

たとえば介護職同士のチームケアは、訪問介護・通所介護・介護施設など、介護の現場全般で展開されている。そこで営まれる利用者の生活は、365日24時間途切れることのないものであるため、

一人の利用者に同じ介護職がサービスを提供するよりも、複数の介護職がサービスを提供することがほとんどである。このような場合、個々の利用者に関わっている介護職同士の連携が必要となる。

訪問介護の場面では、利用者ごとに連絡ノート等を用いて支援の実施内容や利用者の変化を共有することで、異なる時間帯に支援を行う各ホームヘルパーが、状況の変化に応じた的確な支援を行うことが可能となる。介護福祉施設やグループホームなどでも、勤務を交代する際に行われる申し送りや各種の記録を通じて情報が共有されることで、利用者の状態に応じた効果的な支援を行うことができ

るのである。

また、介護を必要とする対象者は、身体面・精神面・社会関係など多面的な支援が必要となることから、多職種による連携ないしチームケアが必要となる。各専門職はそれぞれに専門的知識・技術や情報をもっており、それらを結び付けることで利用者の複合的な生活上の課題・ニーズに対して効果的な支援が可能となるのである。個々の利用者の支援に際して、メンバーの目的意識や姿勢が不統一では、有効な支援になりえないからこそ、連携／チームのあり方を検討する意義があるのである。

## 4 チームの特徴とチーム作りの要素

先にチームとは「実態」を意味する概念であると述べたが、チームに類似する概念として「グループ」がある。チーム（組織）もグループ（集団）も「人間の集まり」を表している点は共通しているが、堀らによれば、チームには「共通の枠組み」「協働する意欲」「意志や行動の調整」という三つの特徴があるとされる（堀ほか 2007：14−15）。

「共通の枠組み」とは、「目的」「目標」「段取り」「役割」など、関係する人をまとめるための要素から構成されるものである。

「協働する意欲」とは、「皆と一緒に頑張ろう」「自らの力をチームに捧げよう」

という気持ちである。

「意志や行動の調整」とは、チームがめざす成果の実現に向け、コミュニケーションを通じて考え方や、やるべきことを調整していくことを意味している。

以上の三つの特徴が備わることによって「チーム」と呼ぶことができるのであり、またチームとしての機能が発揮されるのである。反対に、それぞれの特徴が欠けている場合、それは単なる「人の集まり」に過ぎず、期待される成果の実現も困難になる。

なお、堀らは上記の基本的枠組みに関連する要素として以下の五つをあげている。それは、

図表6−1　基本的枠組みの5つの要素

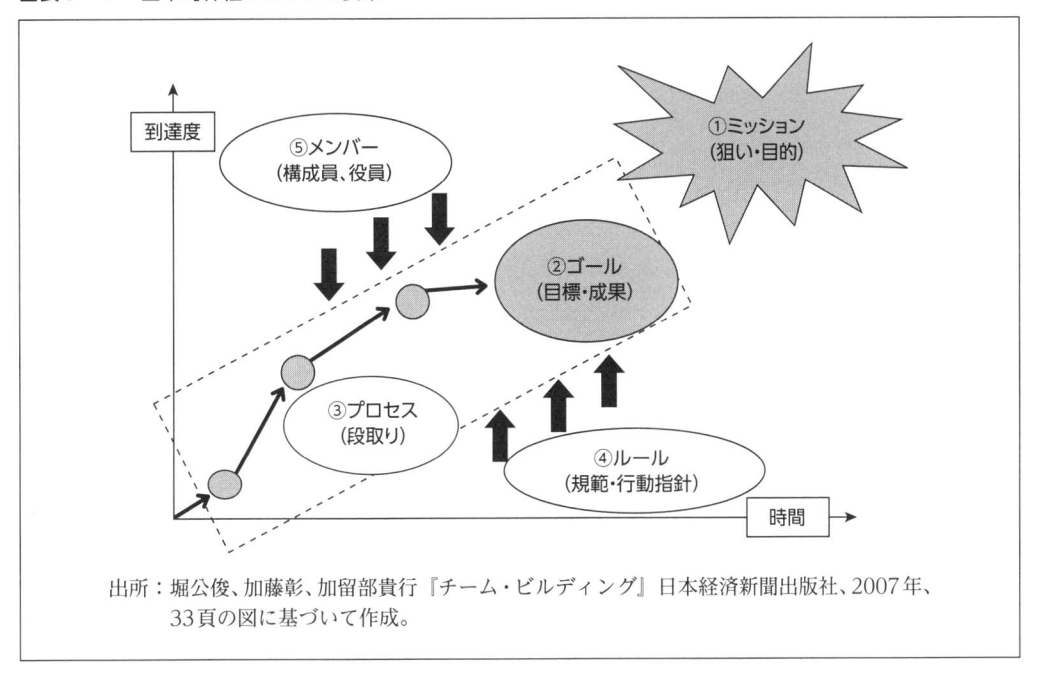

到達度

⑤メンバー
（構成員、役員）

①ミッション
（狙い・目的）

②ゴール
（目標・成果）

③プロセス
（段取り）

④ルール
（規範・行動指針）

時間

出所：堀公俊、加藤彰、加留部貴行『チーム・ビルディング』日本経済新聞出版社、2007年、33頁の図に基づいて作成。

① 「ミッション」（チームがめざす狙い・目的）。

② 「ゴール」（ミッションを達成するための具体的な目標・成果）。

③ 「プロセス」（ゴールに到達するための手順や道筋）。

④ 「ルール」（チームメンバーをまとめるための規範・行動指針）。

⑤ 「メンバー」（構成員、役割分担）。

　それぞれの関係を図示したものが図表6−1である。

　基本的に介護現場におけるチーム作りは、利用者の生活課題（ニーズ）に対応する形で行われる。その際、施設や居宅などの場面・状況によってチーム作りのプロセスは異なるが、多職種が関わる際には社会福祉士（相談員）やケアマネジャーが連絡・調整を担うことが多い。いずれにしても、チームの一員として加わった際には、自分が加わっているチームがどのような目的・目標を設定しているのか、自分自身や他職種がどのような役割を担っているのか、どのようなルール・プロセスで支援を展開してゆくのかを理解しておくことが求められる。

## 5　コミュニケーションと報告・連絡・相談

多職種連携／チームケアを具体的に進　　めていく上で基本となるのは、メンバー

間のコミュニケーションである。意識的・計画的なコミュニケーションを通じて、メンバー間の関係性を構築し、信頼関係を高めてゆくことが求められる。

普段、他者と接する時と同様、コミュニケーションを図る際には相手のメッセージを理解しようとする姿勢が求められる。また「伝えたか」ではなく「伝わったか」が重要であるため、自分のメッセージが適切に伝わったのかどうかを確認する必要がある。特に多職種が関わる際には、依拠する知識や用いている専門用語も異なることが多いため、注意が必要である。自分のメッセージが相手に伝わっていない時には、より相手が理解しやすい用語・説明を用いたり、話す速さを調整するなど、チームのメンバーそれぞれに合った伝達方法を考え、実践する必要がある。

なお介護現場でも、たびたび「ホウ・レン・ソウが重要」と言われる。「ホウ・レン・ソウ」とは「報告・連絡・相談」のそれぞれの頭の漢字をつなげた略語の

ことである。報告は、ある事柄について「知らせるべき相手」や「依頼者」に対して、途中経過や結果を知らせることである。連絡は、関係者に情報を知らせて共有することである。相談は、判断に迷う時や意見を聞いてもらいたい時に助言や指導をもらうことである。先述したように、介護の現場では一人の介護職員がすべての職務を行うことはできないため、状況に応じて報告・連絡・相談を行う力が求められる。

介護現場では日常的に介護記録や申し送りなどが行われているが、利用者の状況や変化を適切に伝えるため、誰が見ても理解できる記録を書くこと、誰が聞いても理解できる申し送りを行うことなども重要となる。また多職種連携において、特に介護職は他の専門職よりも、利用者の日々の変化にいち早く気づくことができる立場にある。介護職の細やかな観察を通じた気づきが報告・共有されることで、利用者のよりよい個別ケアをチーム全体で行うことが可能となる。

## 6 会議の場と運営

支援に関わる関係者が定期的に顔を合わせて情報交換し、課題や解決方法を議論する場として各種の会議がある。会議も多職種連携／チームケアを実際に推進していくプロセスに不可欠な要素である。介護現場における主な会議として「ケアカンファレンス」「サービス担当者

会議」があげられる。

ケアカンファレンスは、個別の利用者の援助過程において、その援助にかかわる担当者などが参加し、より適切な援助を行うために協議するものである。たとえば、介護職は利用者にとって最も身近な存在であり、利用者の普段とは違う状

況をいち早く気づくことができる一方で、看護師は医学的な知見から利用者の状態をとらえることができる。介護職が利用者の食事量が減少していることに気づき、看護師は食事量減少の原因に関わる疾病の可能性、そうした状況が継続することの危険性等について意見を述べることができる。そうした情報をケアカンファレンスの場で伝え合い、検討することで、支援内容の改善・向上につなげてゆくことができる。

サービス担当者会議は、介護支援専門員が居宅サービス事業者の担当者を招集して開催する会議のことである。サービス担当者会議には、利用者本人やその家族の参加が可能であるため、利用者・家族の望む生活や意向を共有しつつ、居宅サービス計画の原案について、参加の担当者がそれぞれの専門的な見地から意見を出しあってゆく。そして、担当者や利用者およびその家族等との間で支援の方針や目標等を検討し、「どのようなサービスを」「誰が」「何ために」「どの程度」「いつまで行うのか」を明確にしてゆくのである。なお、会議の場に参加していない者に対しても、その内容を伝え、目的やプロセスの共有を図る必要がある。

上述したような会議の場では、自分のメッセージを的確かつ効果的に相手へ伝えるプレゼンテーション力、意見交換や意思決定を円滑に行うためのファシリテーション力、関係者間や関係機関との間で交渉を行うためのネゴシエーション力などが求められる。また、会議の場に限らないが、関係者が集う場は同職種間でのスーパービジョンや多職種間でのコンサルテーションの機会にもなる。そうした機会を通じてメンバーが互いに学びあい、育ちあうことで、多職種連携／チームケアがより一層豊かなものになってゆくのである。

（白井三千代・北垣智基）

# 2 介護に関する指導技術・管理者の役割・リスクマネジメント

## 1 介護に関する指導技術

社会福祉士および介護福祉士法において、介護福祉士は「第42条第1項の登

録を受け、介護福祉士の名称を用いて、専門的知識及び技術を持って、身体上又は精神上の障害があることにより日常生活を営むのに支障がある者につき心身の状況に応じた介護を行い、並びにその者及びその介護者に対して介護に関する指導を行うことを業とする者をいう」とされている。つまり、介護福祉士の業務は自ら介護を行うだけでなく、介護に関する指導も含めた形で規定されている。そしてまた「その者及びその介護者」とは、要介護者本人や家族介護者のみならず、同じ職種である介護職員や関連職者も含むものであり、介護福祉士はこれらのさまざまな立場の人々に対して介護指導を行うこととされている。

まずは利用者やその家族に対して、自らの専門性を生かした介護指導をどのように行うかという点について考えてみたい。介護福祉サービスの供給方式が措置から契約へ移行し、利用者や家族の介護福祉サービス利用に対する権利意識は高まってきている。介護福祉サービスの利用に際しては、自立支援をめざしつつ、本人が望む生活の実現に向けた介護プランを提案し、望む生活（介護目標）に向けた複数のケア方法を提示する力量が求められる。

家族介護者に対して介護に必要な基礎知識を記載したパンフレットを活用して、情緒教育的支援を介護サービス開始時に行うことは、家族介護者の感情表出を促進させ介護負担感の軽減につながる（望月ほか 2005:31）。家族介護者に対して、平易な文章で介護技術に関するパンフレットを活用して教育的支援を行う

ことや、家族介護者に対して自尊心や自己効力感を高めるような心理的支援を行うことで、介護負担の軽減を図ることもできる（望月 2005:21）。

しかしながら、介護現場では限られた職員数で、多くの利用者の支援を行っていかなければならない実態がある。そのため、利用者が望む生活の実現に向けた支援についても可能な部分と不可能な部分があることを、事前にしっかりと伝えておくことが必要である。援助者として、利用者家族はケアパートナーであり、家族に担っていただく場面や、利用者が望む生活の実現に向けた支援の中にも、一定のリスクが存在することを説明しておかなくてはならない。サービス利用開始時やケア内容の変更時には、丁寧に説明し理解を得ることが後のトラブル防止に有効である。

また、家族からの理解や協力を得るためには、普段からの関係形成が重要である。そのためにも職員のレベルや生活支援技術力、コミュニケーションスキルにも不均衡が生じないように教育していく必要がある。家族から誤解を受けたり、クレームにつながる場合は、より早く誤解を解くことが求められる。

次いで、介護職員に対する指導内容について述べる。

基本となるのは、自立支援に向け、どうすれば利用者の自立生活が維持できるかを考えることである。そして、利用者の全体像や生活歴、日ごとの体調を見ながら正確に介護記録に残す必要がある。利用者に対して、自分の家族だったらどのようにサポートをして欲しいのか、と

いう観点から関わることや、普段の生活状況から利用者の変化に気づくことも必要である。

　他方で、利用者自身の気持ちやモチベーションに配慮して、日々の業務を実践することは難しいため、どうしても決められた対応（マニュアル）につながってしまう場面が多い面もある。生活のなかで利用者の意欲を上手く引き出しながら対応する方法をトレーニングする必要もある。利用者自身や家族の要望も多様化しており、より個別対応が望まれているなか、どこまで要望に応えていけるかが今後の課題である。

　加えて、介護職員は生活支援技術だけではなく、社会人としてのマナーや対応方法も身につけておく必要がある。介護職員は対人援助職であり、年齢に関係なく利用者に対して敬意を払う言葉づかいや挨拶など、基本的な社会マナーが求められる。介護管理者が指導を行う際には、職員との信頼関係が築けていない場合や、管理者自身がそのことを充分に理解できていないと、思うように指導できない。介護職員に対する介護指導の仕方には介護管理者それぞれの個性があるが、介護職員の理解が得られない場合は、何が課題なのか、どのように対応すべきかなど、介護職員の力量に応じてきめ細かく声かけをしていかなければ、指示の出しっ放しと受け止められることもあるため、注意が必要である。

## 2　介護管理者の役割

　事業開始年数によって、介護管理者の役割は変化する。開設直後は、管理者になる職員が若く経験が少ないこともある。そのため、管理者自身がキャリアを重ねながら自分より年上の介護職員に対して指導しなければならない状況が生じることも多い。どのようにして説明して納得を得るのか、運営法人の考え方を周知させるのは容易ではない。管理者自身も法人の方針や考え方・役割などを充分に理解していないことがある。

　また介護管理者は、立場上、介護職員と法人の役員や理事会等の両者から挟まれ、精神的な負担が大きい。介護職員の中にはさまざまな背景をもつ人がおり、スムーズに業務内容を習得してゆく人ばかりではない。教育や指導のために時間をかけても、離職につながる場合がある。介護管理者の成長が介護職員の成長につながる。

　介護職員として働き始めて1年目の職員の意見として、次のようなものがある。

①指導内容の伝え方にはさまざまな工夫が必要であるが、人によって異なる表現をしてしまうと、聞く側に誤解を与えることがある。

②観察事項や介護状況表等に関する業務

記録は、具体的に記録方法を指導して欲しい。変化が緩やかな利用者の場合は特に書きづらいが、他業種からの転職者にとっては具体性がなければ理解できないこともある。

③疑問が生じても先輩職員が常に忙しく働いているので聞きづらい。

④実際の介護業務についてみると、頭で理解していることと現実の業務にギャップがあって、抵抗感や業務への不安を感じた。

⑤認知症への対応が難しかった。

以上のような意見は比較的多くみられる。他方で、働き始めて2年が経過した介護職員に新人職員への要望を尋ねると、社会人としての振る舞いやマナーを身につけて欲しい、との意見がある。また、今後何をしていきたいかを尋ねると、介護保険の仕組みや介護に関する研修の仕方・教育方法を知りたい、などの意見が聞かれた。

筆者も介護管理者として、採用した人材をどのように育成していくのか常に試行錯誤している。近年、介護現場で従事する人々は、専門的に介護について学習してきた介護職員ばかりではなく、他業界からの中途採用職員も多い。また、キャリアのあるベテラン職員であっても、介護施設・事業所で標準化された介護技術ではなく、自己流になっている場合がある。筆者自身は、管理者として次の6点を大切にしている。

第一に、基本的なマナーや気遣いをレディネスとして身につけることである。挨拶や「ありがとう」の言葉があるだけで、職場の雰囲気は良くなり連携しやすくなる。

第二に、人にはそれぞれの価値観や考え方があることを旨とし、相手の理解度を確認しながらキャリア形成を見守る。

第三に、それぞれの役割分担を明確化し情報交換を密に行う。

第四に、介護はチームによって提供されるものであり、チームの一員としての自覚とチームとしての組織力が発揮できるようなモチベーションを喚起する。

第五に、チームが向かうべき方向について互いに評価検討し、タイムリーに適正な修正をかける。

第六に、職員の心身の健康状態に気を配り迅速に必要な対応をとる。

介護管理者は、個々の介護職員のキャリアや介護に関する知識・技術・コミュニケーションスキルの力量を正確に把握し、個々の職員の課題を明確化した上で、介護に関する指導をどこまで任せるのか、定期的に評価することが必要である。介護福祉の現場では、一般企業の営業マンのように業績や成果に対する客観的な評価をすることが難しい。提供された介護サービスの「質」の評価が必要になる。

サービスの受け手によっては、評価の基準は異なるため、総合的に人事考課を行う必要がある。職責に対する貢献度、職責を発揮するための専門知識や技術、それらの習得に向けて常に研鑽しているか、仕事への満足度はどうかなど、さまざまな評価尺度が求められる。マイナス査定のための職員との面談ではなく、仕事への意欲が湧くような人事考課につなげたい。「福祉は人なり」と言うが、互

いの小さな気づきの積み重ねで、この仕事は成り立っていることを重視し、人財育成に邁進してゆきたい。

## 3 介護現場のリスクマネジメント

　QOLの高い自立生活を支援していく上で、安全面に配慮したケア方法を選定しても介護事故のリスクはゼロにはならない。移動能力や判断能力が低下した人の転倒・転落事故や、嚥下機能が低下した人の誤嚥、誤薬（薬の投与方法や投与対象者の間違い）などは、介護現場で比較的多い介護事故である。介護管理者は、事故のリスクは低減できてもゼロにはならないことを、よく理解しておく必要がある。

　また、事故が発生していなくても、利用者やその家族が介護方法や内容について、不安や不満に感じていることがあれば、そのつど迅速に対応しなければならない。事故防止のためにできる限りの体制整備に努めることは大前提であり、介護施設・事業所には、利用者が安全で安心できる生活を提供する義務がある。

　事故が発生した場合は、介護保険者である市区町村に報告しなければならない。報告された事故は市区町村や都道府県が集計分析し、その結果や対策・改善策などをホームページなどの媒体で発信している。事故が発生した場合を想定して、緊急時の対応手順を定めておくと、迅速かつ適切な初期対応を行うことができる。介護事故は介護職員が交代する時間帯や早朝・深夜など、介護職員が手薄になる時間帯に多く発生している。わかりやすいマニュアルやフロー図を作成し、平常時からすべての職員に周知を図っておく必要がある。

　事故発生時の対応手順は、それぞれの職場におけるケア体制等に合わせて作成することが求められる。「いつ」「どのような場面で」「誰が」「どのように」「何を」するべきか、その際の判断や確認のポイントは何か等をわかりやすく示しておくことが有効である。介護事故発生時には、利用者本人の救命と安全の確保が最優先となる。状況によっては医療機関への連絡や搬入が必要になる場合もある。

　初動対応後は、できるだけ早い段階で事故発生前後の事実関係を、当事者の家族にも正確かつ誠実に説明しなければならない。普段から利用者の状態をよく観察・把握し、業務記録を正確に作成する表現力が介護職員の身についていれば、利用者の変化にいち早く気づくことができる。事故対応後の事実関係の説明に際しても、正確な情報開示が可能になる。

　介護事故には至らなくても、一つ間違えば介護事故に発展していたと思われるようなアクシデントについては、ヒヤリハット報告（ヒヤリとした・ハッとした

場面を関係者で報告・共有すること）を通じて、事故発生防止につなげている介護施設や事業所が多い。しかし、ヒヤリハット報告だけに留めず、なぜそのような事態が生じたのか原因の究明を多角的にアセスメントすることが大切である。注意不足や人手不足のみを原因としていては、有効な対応策や改善策の提示につながらない。介護職員には、事故発生を予測させるリスクの抽出についての注意義務や、事故発生を防止する回避義務がある。

リスクマネジメントとは、リスクをゼロにすることはできないが、介護事故の発生を可能な限り低減させ、万一介護事故が発生した場合には被害を拡大させないための対応策を、迅速かつ正確に実施できるようにするためのものである。

普段から個々のスタッフの介護に関する知識や技術を深化させるための教育や研修が欠かせない。また、介護事故発生後に利用者へ充分な賠償責任が負えるよう、損害賠償責任保険に加入することも求められている。

（久保富夫・松田美智子）

# 3 地域で中・重度者を支える

## 1 地域包括ケア

2025年に団塊の世代が後期高齢期にさしかかり、本格的に医療・介護が必要となることを見越して、地域包括ケアシステムの推進と強化が進められてきている。なかでも、2006年に地域密着型サービスとして介護保険サービスに誕生した小規模多機能型居宅介護と、2012年に始まった定期巡回・随時対応型訪問介護看護は、要介護状態が重くなっても地域で暮らし続けていくことを実現するための仕組みとして、今後の普及が期待されている。本節では、これら二つのサービスを含むケアマネジメントの視点を見ていくことを通して、地域ケアシステムがめざす地域生活のあり方について考察することとしたい。

まず、地域包括ケアシステムが推進される背景について簡単にふれておこう。

日本においては、2025年まで高齢者人口が急増することに加え、2020年前後には75歳以上の後期高齢者が前期高齢者を上回るなど、今後さらに人口構成が大きく変化していくことが予測されている。後期高齢者は前期高齢者と比べ、

図表6−2　年齢階級別の要介護認定率と認知症有病率

|  | 要介護認定率 | 認知症有病率 |
| --- | --- | --- |
| 65〜69歳 | 2.90% | 2.90% |
| 75〜79歳 | 13.70% | 13.60% |
| 85〜89歳 | 50.90% | 41.40% |

出所：総務省人口推計、介護給付費実態調査（27年10月審査分）厚生労働科学研究費補助金「都市部における認知症有病率と認知症の生活機能障害への対応」より厚生労働省老健局が作成したものを参照

要介護認定率・認知症有病率ともに明確な増加が確認されている（図表6−2）。

認知症を患うことに起因して、介護と医療が必要となる可能性は高まっており、ケアマネジメントのあり方も変化してゆくのは当然である。

また図表6−3に示されているように、世帯構成についてみれば、単身高齢者世帯と高齢者のみの世帯の割合が増え続けることが推計されており、子ども世帯と同居し、家族介護力を当てに在宅での暮らしを継続する、というイメージは過去のものとなる。いわゆる「老老介護」の状態であっても各専門職が役割を果た

図表6−3　65歳以上の一人暮らし高齢者の動向

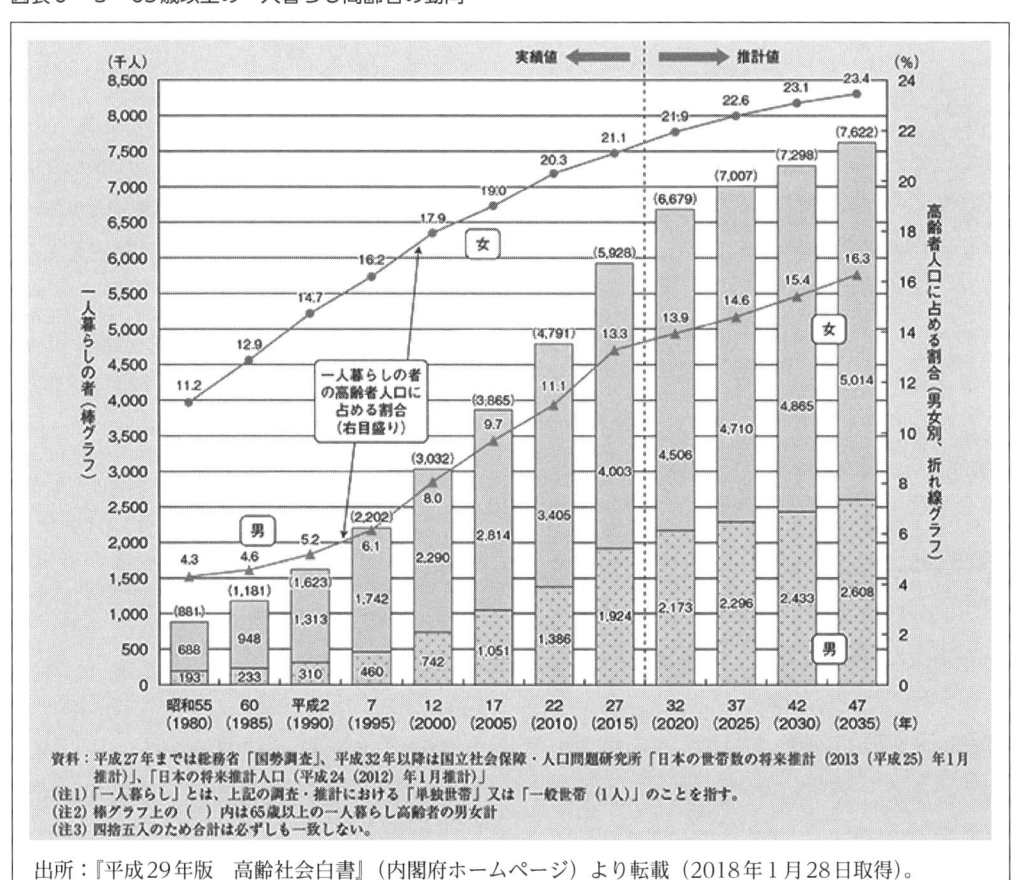

出所：『平成29年版　高齢社会白書』（内閣府ホームページ）より転載（2018年1月28日取得）。

6
介護福祉のチームケアとケアマネジメント

し、地域生活を支えうるケアマネジメントが必要となってきている。

そのほか、介護を要する状態になった時に過ごしたい場所に関する調査結果が数多く示されているが、そこでは「住み慣れた自宅」と答える高齢者や国民が、多数派であることが明らかになっている。この点は、施設入所が必ずしも最良の選択肢ではないことを示唆しているといえる。地域包括ケアシステムには、さらに多様化してゆくニーズに応える選択肢を提供する役割が期待されている。

## 2　小規模多機能型居宅介護とは

　小規模多機能型居宅介護は、2006年の介護保険制度改正において、地域密着型サービス（市町村や日常生活圏域を重視して整備されるもの）として登場した。そこでは「通い」「泊まり」「訪問」の多機能を組み合わせ、一体的にサービス提供が行われる。365日24時間途切れないサービスであることと、サービスが必要になった時に随時のケアプランの変更とサービス提供を行えることが大きな特徴といえる。

　また、必要なサービスが必要な量だけ提供されるよう、ケアマネジメントの機能も内包している。それまで「通所介護」「短期入所」「訪問介護」の三つの事業所がそれぞれにサービス提供を行う場合と比べ、サービスの組み合わせ方が利用者の個別のニーズに応じたものとなり、状況の変化に応じてプランを変更しやすくなっていることも特徴といえる。事業所としては一つのケアチームでサービス提供を行うことで利用者や家族の希望や不安を把握しやすくなる「なじみの関係」が形成されることも期待されている。

　これまでの介護報酬改定で機能強化が図られてきたが、2018年時点での運営基準や制度上の特徴については、次のとおりである[1]。

①登録定員29人、通い18人、泊まり9人を上限とし、小規模で家庭的なサービスを提供している。

②介護報酬、利用者負担は要介護度別の定額制を採用しており、利用限度額を超えることによる全額負担などの心配がない。

③小規模多機能型居宅介護の機能と重複する「通所介護」「短期入所」「訪問介護」「居宅介護支援」は利用できない仕組みとなっている。

④「通い」を中心として訪問と泊まりを組み合わせるとされているが、訪問の提供能力を高めるための報酬上の加算も取り入れられてきた。

⑤事業所の運営推進会議を地域住民・利用者家族・関係機関等と共に定期的に開くことで、適切にサービス提供が行われるようになっている（地域密着型サービスに共通）。

⑥看護小規模多機能型居宅介護（2012年には複合型サービス）など多機能性に「訪問看護」を加えたものもあり、重度化への対応能力を強化するものもある。

## 3 小規模多機能型訪問介護に関するケアマネジメントの視点

ケアマネジメントに関していえば、介護支援専門員が小規模多機能型居宅介護事業所に配置されており、認知症ケアの専門研修等の養成研修を受けることとなっている。日々のサービス提供とケアプランが一体的に提供されることから、即応性が備わっている点も特徴である。

「通い」については提供回数や時間数を状況によって調整することが可能になった。そのため、いつも朝食が十分にとれていない利用者を早め（例えば8時）に迎えに行き、朝食の提供からプランを作成することが可能になったり、利用者の都合に合わせて昼食から夕食までを提供したのち、仕事帰りの家族が迎えにくる、ということが可能になったりする。

「泊まり」についても利用者の不安感や体の不調に臨機応変に対応することができる。家族介護者の急な出張や繁忙に応じた利用が可能となった。

「訪問」については、従来の訪問介護のような制度運用上のルール——報酬算定上30分が最低単位となっていたり、サービスのインターバルを2時間以上空けなければ報酬算定できない等——にとらわれることなく、必要な内容と量を提供することが可能である。

「通い」の様子によっては、帰宅後、再び安否確認のために訪問することも可能になった。

地域で暮らすためには、狭い意味での介護・医療の充実以外の要素も重要になってくる。衣食住に関わる日常生活を支える環境は、家族（同居別居にかかわらず）や近隣の地域や知人、サービス事業者が協力することで、より良いものとなる。小規模多機能型居宅介護を含むケアマネジメントにおいては、利用者が有する社会関係を有効な資源として積極的に活用し、サービスの柔軟性を発揮してゆくことがめざされる。

## 4 定期巡回・随時対応型訪問介護看護とは

定期巡回・随時対応型訪問介護看護は、2012年の介護保険制度改正で制度化された。提供方法としては、一日数回の訪問を組み合わせた定期巡回訪問と、ケアコール（在宅ナースコール）による訪問要請に応じて、臨機応変に訪問を提供する随時訪問を行う。「訪問介護」と「訪問看護」が一つの事業所によって一体的に提供されるサービスである。365日24時間の切れ目のない、随時のサービス提供体制を整備することがめざされている点は、小規模多機能型居宅介護と共通している。

2006年には地域密着型サービスとして夜間対応型訪問介護が開始され、サービスが手薄な夜間帯（18時～翌朝8時）を補い、定期訪問と随時の要請に応える訪問の仕組みができた。しかしながら、365日24時間の連続性の確保や、昼間を担当する事業者との連携には課題があり、一部の地域を除いては普及が進んでいない実態もある。

定期巡回・随時対応型訪問介護看護の2018年時点での運営基準や制度上の特徴は、次のとおりである[2]。

①介護報酬、利用者負担は要介護度別の定額制を採用しており、利用限度額を超えることによる全額負担などの心配がない。

②ケアプランは居宅支援事業所の介護支援専門員が作成することとなるが、随時の訪問や日々のサービスの内容を柔軟に変更するため、計画作成責任者を配置する。

③訪問介護の機能と重複するため他の事業所を併用できないが、事業所間の契約によって委託できることとなっている。

④訪問看護機能については事業所内に内包する形態と外部の訪問看護事業所に委託する形態がある。

⑤短期入所を利用している期間や、昼間帯に通所介護を利用している場合は、訪問する必要がないため介護報酬も利用料も減額される。

⑥事業所の介護・医療連携推進会議を地域住民・医療関係者を含めた関係機関等と定期的に開くことで、適切にサービス提供が行われるようになっている。

## 5 定期巡回・随時対応型訪問介護看護に関するケアマネジメントの視点

利用者の特徴として、単身世帯と高齢者のみ世帯の合計が8割以上となってい

ること、訪問介護と医療の連携を重視したサービスとなっていることから、2025年の地域包括ケアシステム推進の中核サービスの一つに位置づけられている。必要な時に適切なサービスが受けられるよう、介護支援専門員との連携をとりながら柔軟に事業所がサービス内容を変更できる。

一日数回程度の訪問サービスが必要な場合、通常の訪問介護事業所ではマンパワーの確保や採算性の問題もあり、対応が困難な場合が多い。「排泄介助」「水分補給」「食事介助」「体位変換」などの身体介護がこれに当たる。随時の訪問については、室内での転倒など不測の事態や急な体調変化等に対応することが求められている。

## 6 今後の課題

今後は、認知症のある人や高齢者のみの世帯が増加してゆくことを踏まえつつ、地域包括ケアシステムを機能させる必要がある。しかし、先述したように「できる限り住み慣れた自宅で暮らしたい」という希望が多くあるにもかかわらず、特別養護老人ホーム（特養）への入所待機者が多い現実がある。その理由として、以下の3点があげられる。

第一に、特養には隙間のないサービス提供体制があり、状況変化にも対応したサービスが期待できること。

第二に、ユニットケアに代表されるように10人程度の小単位をケア単位として、利用者と介護職員の距離を縮め、希望や困りごとが伝えやすい状況を作っていること。

第三に、介護・医療・栄養管理・リハビリなど、多職種でチームケアが行われていること。

こうした環境を在宅サービスのなかで作り上げることこそが、今後の主要課題にほかならない。

（三代　修）

# 4 社会福祉法人経営（運営）

## 1 社会福祉法人経営（運営）をめぐる状況

　第二次世界大戦以後、日本の社会福祉事業を中心的に担ってきた社会福祉法人は、現在「準市場」[3]と称される制度環境のもと、多様な事業主体と「競争」しつつ、サービスの質向上や人材確保、さらには公益組織としての役割を追求してゆくことが求められる状況にある（浦野編 2016：はじめに）。以下、本節では社会福祉事業における「経営」および「運営」概念を踏まえた上で、上述した諸課題への対応が社会福祉法人に求められるようになった歴史的経過とともに、今後の課題を取り上げる。

## 2 社会福祉事業における「経営」「運営」概念

　まず社会福祉事業の「経営」ならびに「運営」概念を確認しておこう。

　小林理によれば、社会福祉事業の「経営」とは「当該事業体の社会福祉事業の進路を決め、その実践活動を可能にする方針と運営をすすめる機能」であり、「運営」とは「経営方針に基づき、これを具体化するための包括的な実践機能の総体（すなわち機構や組織と実践の過程等）」（宇山ほか 2011：75－76）である。社会福祉事業を行う組織には、基本的に事業を行う目的ないし使命（ミッション）が掲げられている。経営とは、そうした使命を実現するために財源や物的資源、人的資源の使い方を考え、その方針を決定していくことを指すといえる。その上で運営とは、決定された方針を実現するために、各種業務を管理・実施してゆくことだととらえることができよう。

　しかし、主に措置（委託）制度に基づいて社会福祉事業が行われていた時代には、財源の使途はほとんど政府によって決められていた。こうした事情から「わが国の社会福祉事業には経営がない」（千葉 2006：11）といわれる状態にあった。この点が次第に問題視され、1990年代の介護保険制度の創設と社会福祉基礎構造改革を経て、社会福祉施設の経営（運

営）環境は大きく変化することとなった。

## 3 措置委託制度・社会福祉法人制度に基づく社会福祉事業運営

　第二次世界大戦の終結に伴い、日本では連合国軍総司令部（以下GHQ）による占領政策のもとで、戦後の改革が展開されることとなった。当時は戦争によって生み出された多数の窮民、戦災孤児、傷痍軍人などの救済が早急に必要とされる状況にあり、戦後の社会保障・社会福祉は、これらの問題に対応するところから整備されていった。

　公的扶助の原則を示したSCAPIN775（1946年）において、GHQは日本政府に対して救済福祉計画の財政・実施責任を確立させ、それを私的または準政府機関に委ねることを禁止した。また同年10月の「政府の私設社会事業団体に対する補助に関する件」の規定や、同年11月に公布された日本国憲法第89条でも「公私分離」の原則が示されたことにより、民間の社会福祉事業体（以下、民間事業体）への国庫補助は原則的に禁止されることとなった。これは、社会福祉にかかわる公的責任を民間の事業体に転嫁させないためでもあった。とはいえ、①戦後直後には大量の福祉需要があるのに対し公的な救済実施体制が不足していたこと、②民間施設が経営基盤として依存していた寄付が集まらなくなったこと、③公的救済予算が急増したことを背景に、多くの民間施設が生活保護法・児童福祉法等に基づく措置施設として位置づけられていった（北場　2000：39）。

　上記の事情を受けつつ、1951年に制定された「社会福祉事業法」では民間事業体の自主性を尊重し、公共性を高めることを目的に、社会福祉事業を担う新たな主体として「社会福祉法人」制度が創設された。民間事業体は社会福祉法人としての認可を受けることで、措置委託制度に基づき、公的な事業を政府に代わって実施することで措置委託費を受け取り、事業運営を行うことができるようになった（2－1、26頁の図表2－3を参照）。

　措置委託制度に基づく社会福祉供給は、民間事業体の経営の安定化と、全国的な最低基準に基づく扶助の実施＝ナショナル・ミニマム保障につながる一方で、「公の支配」という論理によって民間事業体に対して、さまざまな管理・統制作用を及ぼす機能を有していた（成瀬ほか　1989）。措置委託費は事務費・事業費等の区分に基づいて使途制限が加えられており、当初は費目間の流用も認められていなかった。民間の事業体は「行政処分」として措置されてくる対象者の数に応じて措置委託費を申請し、受け取った委託費を行政の基準に基づいて執行していくこととなった。このことか

ら、措置委託制度のもとでは、いかに適切に「運営」を行うかが民間事業者の課題とされていた。

## 4　措置委託制度批判と社会福祉改革による「運営」から「経営」へのシフト

　措置委託制度のもとでは、政府による管理・統制が社会福祉法人に対して強力に行われていたことから、民間事業体としての自立性・独自性が弱体化することが問題視された。また、特に1980年代以降、措置委託制度の問題点が指摘されていった。

　小室豊允は措置委託制度の問題点として、以下の3点を指摘した（小室　1984：42-43）。

①行政行為であるため利用者が措置される施設を選択することができない問題。

②その結果、施設間に良質の福祉サービスをめざす競争が存在せず、経営努力が生まれないため職員のサービスが低位のまま置かれること。

③入所措置は行政行為＝公的責任として行われるため利用者が福祉サービスを購入するという考え方は生まれにくく本格的な負担・費用徴収が行われにくいこと。

　また、2-1、28頁〜でふれているように、オイルショックに伴う経済・財政サイドからの福祉見直し論、他方では社会福祉サイドからの見直し論が展開され、それぞれが合流するなかで1990年代の社会福祉改革へとつながっていった。

　とりわけ、介護保険制度の創設ならびに社会福祉基礎構造改革が、社会福祉事業の経営環境に大きな変化をもたらした。この時にみられた法制度上の変化として、以下の点があげられる（北垣　2017：119）。

①措置委託制度のもとで一定の規制が加えられていた措置委託費の使途については、介護保険制度への移行に伴い原則的に制限がなくなった。すなわち「財源の使途の自由化」といえる変化である。

②介護保険制度下では、サービス利用者の要介護度区分や提供したサービス種別ならびに当該月間における実績（量）に応じて介護報酬の総額が算定されるようになった。いわゆる「出来高払い制」への移行である。

③それまでの社会福祉法人経理規定準則に代わるものとして、新たに損益概念を導入した「社会福祉法人会計基準」が新設され、会計上、利益が明確に表されるようになった。

④居宅サービスに民間企業などの参入が認められるようになり、「供給主体の多元化」が一部具体化され、特に在宅福祉サービスの領域で競争を促進する

基盤整備が行われた。

　以上の改革によって国民は「自由選択」に基づいてサービス提供事業者を選択できるようになった。それに伴い、社会福祉法人はNPO法人や民間企業などとの「競争」が求められる経営環境のもと、いかに多くの人々に「選ばれる」サービスを提供しつつ、財源を獲得し、自らの使命を果たすかが課題となった。以上のような経過で社会福祉法人において「経営」が重視されるようになったのである。

## 5 社会福祉法人制度をめぐる改革の動向と社会福祉法人経営（運営）の課題

　2000年以降の社会福祉法人制度の見直し・改革に関わる動向としては、中央社会福祉審議会福祉部会による「社会福祉法人制度の見直しについて」意見書の発表（2004年12月）、厚生労働省社会援護局長の私的研究会として設置された「社会福祉法人経営研究会」による報告書『新たな時代における福祉経営の確立』の発表（2006年8月）、厚生労働省「社会福祉法人制度のあり方について」報告書（2014年7月）、「社会福祉法人制度改革（社会福祉法改正）」（2016年）などがある。2016年の社会福祉法人改革の内容は多岐にわたるが、主には、

①経営組織のガバナンスの強化
②事業運営の透明性の向上
③財務規律の強化
④地域における公益的な取組を実施する責務
⑤行政の関与のあり方
⑥社会福祉施設職員等退職手当共済制度の見直し

について検討がなされた（詳細については全国社会福祉法人経営者協議会編2016を参照）。

　2000年以降、社会福祉法人に対する行政の直接的な管理・統制作用は弱まったように見える。そのもとで、社会福祉法人には非営利性・先駆性を発揮しつつ、民間事業体としての「主体性・自律性」を追求してゆくことが求められている。しかし、引き続き公的給付としての介護報酬がコントロールされていること、すなわち間接的な管理・統制作用が働いていることには注意が必要である。

　1990年代を中心に、競争的な経営環境における「生き残り」を図るため、社会福祉法人経営に関わる人々にも人事・労務管理の見直し（具体的には人件費の抑制）が必要視され、社会福祉基礎構造改革を受けて実際に具体化されていった。そして人件費の抑制が行われた結果、特別養護老人ホームに「黒字」が生じたとの理由に基づいて介護報酬のマイナス改定が行われた。しかし、人件費の抑制は賃金水準や人員体制に影響を与え、結果的に介護労働者の確保を困難にすることにもつながっている（北垣

2017)。現在、この点は見直されつつあるようにも見えるが、今後も介護労働者の確保が必要視されるなかで、引き続き待遇改善は検討されなければならない。

　また、他の福祉サービス供給主体との競争が求められている社会福祉法人であるが、民間営利企業にはない税制上の優遇措置がとられている。この点が不公平であると指摘され、財界を中心にイコールフッティング（競争条件や基盤を同一にすること）を求める動きが継続的にみられている。しかし、そうした優遇措置が取られている理由は、民間営利企業が収益を見込めない、あるいは採算がとれない等の理由で、サービス供給を実施しない可能性のある部分を担う役割が、社会福祉法人に求められているからである。さらに今後は、地域包括ケアを推進するための活動を模索してゆくことも求められている。この点も含めて、いかに民間社会福祉事業としてのあり方を示してゆくことができるかが、社会福祉法人には問われている。

（北垣智基）

**【注】**

1）指定地域密着型サービスの事業の人員、設備及び運営に関する基準［厚生労働省令第34号］を参照。

2）同上

3）「準市場」は、主に政府が担ってきた社会福祉サービス供給の仕組みを転換し、通常の市場メカニズムと同じくサービスの受給における利用者の「自由選択」や、供給主体の「自由競争」を保障する仕組みを導入しようとする「市場化」の流れのなかで登場した。しかし、実際には価格設定などの面で一定の公的規制が加えられているため、純粋な市場ではないことから「準市場」（Quasi-Markets）と呼ばれている。詳しくは佐橋（2006）などを参照。

**【引用・参考文献】**

・浦野正男編『社会福祉施設経営管理論』全国社会福祉協議会、2016年

・宇山勝義、小林理編著『社会福祉事業経営論──福祉事業の経営と管理』光生館、2011年

・介護福祉士養成講座編『新・介護福祉士養成講座⑤コミュニケーション技術（第3版）』中央法規出版、2016年

・北垣智基「社会福祉法人の人事・労務管理改革と介護労働者の給与・人材確保問題との関連性についての一考察」『立命館産業社会論集』第52巻第4号117-132、2017年

・北場勉『戦後社会保障の形成──戦後社会福祉基礎構造の成立をめぐって』中央法規出版、1999年

・小室豊允『社会福祉施設制度論研究』全国社会福祉協議会、1984年

・佐橋克彦『福祉サービスの準市場化──保育・介護・支援費制度の比較から』ミネルヴァ書房、2006年

・篠田道子編『チームの連携力を高めるカンファレンスの進め方』日本看護協会出版会、2015年

・全国社会福祉法人経営者協議会編『社会福祉法改正のポイント──これからの社会福祉法人経営のために』全国社会福祉協議会、2016年

・高山恵理子「チームアプローチの目的と意義」一般社団法人日本認知症ケア学会監修、岡田進一編

『介護関係者のためのチームアプローチ』ワールドプランニング、2008年

・千葉正展『福祉経営論』ヘルス・システム研究所、2006年

・内閣府『平成29年版　高齢社会白書』、2017年

・成瀬龍夫、武田宏、小沢修司、山本隆『福祉改革と福祉補助金』ミネルヴァ書房、1989年

・日本介護福祉士養成施設協会編『介護福祉士養成テキスト第3巻　コミュニケーション技術／生活
　支援技術Ⅰ・Ⅱ』法律文化社、2014年

・野中猛、野中ケアマネジメント研究会『多職種連携の技術─地域生活支援のための理論と実践』中
　央法規出版、2014年

・野中猛『図説　ケアチーム』中央法規出版、2007年

・堀公俊、加藤彰、加留部貴行『チーム・ビルディング』日本経済新聞出版社、2007年

・丸田富美子『絶妙な「報・連・相」の技術』アスカビジネス、2009年

・望月紀子、新田静江、清水祐子「通所サービス利用高齢者の家族介護者に対する情緒教育的支援の
　介護負担感にみられる効果」『Yamanashi Nursing Journal』Vol.3,No.2、27-32、2005年

・望月紀子「要介護高齢者の家族介護者に対する心理・教育的介入プログラムの効果」『老年看護学』
　Vol.10、No.1、17-23、2005年

・吉池毅志、栄セツコ「保健医療福祉領域における『連携』の基本的概念整理──精神保健福祉実践
　における『連携』に着目して」『桃山学院大学総合研究所紀要』34（3）、109-122、2009年

**6**

介護福祉のチームケア
とケアマネジメント

## 現職相談員から伝えたいこと

　その人らしく生きることは、その人らしく死んでいくこと。

　この当たり前の姿を叶えるために、筆者は「何ができるか」より「どんな存在になるか」を大切にしている。例えば親が子を愛し、子が親を想うという姿がもはや成立しない。そんな関係すらすでに崩壊した親子、さらには夫婦、兄弟姉妹は数多く存在する。あるいは、我々にあって当然と思っている「今」や「これから」を喪失している利用者や家族も確実に存在しており、この瞬間にも大切な人や物を順序なく失う辛酸や苦悶は計りしれない。

　相談援助者自身の人生観や価値観、それに死生観では理解できない関係、状況、環境などを目の当たりにした時に立ち尽くすこともあるだろう。このように相談援助業務は相手の辛いこと、苦しいこと、悲しいこと、それに深い傷や行き場のない怒りに触れる職業であり、我々が対峙する多くは傷を背負った人たちだ。その時に、介護サービスの調整だけに徹するのでは何ら解決には至らない。だからこそ我々は、その人を知る努力を積み重ねて傷を理解した上で、関わり続けられるように感覚を研ぎ澄まさなければならない。とは言うものの、最初の一歩を踏みだすのに相当の苦労と労力と衝突を要することは多い。

　筆者が気づいた体験を伝えたい。数年前にA市から転入してきた在宅利用者を担当したが、初回訪問日から利用者の長男夫婦は私に「今すぐハンバーガーを買って来い！」や「明日、子どもが受診するので診察券を出しに行け！」と極めて強い命令口調で要求して私は峻拒し続けたが、その際に長男が「B市は不親切だ！」の捨て台詞に違和感を覚え、A市の前任ケアマネへ確認したところ、「長男のあまりの怖さに屈して、何でも言いなりに従っていた」と苦しい胸中を吐露し号泣された。

　厳しいようだが、この涙には同情できない。家族は場所と環境を変えても、傍若無人かつ当然の権利のごとく要求する。ケアマネの職務について解釈相違も甚だしいが、家族にその認識がない。前任者は「怖いから従った」ではなく、相談援助者としての援助範囲を伝え理解を求めるべきである。それでも理解を得られなければ上司が、さらには事業所が家族に繰り返し説明を行い、理解を求める努力を続けていかねばならない。

　私たちが対応に苦慮する場合、それを「難ケース」と呼ぶ。しかし、相談援助者の能力不足で、本人や家族がいわゆる「モンスター化」することは「難ケース」とはいわない。「難ケース」は相談援助者自らが作り出す場合も多々あると認識した瞬間であった。

　一般的に他人が自分の生活に介入することはアブノーマルだ。本人や家族の生活は私たちが関与することで、もはやノーマルではない。そのノーマルでない生活の先には、どんな姿が待っているのか。デイに行くこと？　受け身で生活すること？　私らしさをあきらめること？　違うと思う。できることが増える。趣味や興味を続ける。家族と過ごす時間が増える……総じて、失くした自信を取り戻すことが本来あるべき姿、戻るべき姿だ。その人の生活習慣や趣味、興味が続く生活を、私たちが決定し押し付けるのではなく、本人自らが決めて深めていく。管理ではなく援助だからこそできる術であり、ここにやりがいや労いが生まれるのだと思う。

　冒頭でも伝えた言葉……その人らしく生きるのは、その人らしく死ぬこと。そのために「何ができるか」より「どんな存在になるか」を大切にしていると。それは離れていても余韻を残す。ぬくもりや存在感を残すということ。その人らしさとは自己決定の多さと積み重ねであり、この継続が自立支援につながっていく。

　私たちは「気づき」「発見」「振り返り」の専門職であり、本人の「傷」に気づき理解した相談援助者の想いは、必ず相手に響くと信じている。私たちに続く若き後進者が、一つひとつ地味な苦労を積み重ねる意味を理解し、尽力することに期待する。

西野　累

# 7

## 介護人材の
## 確保と育成、
## キャリア形成

# 1 介護福祉分野における労働実態

## 1 介護労働者数の推移

介護労働者数[1]の推移（図表7−1）を見ると、介護保険制度が施行された2000年は全体で54.9万人であったが、以後、2005年までは毎年約10万人のペースで増加してきた。2005年以降も毎年約5万人から10万人程度の幅で増

図表7−1　介護労働者数の推移

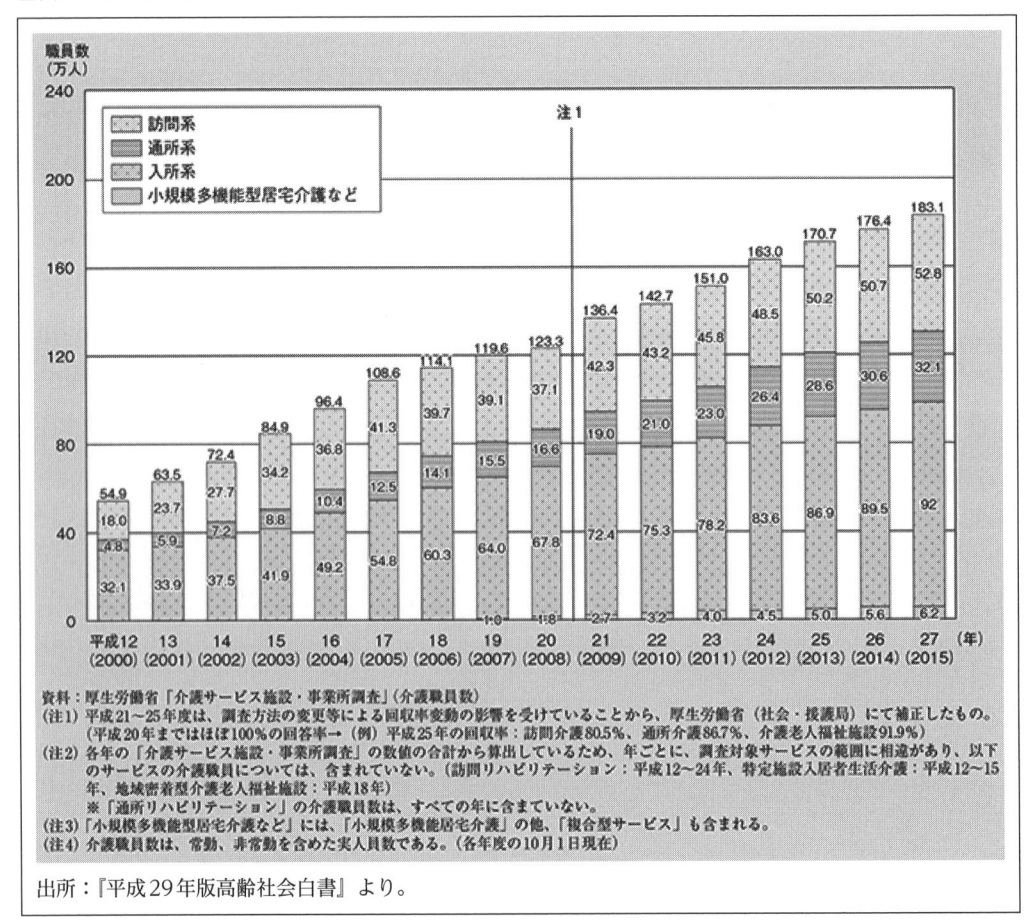

資料：厚生労働省「介護サービス施設・事業所調査」（介護職員数）
(注1) 平成21〜25年度は、調査方法の変更等による回収率変動の影響を受けていることから、厚生労働省（社会・援護局）にて補正したもの。
（平成20年まではほぼ100%の回答率→（例）平成25年の回収率：訪問介護80.5%、通所介護86.7%、介護老人福祉施設91.9%）
(注2) 各年の「介護サービス施設・事業所調査」の数値の合計から算出しているため、年ごとに、調査対象サービスの範囲に相違があり、以下のサービスの介護職員については、含まれていない。（訪問リハビリテーション：平成12〜24年、特定施設入居者生活介護：平成12〜15年、地域密着型介護老人福祉施設：平成18年）
※「通所リハビリテーション」の介護職員数は、すべての年に含まていない。
(注3)「小規模多機能型居宅介護など」には、「小規模多機能居宅介護」の他、「複合型サービス」も含まれる。
(注4) 介護職員数は、常勤、非常勤を含めた実人員数である。（各年度の10月1日現在）

出所：『平成29年版高齢社会白書』より。

加がみられ、平成27年には183.1万人と、2000年の時点と比較して3倍以上の労働者数となっている。その背景には、要介護高齢者の増加に伴い介護労働者の需要が高まっていることが影響している。

<br>

## 2　介護労働者の就業意識

　介護労働者の就業意識について、介護労働安定センターによる平成27年度「介護労働者の就業実態と就業意識調査結果」から見ていきたい。

　まず「現在の仕事を選んだ理由（複数回答）」として、もっとも多くあげられているのが「働きがいのある仕事だと思ったから」であり、続いて挙げられるのが「資格・技能が活かせるから」「今後もニーズが高まる仕事だから」である（介護労働安定センター　2016b：43）。また、「現在の仕事の満足度D.I.」[2]を見ると、最もポイントが高いのは「仕事の内容・やりがい」（44.2ポイント）であり、続いて「職場の人間関係・コミュニケーション」（30.8ポイント）、「雇用の安定性」（19.9ポイント）、「職場の環境」（19.2ポイント）という結果である。

　職業選択や満足感の主要因と考えられる介護労働者の「働きがい・やりがい」とは何か。八巻貴穂は高齢者介護施設で働く介護労働者を対象に調査を行った結果、利用者の笑顔や感謝のことば、利用者や家族からの信頼を実感した時、職場内の良好な人間関係などが、働く上での喜びや充実感に影響を及ぼすことを示している（八巻　2013）。小野内智子らも特別養護老人ホームで働く介護労働者を対象に行った調査結果から「利用者・家族に喜んでもらえること」「利用者の状態が維持・向上すること」「利用者・家族・同僚に頼りにされること」「介護の仕事に対する価値観を持っていること」「利用者と関わることによって自己の変化を感じること」「チームで協働すること」「利用者の最期に携わることができること」等が、やりがいにつながることを示唆している（小野内ほか　2014）。

　以上の結果を踏まえると、自らの支援に対する利用者や家族の良好な反応、仕事を通じた自分自身の成長、良好な人間関係のなかでの協働等が、介護労働者のやりがいの主な源泉であるといえる。そして、これらを実現することのできる環境を整えていくことが、介護労働者の就労継続につながるといえよう。

　他方、もっとも「満足度D.I.」のポイントが低いのは「賃金」（マイナス22.5ポイント）であり、続いて「教育訓練・能力開発のあり方」（マイナス7.8ポイント）「人事評価・処遇のあり方」（マイナス6.7ポイント）である（介護労働安定センター　2016b：45）[3]。これらは介護労働者自身の成長や有能感に影響を及ぼ

すだけでなく、利用者に対する支援の質も左右するものであり、さらに介護労働者の人材確保・育成が社会的にも要請されるなかで対策が進められてきているものでもある。この点については後述する。

介護関係の仕事をやめた理由（複数回答）を見ると、全体では「職場の人間関係に問題があったため」（25.4%）、次いで「法人や施設・事業所の理念や運営のあり方に不満があったため」（21.6%）、「他に良い仕事・職場があったため」（18.8%）という結果である（介護労働安定センター　2016b：73）。

既述したように職場の人間関係については満足度が高い実態もあるが、このように離職の理由のトップにあげられている点には注意が必要である。各現場において継続的に人間関係のマネジメントを検討・工夫してゆく必要性が示唆され

る。また「理念や運営のあり方への不満」については、各法人・事業体で掲げられている理念と実際の運営実態との結びつきを、現場労働者が認識するに至っていないことが一つの原因としてあげられる。各法人・事業体の中で、理念が事業内容や日々の支援行為においてどのように具体化されているのかを確認・共有するための取り組みが求められる。

また、刻々と変化する社会環境に対応するなかで、事業体の経営者は現場職員が十分に理解できないまま、事業を展開せざるを得ない状況もある。とはいえ、ここに現場職員の目線とのズレが生じうるため、自らの法人・事業体がどのような方向をめざして進んでいるのか、そのなかで現場職員がそれぞれどのような仕事・役割を担っているのかを認識できるような事業運営が求められる。

## 3　介護労働者の労働条件の実態

介護労働者の労働条件の実態についても、介護労働安定センターの実態調査から確認していきたい。

まず「就業・勤務形態」をみると、訪問介護員は「正規職員」（46.7%）、「非正規職員」（52.2%）であり、介護職員は「正規職員」（65%）、「非正規職員」（13.4%）となっている（介護労働安定センター　2016b：17）。「所定内賃金」（月給の者の平均額）については、訪問介護員が191,751円、介護職員が

198,675円であり（介護労働安定センター　2016a：105）、諸手当を含めた税込みの「1か月の実賃金」（月給の者の平均額）については、訪問介護員が211,067円、介護職員が225,299円である（介護労働安定センター　2016a：107）。

「1週間の労働日数（正規職員）」については「5日」が一番多く、「訪問介護員」（75.4%）、「介護職員」（85.1%）という結果である（介護労働安定センター

2016b:24)。「1週間の残業時間数」は、「残業なし」が一番多く、「訪問介護員」（46.6%）、「介護職員」（45.6%）という結果となっている（介護労働安定センター2016b:26）。

介護保険サービス系列別の「労働条件の悩み、不安、不満等（複数回答）」の結果をみると、全体で多くあげられているのが「人手が足りない」（50.9%）、「仕事内容のわりに賃金が低い」（42.3%）、「有給休暇が取りにくい」（34.6%）、「身体的負担が大きい（腰痛や体力に不安がある）」（30.4%）、「業務に対する社会的評価が低い」（29.4%）であった。

人手不足の問題、すなわち介護現場における人員体制の不足は、介護労働者の支援内容や支援の質に大きく影響を及ぼす問題である。これは各介護サービス事業体の運営・経営のあり方にも影響を受けるが、さらに辿っていけば介護報酬の水準に規定される部分が大きい。そのため、各現場で必要な人員体制や、それを実現していくための方策について各介護労働者が問題意識をもち、事業体の運営・経営に参画していくことが求められるだけでなく、3年に一度改定されるが介護報酬の動向についても関心をもち、必要に応じて声を上げていくことも必要である。

また、介護労働者の賃金水準も介護報酬の動向と不可分ではない。介護労働者の賃金水準は全産業平均と比較して10万円程度低い実態があり、改善の必要性が指摘されている。図表7-2のとおり、介護報酬については2006年までてマイナス改定が続き、以降は増減がみられている。こうした状況は、介護サービス事業体の経営者にとって将来の見通しをもちにくくさせにつながり、賃金水準を改善する上での大きな阻害要因となっている。

図表7-2　介護報酬改定率の推移

| 年度 | 2003 | (2005) | 2006 | 2009 | 2012 | 2015 | 2018 |
|---|---|---|---|---|---|---|---|
| 改定率 | ▲2.3 | ▲1.9 | ▲0.5 | 3.0 | 1.2 | ▲2.27 | 0.54 |

註：2005年は前倒し改定。2018年は2017年12月現在に公表されている数値である。
出所：厚生労働省資料より筆者作成。

## 4 介護労働者の確保および労働条件・環境の改善に関わる各種対策

介護労働者の労働実態に関する問題は、これまでも継続的に指摘されており、特に高齢者介護領域におけるマンパワーの確保が課題となるなかで一定の対策が進められてきた。

1992年には、「社会福祉事業法及び社会福祉施設職員退職手当共済法の一部を改正する法律」（福祉人材確保法）が成立し、これを受けて翌年には「社会福祉事業に従事する者の確保を図るための

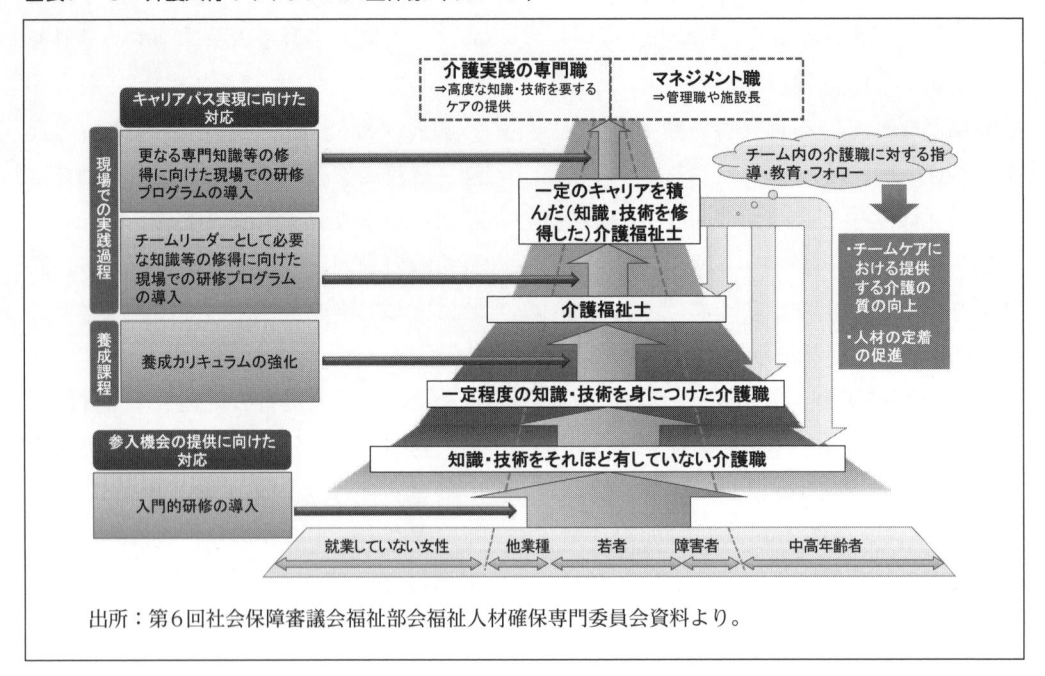

出所：第6回社会保障審議会福祉部会福祉人材確保専門委員会資料より。

措置に関する基本的な指針」（福祉人材確保指針）が示され、福祉人材の養成確保に関わる取り組みが行われてきた。しかし、さらなる介護ニーズの高まりから、2007年には「新人材確保指針」が示され、重点的に取り組むべき課題として、①労働環境の整備の推進、②キャリアアップの仕組みの構築、③福祉・介護サービスの周知・理解、④潜在的有資格者等の参入の促進、⑤多様な人材の参入・参画の促進、の五つの項目が掲げられ、さらなる取り組みが推進されてきた。

　2008年には「介護従事者等の人材確保のための介護従事者の処遇改善に関する法律」が成立し、2009年4月までに介護従事者の賃金をはじめとする処遇改善策を検討し、必要な措置を講じることが示された。この動きを受け、2009年の介護報酬改定では3％のプラス改定が

なされるとともに当時の与党が「介護職員処遇改善交付金」を創設し、賃金面の改善策がとられた。処遇改善交付金については、2010年度から「キャリアパス要件」が追加され、各法人・事業所に給与体系や人事制度と連動したキャリアパスの構築が求められるようになった。

　同年には内閣府が「キャリア段位制度」を打ち出し、現在は「介護プロフェッショナルキャリア段位制度」が実施されている。こうした介護労働者のキャリア支援については政府でも継続的に検討されてきており、2017年10月には社会保障審議会福祉部会福祉人材確保専門委員会「介護人材に求められる機能の明確化とキャリアパスの実現に向けて（報告書）」が提出され、今後の介護人材のキャリアパス全体像のイメージが示されている（図表7-3）。

　政府による対応のみならず、介護現場

の人材育成・定着に向けた取り組みは事業所レベルでも積極的に取り組まれており（介護労働安定センター 2016a）、その有効性は現場労働者にも認識されている（北垣 2014）。その他にも、介護労働に伴う身体的負担に関しては「ノーリフティングポリシー」[4]に基づく取り組みや、介護人材不足への対応や介護労働者の身体的負担の軽減を目的とするロボット技術（AI）の導入も検討されている。メンタルヘルスの問題に関しては、「燃え尽き症候群（burnout syndrome）」、「感情労働」(emotional labor)、「共感疲労」(compassion fatigue) 等の観点から、実態把握と合わせて対策が行われてきている（この点については、7－2、182頁～参照）。

## 5 介護労働者の労働実態をめぐる今後の課題

介護労働者の労働実態をめぐる問題点や課題に対しては、前項で見たように一定の対応が行われている状況にある。とはいえ、今後さらに要介護高齢者の増加が見込まれるなかで、介護人材の確保は引き続き重要な社会的課題となる。とりわけ、介護福祉の仕事に対する社会的イメージの改善とともに、賃金水準の改善やキャリアパスの構築などは、介護人材の確保・育成に関わる重要なインセンティブであり、さらなる展開が必要であろう。

加えて、現在の人材確保政策の動向を踏まえるならば、今後さらに多様化することが見込まれる労働者への個別的な対応策の充実も求められてゆくこととなろう。性別や年齢を問わず、ワーク・ライフ・バランスに配慮した雇用環境の整備や、高齢期の労働者のための働きやすい環境づくり、また外国人労働者の育成・定着に向けた対策等が求められる。そして、リーダーとしての役割が求められる介護福祉士などを対象としたさらなる学習機会の保障も重要な課題であろう。

（北垣智基）

# 2 感情労働と介護福祉
## ——感情労働から生じるケア・ハラスメントと虐待

## 1 感情労働としての介護労働

　価値や倫理が強調される福祉専門職全般にいえることだが、直接関わる相手が支援を必要とする存在であるがゆえに、支援者側に何とかしてあげなければという気持ちが増幅し、利用者の感情に必要以上に触れてしまう場合がある。誠実に向き合おうとすればするほど、「共感疲労」(compassion fatigue) が存在する場合がある。共感疲労とは、他者をケアすることから生じる支援者側の心理的疲弊をいう。

　どうしてこのようなことが起こるのかというと、介護職員の仕事が、いわゆる「感情労働」(emotional labor) だからである。感情をめぐる高度なスキルが要求され、感情を駆使する労働のことを感情労働と呼ばれてきた。この概念を社会学的観点から提唱し、感情社会学の領域を樹立していったのは、ホックシールド (Hochschild, A.) である。ホックシールドによれば、感情労働とは以下のように説明される。

　「公的に観察可能な表情と身体的表現を作るために行う感情の管理」という意味で用い、「感情労働は賃金と引き替え

に売られ、したがって＜交換価値＞を有する」ものである。また「感情作業」(emotion work) や、「感情管理」(emotion management) という類義語に対しても、私的文脈における同種の行為を意味するものとして用いられている (ホックシールド　2000：7)。

　最初その職種には、飛行機の客室乗務員や飲食店従業員や営業職など笑顔が求められる接客業があげられていたが、次第に教師、看護師、ケアワーカー、保育士、ソーシャルワーカーといった女性に占有されることが比較的多いとされてきた対人援助職に広がりを見せている。しかし、ホックシールドがこの著作を公刊してからというもの、特に看護職・介護職などの対人援助職にこれをあてはめて考究する研究がみられるようになった。

　武井 (2002：9) は、看護の領域で感情労働について論考するなかで、感情労働の概念をわかりやすく説明している。すなわち「感情労働とは、人々と面と向かって、あるいは声を通しての接触があり、職務内容のなかで感情が重要な要素となっているものをいう」とし、ク

ライエント（利用者）に対して「自分の感情を掻きたてられたり抑えたりしながら働く」と説明している。これは介護職員にもあてはまるだろう。どんなに腹が立つことがあったとしても、怒りやイライラした感情を表面には出さず、あくまでも相手の立場に立って共感的理解を示し、利用者の前では感情をコントロールして対面するよう訓練されていく。こうして身につけていくのが、感情管理である。

感情管理の方法には二つある。「表層演技」（surface acting）と「深層演技」（deep acting）である（ホックシールド 2000：36）。表層演技とは、本当の感情は違っても表面上は感情規則に従って表情をつくることである。関谷・湯川（2014：170）は、例示的に、本当はイライラしているのに笑顔で対応するというように、何らかの感情を抑制したり、抱いていない感情を抱いているかのように振る舞ったりするのがこれに該当するとしている。深層演技とは、作り物の笑顔以上の、自らのなかに適切な感情を掻き立てようと深いところで装うことによって自分自身を変えるのである。

つまり、自己誘発した感情を自発的に表現しようとする試みである。これについても関谷・湯川（2014：170）は、例示的に、その場面において社会的に、あるいは職業上望ましいと見なされる感情を実際に抱くべく、自分の内に湧き上がってくる感情をなだめ、別の感じ方に加工し、感情の感じ方そのものを意図的にコントロールしようとすることを指すとしている。つまり、職務上望まれる感

情表出を意図的に行う一種の演技であり、訓練を要するものである。こうした演技を続けることが、感情レベルの消耗感をもたらすことになる。

感情労働の特徴は、コミュニケーションを伴うことである。たとえば、生活支援の提供過程においては、介護職員は利用者の状態や生活状況、あるいはニーズや気持ちの変化に対応して、生活支援の内容を調整・修正していくのであり、そこにおいては両者の適切なコミュニケーションが不可避の要素として存在する。感情労働がこのような特質を有するがゆえに、介護職員が自らの感情管理がうまくいかない場合には、バーンアウトやストレス状況にさらされることになる。したがって、施設の管理者は、職員のメンタルヘルス面についても配慮しておかなければならない。

一方で、介護職員への利用者や家族からの暴言や無理な要求、過剰な要求、性的嫌がらせなどの、いわゆるケア・ハラスメントも存在する。支援を受ける側の利用者も弱い存在であり尊厳が守られなければならないのと同様に、支援する側の介護職員もまた弱い立場に立たされることがあり、尊厳が守られなければならない。しかし、先述したように介護労働が感情労働であるがゆえに感情管理に従って行動してしまう側面があり、ハラスメントに対して適切な対応ができずに泣き寝入りしてしまうこともあるという。篠崎は、「利用者という弱者からケア・ハラを受けている介護職員という弱者がいることを忘れてはならない」と述べている（篠崎 2006a：33-34）。

こうしたケア・ハラスメントに対して、感情管理を続けていくと、ともすれば自分自身にブレーキをかけてしまって、バーンアウトの状態になるかもしれないと予測される。心身のストレスや疲弊は言うまでもない。看過しておけない状況がそこには存在する。すなわち、介護福祉労働が「感情労働」であることの究極的にマイナスの側面は、相手のメンタルヘルスを配慮しながら自身の感情を過剰に促進したり、逆に抑制したりして感情表現をコントロールしようとするあまりに、ストレスが蓄積され続け、それが爆発するかたちの行為化として現れる虐待誘発の可能性である。

そこで、つぎに感情労働であることに起因して起こる、介護職者の受けるケア・ハラスメントや、ストレス蓄積後に現れる可能性のある虐待について、考えていく。

## 2 ケア・ハラスメント

介護職者のストレスを誘発し、離職に追い込まれかねない要因の一つに「ケア・ハラスメント」があげられる。篠崎は、介護現場において介護職者が受けるハラスメントをケア・ハラスメントと呼び、「介護労働者が自らの職務を遂行する過程において、その環境や他者からの言動によって受けた心理的ストレス。あるいは、介護労働者の人権や職域を侵害する環境や言動」と定義している（篠崎 2008：55）。

ケア・ハラスメントに関しては、いくつかの調査報告はみられるものの、公的機関によってその実態が明確にされているわけではない。ケア・ハラスメントを受ける対象は多岐にわたり、職場の上司から受けるもの、利用者から受けるもの、利用者の家族から受けるもの、労働環境の未整備によるもの等があり、嫌がらせの内容については、セクシャルハラスメント、パワーハラスメント、モラルハラスメント等があるとされている（篠崎 2006a：27）。

また、ケア・ハラスメントの種類として、
①不適正行為によるケア・ハラスメント
②医療行為に関係するケア・ハラスメント
③性的嫌がらせによるケア・ハラスメント
④身体的暴力によるケア・ハラスメント
⑤精神的暴力によるケア・ハラスメント
⑥意識・態度によるケア・ハラスメント
⑦制度によるケア・ハラスメント
⑧事業所・上司によるケア・ハラスメント
⑨他職種によるケア・ハラスメント
の9項目が示されている（篠崎 2008：56）。

篠崎はその後、介護職員が利用者から受けるケア・ハラスメントについて、500名の介護職員に対して実態調査を実施している。そのなかで、ケア・ハラス

メントの経験率とストレスの度合いについての関係性について分析しており、介護職員がケア・ハラスメントを受けている割合は軒並み高い結果となっていること、またそれによってストレスを強く感じているという結果が示されている（篠崎 2006b）。

このことは、介護職員の職務の性質上、利用者の身体に触れることや日常生活支援を行う際に常にコミュニケーションが求められることなどから、ハラスメントを受けやすい状況が日常的にあり、それらが就労意欲に影響を及ぼしてストレスにつながりかねないということを示唆する。すなわち介護職員の人材確保や離職防止のためには、介護職員への恒常的なメンタルヘルスケアが、ますます重要課題になるということである。

## 3　虐待

また、最近施設で起こっている「あってはならない」出来事の一つに施設内虐待がある。これは、養護者となるべき施設職員が加害者となって、利用者に対して身体的虐待、心理的虐待、性的虐待、ネグレクトなどを行う事象をいう。これらは個人の尊厳を損なう行為である。しかしながら、福祉的支援のベースには、すべての人が人間として当たり前に人としての尊厳、人権が守られるべきであり、その権利を侵されることがあってはならないという大前提としての価値・倫理がある。価値や倫理を守らねばならない職種であること、どんなことがあっても虐待をしてはならないということ、そのことを研修等の機会をとおして学びを重ねることで、理解を深めることが必要である。

ただこうした、あってはならないことが実際には生じている背景には、介護職員は、先述したケア・ハラスメントを始めとする多大なストレスにさらされたり、人手不足等による業務の多忙さのゆえに、精神的疲弊状況に陥りやすいという現実があることも理解しておかねばならない。

このような精神的疲弊から生じる可能性のある虐待を予防するためには、常日頃から介護職員は、セルフチェックを行うことも大切である。たとえば、介護職員自身がケア・ハラスメントを受けてはいないか、仕事量が過剰になってはいないか、特定の利用者へのケアに偏ってはいないか、過剰に感情を抑え込んではいないか、思わずトゲのある言葉を利用者に発してしまう等の行為を行ってはいないか、などについて現実吟味し、心身の負担や問題状況とその原因に気づくことが必要である。もしも現在、自分自身に何か起こっている場合には、その原因は何で、何が、どれだけ、自分に対して、どのようにふりかかっているのかを認識

することである。そして、それに対する対処法を見つけ出し、意識して日常の介護場面に臨むことである。

注意しておきたいことは、虐待の原因が必ずしも介護職員側だけにあるのではないということである。利用者や家族等の側も、施設や職員の立場に立って考えることや、その時々の状況に理解を示して無理を言わないようにするといった気遣いも必要であろう。すなわち、利用者・支援者双方の尊厳が守られ、人権擁護についての理解を促進させるような視点が、今後ますます求められよう。

## 4 感情労働者としての介護職員をストレスから守るために

感情労働者としての介護職員は、自らの感情を自己管理しつつ他者の感情をも管理するのである。しかも専門的距離感を堅持しつつ相手に巻き込まれないようにしなければ、利用者との間で葛藤を生じることもある。それを心のなかにしまい込み誰にも相談できずにいると、心身の疲弊からうつ状態等の体調不良に陥ることもあり、仕事が嫌になったり、利用者と対面していても温かみに欠ける機械的な介護になってしまいかねない。

まずは、今自分の置かれている状況をしっかりと理解し、このような感情操作を伴う職務の性質を理解して、日々の介護に臨むことである。施設管理者が、ケア・ハラスメントや虐待等の人権侵害行為が施設の中で見られないか常に注視することに加えて、施設職員全員が、ケア・ハラスメントの内容や虐待の内容について学び、そうしたことに該当してはいないかを、冷静に内省する時間をもつことも大事である。セルフケアの基本は、自分の負担になっていることや原因に気づくことと、早めの対処行動を行うことである。

たとえば、ケア・ハラスメントの起こりうる場面を想定して、どのような言葉で返すのか、相手を傷つけない断り方、「ノー」と言えるようなセルフアドボカシー力を向上させることや、ハラスメントから身を守るための対応技術等について、事前に学びを重ねて心の準備をしておき、対処することが求められる。また、職場内外での研修会への参加や適切なスーパービジョンや相談支援が受けられるような体制が職場に整備されることも必要であろう。さらには、精神的疲労や不安に負けてしまわないで、しなやかに事態に立ち向かえるような精神力の醸成や、気ばらし行動やチャレンジ行動の実践や、身近なサポート資源を上手に活用することなども、ストレスマネジメントにとって有効である。

（南　彩子）

# 3 介護福祉分野従事者の健康管理と支援者支援

## 1 介護福祉分野従事者の労働災害の発生状況と対策

　介護福祉分野の従事者は、心と身体を駆使して従事している。人が人へ直接働きかける対人援助職である介護福祉分野の従事者は、その職務内容である各種の生活支援（身体介護や家事支援）の正確な遂行を実践しながら、常に対象の気持ちや思いを慮り、自らの感情をコントロールしながら対象者の生きる意欲を引き出し、対象者が前向きに生活を継続することへのモチベーションをエンパワメントしている。そのような意味で、介護福祉従事者は常に頭脳労働・肉体労働・感情労働といった働きを同時に駆使している。

　つまり、自らの心身の健康状態が良好でなければ良い仕事はできない。健康管理については、介護福祉分野の従事者が自ら実践できることと、従事者の健康を維持できるように労働環境を整備・補完することに大別される。わが国の法体系では、労働基準法や労働安全衛生法によって労働者の労働条件や安全な職場環境の基準が定められている。

　介護福祉分野従事者の雇用者数は年々増加し、労働災害も年々増加傾向にあ

る。50歳以上の従事者による被災者が半数以上を占め、経験年数3年未満の被災者が4割以上を占めている。つまり、他の領域からの中高年の転職者で経験年数の少ない者が被災している。事故の類型は「動作の反動・無理な動作」や「転倒」が多い。ここに「墜落・転落」と「交通事故」を合わせると8割に達する（2015年厚生労働省調べ）。

　「動作の反動・無理な動作（34%）」というのは、例えば入浴介助中に利用者の身体を浴槽から引き上げる際に腰に負担がかかり、激痛で動けなくなったというものが相当する。「腰痛」はここに属し、年々増加している。月曜日の発生が多く、9時から11時台の時間帯で、29歳以下の若い世代に発生率が高い。経験年数3年未満の被災者が半数を超えている。移動や移乗、食事介助など身体介護の場面では、不安定で前かがみの作業姿勢を断続的にとることが多く、若い身体を酷使して介護業務に臨む姿勢や自らの身体を守るための知識の不足が推察される。

　腰痛予防は労災予防のみならず、介護

人材の確保のためにも重要課題であり、2013年に厚生労働省は腰痛の労災認定要件を明示した。介護福祉分野で業務上の腰痛と認定されるものは、突発的な出来事が原因ではなく、重量物を取り扱う仕事など腰に過度の負担のかかる仕事に従事する労働者に発生した腰痛で、作業の状態や作業期間（筋肉疲労では3か月以上・骨の変化を原因とするものでは加齢による変化は除いて10年以上従事）などからみて、仕事が原因で発症したと認められる災害性によらない腰痛が多い。

　同じく2013年には「職場における腰痛予防対策指針」を示し、腰痛予防の具体的な対策実施組織を職場内に設置すること、介護作業について作業姿勢や重量などの観点から腰痛発生リスクを評価すること、腰痛発生リスクが高い作業から優先的にリスクの回避や低減措置を実施し、健康管理教育に取り組むことが求められている。

　被介護者から介助に際して協力を得ること、福祉用具の積極的活用、原則として人力による人の抱え上げを禁止すること（ノーリフティングポリシー）、作業の実施体制（重い人は二人で介助する）・作業標準（マニュアルの作成）・作業環境の整備と、適切な休憩時間と環境の整備、腰痛健診や腰痛予防体操などの健康管理、労働衛生教育の実施等の対策を要望している。

　「転倒（33%）」は、訪問介護サービスで利用者宅の台所で調理をしていて足を滑らせ転倒し頭部を打撲し、数日後に死亡したというケースもある。「墜落・転落（7%）」では、三脚を使用して高い所

にある物の移動や取り換え作業中にバランスを崩し、三脚ごと転倒・転落する、あるいは降雪地域での屋根の雪下ろし作業中の転落といったケースで、こちらも死亡事故が報告されている。9時から11時台に多く発生し、50歳以上の中高年者が7割を占めている。休業見込期間が1か月以上の者が約6割を占め、長期休業のおそれが高く死亡事故もみられる。

　転倒災害防止対策として、災害の原因を取り除き安全な労働環境を整備するための整理・整頓・掃除・清潔等を前提に、事故発生リスクとなる原因のアセスメントを行い、その結果を労働者に周知し、危険の可視化による情報共有を行うことで、事故の発生率の低減をめざしている。

　訪問・通所型のサービスでは移動中の「交通事故（6%）」も多く、11時台と16時台に多く発生している。利用者宅への訪問途中が半数を占め、利用者の送迎途中が次ぐ。一度に3人以上の労働者が被災する重大災害も発生しており、自動車による事故は半数で、二輪（自転車も含む）によるものは4割を超えている。交通労働災害防止のための安全運転教育や運転者の安全確保、走行管理・車両の安全管理・異常気象や季節ごとの安全運転対策の整備や推進を提唱している。

　また介護現場ではメンタルヘルスの不調による労災請求件数も増加しており、厚生労働省では労働者の心の健康づくりを推進するために「職場でのメンタルヘルス対策」を推奨している。「心の健康の保持増進のための指針」として、衛生委員会などを設置して、心の健康づくり

計画の調査審議・事業場内でのメンタルヘルス推進担当者の選任や、産業保健スタッフの配置連携・一次予防（労働者のメンタルヘルスの不調を未然防止する）としての教育研修の実施、職場環境の把握と改善・二次予防（労働者のメンタルヘルスの不調を早期発見と対処）としての不調の早期発見と適切な対応・三次予防（労働者のメンタルヘルスの不調を回復させ職場復帰を促進する）としての職場復帰支援を策定している。

2015年からはストレスチェック制度を創設した。常時使用する労働者（50人未満の事業場は当分の間、努力義務）に対して、医師や保健師等による心理的な負担の程度を把握するための検査（ストレスチェック）を実施することが事業者に義務づけされた。

これは一次予防、労働者自身のストレスへの気づきを促し、ストレスの原因となる職場環境の改善につなげることを目的としている。検査結果については、検査を実施した医師や保健師から本人に直接通知され、本人の同意なく事業者に提供することは禁止されている。検査の結果、一定の要件に該当する労働者から申し出があった場合には、医師による面接指導を実施することが事業者の義務とされ、申し出を理由とする不利益な扱いも禁止されている。また面接指導の結果に基づき、医師の意見を聞き、必要に応じて就業上の措置を講じることが事業者の義務とされている。

## 2 ケアする者こそもっともケアされなければならない者 ——支援者支援

社会福祉士や介護福祉士といった福祉領域の対人援助の専門職は、その業務の大半が利用者や家族・チームケアにあたるスタッフ等の関係者との関わりによって成り立っている。

援助者には福祉・介護サービス利用者の安全と安寧、人としての尊厳を最大限守る使命があるが、援助者自身の専門性や人間性を否定されかねないような場面もある。「クライアントに不快な思いをさせない・不安にさせない・優しく親切に・チーム内での和を乱さない」といった専門職としての職業規範は感情規則と

して援助者の言動に縛りをかける。

一方で限られた人数で迅速に業務を遂行しなければならない福祉現場では、援助者自らが自己の専門職としての価値観や倫理観と相反する状況におかれ、自分の本心とは違う部分で感情労働を余儀なくされる場面も多い（感情労働の詳細については7-2を参照されたい）。

援助関係の場面は、時間経過のなかでリアルタイムに進行する。その時々によって変化する利用者の状況に合わせて即応し、継続的に繰り返し関わることが要求される。認知症などがあると、今上

手く対応できたことが次の瞬間には通用しないこともしばしばみられる。ケアにおける業務内容は、一部のルーチン業務を除いて再現性に乏しく、マニュアル化するには一定の限界がある。だからこそ対人援助職の養成課程では現場での実習教育が重視され、就職後も生涯にわたっての研修体制が整備されつつある。

しかし、現任者への支援者支援のための体制は十二分に確立されておらず、スーパービジョンを受ける機会や体制が、すべての対人援助職者に開かれているわけでもない。疲れ果てた援助者は、メンタルヘルスの不調をきたして離職や休職に追い込まれたり、援助者自らの意とは異なる虐待事件に発展する契機が生じることもある。家族介護による虐待事件でも、介護疲れや介護負担の過重が、その原因と分析されるケースが多い。

対人援助の専門職者には、さまざまな背景や価値観をもつ関係者とのやり取りにおいて、専門知識の活用のみならず高度なコミュニケーションスキルが求められる。利用者の意思を大切にしたいという支援者の思いは、専門性による視点の違いから医療関係者との間で齟齬をきたすことがある。経年変化した利用者へのケア方法について、家族から説明を求められても充分に納得してもらえるような説明ができず、自己の専門性が否定された傷つき体験として記憶に留める援助者もいる。

現行の介護職員らの養成課程や研修では、「介護過程」が大きなウエイトを占め、根拠に基づく科学的な介護実践と介護の言語化を重視しているが、実際の現場では介護の理論化以前に関係者との説明の場での言語化の課題が大きい。介護の理論化は大切なことではあるが、さまざまな利用者がいる介護福祉の現場では、臨機応変に対応するスキルは独自に学ぶか、スーパーバイザーや先輩からの助言が必要である。

介護職員には他業種からの転職者も多く、研修体制が整っている事業所では離職率が低いとの報告（柏原 2013：26）もある。事業所での研修実施状況は格差が大きく、その大半は社会福祉士や介護福祉士・ケアマネジャーの資格取得支援である。現場での介護実践に対する言語化や科学的な根拠を検討するといった研修の機会は少ない。

コミュニケーション能力は体験を積む中から一定程度のスキルアップはしても、経験から学び専門職としての成長へとそのスキルを昇華させる作業が必要である。キャリアを重ねる中で、知識や技術を継続的に磨いていくというサポート体制が必要である。管理職やスーパーバイザー経験者には固有の苦悩がある（5－8、145頁～、6－2、157～頁参照）。介護職から相談員やケアマネへの職種変更や人事異動に伴う苦労がある。新人の頃とキャリアを積んだ経験者では感じるストレスも異なる。援助者には、時には立ち止まって自己を客観視し、自己覚知や自己理解が深まる機会の保障が望まれる。

2015年に経験年数3年から30年の介護職員や相談員らに松田・南が行った調査では、援助者らは多くの傷つき体験やストレスを感じながらも、そのまま「共

感疲労」に陥らずに対処していることがわかった。共感疲労からの立ち上がりに必要なのは、「職場の支え」「各自の対処法」「自己覚知を通した学びと自己理解」であった。

　つらい時には、それぞれの対処法で積極的に気分転換を図り、一時的につらい気持ちを封印するのみならず、落ち着いて自身を振り返り、自己洞察することが有益である。同僚や上司による職場の支えや、関係者・友人・家族などのソーシャルサポートを活用しつつ自己覚知や自己理解を深める。つらい体験であった難ケースの好転や、認知症の利用者との

意思の疎通が叶い関係者との感謝の応酬が得られると「仕事の喜び」や「充実感」につながる。つらい体験が自らを成長させてくれる契機となり、仕事を頑張ったことへの「報酬」と前向きにとらえている。

　つまり感情労働による疲弊は、適切な支援体制によって「ワークエンゲイジメント」につながる可能性があることが示唆された。ケアする者が心身ともに健康でなければ、質の高いケアは提供されない。つまりケアする者へ手厚いケア（サポート）を提供することで、結果的にケアを必要とする者が満たされるのである。

（松田美智子）

# $4$ 介護人材のキャリア形成

　本書は、広く社会福祉を学ぶ学生を対象に編集している。なかには社会福祉士の国家試験受験資格取得や高等学校教諭「福祉科」免許資格取得を目的として、高齢者介護福祉現場に実習に行く学生もいるだろう。そういった人を対象として、本節では「社会福祉士国家試験受験資格取得のためのソーシャルワーク実

習」の実習指導者と「介護老人福祉施設」で新人教育を担当する管理者にご執筆いただいた。介護人材のキャリアパスについては、現在開発が進んでいるが、介護職員と比較すると相談員業務の範囲や専門性の検証についてはまだまだ課題が多い。

（松田美智子）

## 1　ソーシャルワーク実習──実習指導者から「理論や実践を言語化することの難しさ」

　相談援助や介護福祉に関する学びは、

それぞれの教育機関で倫理や理論、専門

技術などについて繰り返し講義や演習などを通して蓄積されるが、その多くは知識的学習であり、体験や実際の行為を経て体得されるものではない。ソーシャルワーク実習は、相談援助の実情に触れ、施設や機関で展開される援助活動やその対象となる利用者の生活実態を間近で見聞きし、蓄積してきた学びと結びつけながら学習できる貴重な体験学習の機会となるが、実習生の多くは、この「結びつけ」の作業を苦手とし、現場実習を十分に活かすことができていない現状がある。

対人援助における援助者の“物差し”として「バイステックの7原則」があるが、原理原則はインプットされていても、実生活に“物差し”として使ったことのある実習生は少ない。ある学生に問うと「個別化は、パターン化してはいけないという意味」と答えるが、「なぜダメなのか」をさらに問うと「わからない」となってしまう。学んだことを、実際に使ったことがないので当然だが、その背景には「学んだ多くの理論や技術は、実際の施設や機関で行われ、専門職のみが実践している」という固定観念が存在している。

「バイステックの7原則」は、もともとケースワーク作法の一つとして理論化されたものであり、対人援助者が要援助者と関わる際に活用するものであるが、この原則は単純に「人とより良い信頼関係を結ぶためのコツ」とも解釈され、対人援助者に限らず、家族・友人・職場・地域・学校など、さまざまな場面における“人間関係づくり”や“関係改善をす

るための手立て”として一般的に活用される場合もある。職場の人間関係を改善するため、社内研修やセミナーの中に、相談援助技術に使われる理論や作法を取り入れる会社も多い。

一方で、企業のサービス提供や商品開発などに「マズローの5段階欲求説」が活用されることもある。そもそも、この説はアメリカの心理学者アブラハム・マズローが、「人間は自己実現に向かって絶えず成長する生きものである」と仮定し、人間の欲求を5段階の階層で理論化したもので、一つ下の欲求が満たされると次の欲求を満たそうとする心理的変化を表しているものであるが、企業が、消費者の選定やニーズの把握について市場調査を行う際などに、この理論が応用されている。

たとえば商品開発では“人が欲しがる商品にするための条件設定”として、
①日常的（生きていくため）に必要とされるもの（生理的欲求）
②安心感・安全性があるもの（安全欲求）
③便利で、求めやすい価格であること（社会的欲求）
④ブランドイメージが存在し、他との差別化がなされているもの、また、価値観が感じられるもの（承認・尊重欲求）
⑤感動を与えるもの（自己実現）
というような内容である。

先に述べたように、「専門的な知識や技術は、その職に携わる専門職が、専門の施設や機関で活用されている」という狭まった固定観念によって、学生が学び

の実践をする機会や場所が限定され、蓄積された学びを体得するチャンスを逃している場合が多い。

言いたいことは、知識的学習で蓄積した専門的な技術や理論を実際に行い、体験的に身に付けるチャンスは、専門機関で専門職から学ぶ機会以外にもたくさんあるということである。単なる試験対策の学習ではなく、キャリア形成のための学習に結びつけるためには「実践的な学び」が重要になる。

「実践的な学び」とは、技術や理論が自分の生活や人生の何に役立つか、何に活かすことができるかを常に意識しながら学び（インプット）、日常生活の中ですぐに使ってみる（アウトプット）という作業を繰り返すことである。実際にやってみた結果の検証や整理を繰り返しながら、新たな学びを取り入れていくことが、キャリア形成のプロセスそのものである。

専門知識や技術だからと難しく考えず、普段の生活や関わりのなかで活用できないか、応用できないかと考えることが、その体得への第一歩となるはずである。専門職種としてのキャリア形成は、資格を取得した後、それぞれの専門機関や施設で培われ、訓練や実体験を通じて積み上げられることがほとんどだが、その準備期間として学生の頃から「実践的な学び」を習慣化してもらいたい。

相談援助技術を学ぶ学生は、将来的に"相談員"をめざしていると聞くことが多いが、学生に「どんな相談員になりたいか」と聞くと、ほとんどは似たような"相談員イメージ"の答えが返ってくる。

しかし「どうやって、その相談員になるか」いわゆる方法論を聞くと答えられないことが往々にある。自分の生き方や働き方について具体的に構想し計画を立てることを一般的にキャリアデザインというが、要するに"構想"はあっても"計画"がない場合が多く、デザインに至っていないということである。"計画"には、漠然としたイメージを具体化していく思考が重要であり、物事を"ぶんかい"してとらえる能力が必要となる。学生は、このような具体化のプロセスに不慣れではないかと思わざるを得ない。

一方で、介護保険サービスを利用する際に活用される、ケアプランの作成過程では、対象者の生活状況をさまざまな項目に"ぶんかい"して把握し、本人や家族の意向を踏まえた上で、支援の方向性や目標、また必要なサービスを関係者と協働しながら"まとめ"ていく作業がある。これは、いったん"ぶんかい"した項目を抽象化していく作業になり"まとめ"と"ぶんかい"を繰り返すことになる。

ポイントは「介護」という関わりに焦点を当てるのではなく、『生活』という行為に主軸を置いて考えることにある。『生活』は「人が生きていく」ことそのものであり、生活しづらい要因がどこにあるのかを、ICF（国際生活機能分類）などを活用して分類・整理をしていくことが、自立支援の始まりになる。高齢者福祉分野において"相談員"をめざす学生には、自分自身の生活を"ぶんかい"してとらえる練習をするよう伝えている。また、できることなら「介護」の実際を経験した上で、相談職に就くことを

勧めている。「介護」の現場に身を置き、生活の実態を「介護」の関わりからとらえていく過程で、本人や家族の困りごと（生活のしづらさ）に触れ、生活に関する相談を繰り返し行うことで、相談支援を実践してもらいたい。

相談援助に関わる知識や技術は、教育機関でそのベースを学び、実社会での訓練や経験を重ねて熟成されていくものであるため、その過程においては、関係する多くの分野で学びと実践を繰り返す必要がある。社会人になってからでも遅くはないが、できれば学生のうちから、その訓練や経験の機会をたくさん設けることに尽力してほしい。

（笠松健一郎）

## 2　介護老人福祉施設での新人教育——教育担当管理者から「プリセプター制による教育の成果と課題」

筆者が勤務していた介護老人福祉施設では、開設以来、OJT（On-The-Job Training：機会教育）、プリセプターの方法を用いて新人教育を行っている。

OJT は本来、上司（中堅管理職）の役割である。しかし、医療や介護などの対人関係の仕事は、学校で学んだ知識だけでは、利用者の行動や、反応・感情表出に対しての対応が難しく、それぞれの場面で手取り足取り指導者が助言する必要がある。そのため1人の新人に1人の先輩がつき、マンツーマンで教育指導を行なうことが必要になる。初めて就職した新人の、リアリティショック（考えていたことと現実とのギャップ）を聞いてやり、時には一人暮らしを始めた新人に「トイレットペーパーの安い店」を教えたりもする。スムーズに職場環境や自身の生活環境に適応できるように配慮する必要がある。そのため上司ではなく、職務内容や勤務時間帯が新人とまったく同じものであることが条件であり、その条件にかなう職場の先輩（2〜3年目の介護スタッフ）に、OJT を代行してもらうことになる。新人が、日常業務を身に付けて、介護職員としてやっていけそうだという自信をもてるようになるように、各職場でのオリエンテーションをしっかり行うことになる。

職員として常に心がけなければならないことは、施設は「自分の大切な人に介護が必要となった時、喜んで利用していただけるだろうか？」「何よりも、自分が利用したとして、自分たちのケアは感謝されるものになっているだろうか？」と問いかけることである。新人研修は、義務感から行うのではない。介護現場への危機感から出発している。当施設ではユニットケアを実践しているが、ユニットケアは従来型とは違い、職員一人ひとりの力量が問われ、判断力が必要とされる。

利用者（本人と家族）に学び、心で問いかけ、利用者のニーズに応えるだけの

力を身に付けるための教育をしているか。新人教育の内容は具体的で、育ちあう関係になっていたか。サービスの担い手が不足している時代の中で、魅力ある職場になっているだろうか。常に組織として検証している。当施設での新人教育の目標は以下の3点である。

①利用者の期待とニーズに応え、適切な支援活動ができる。

②利用者から学び、職員一人ひとりが育つ教育と、育ちあう体制を作る。

③利用者に支持される現場であり、職員にとって魅力ある仕事である。

新人がそれまで学んできたことと、先輩が日頃、利用者に対して行っている支援をつき合わせて、互いに原点に返って分析し問題や課題を明確化し、問題や課題の解決に向けたプランを作成・実施・評価を繰り返す。介護や支援内容の分析の視点は、「目の前の利用者は、今どんな気持ちでいらっしゃるのだろうか？」「その方は何を望んでおられるのだろうか？」に重点を置く。また「その人を理解することができているか？」「先入観（思い込み）で人や物事を見ていないか？」という点にも着目する。介護の知識・技術の習得は大切だが、介護職としての基本的姿勢を身に付けることを重視する。

基本的姿勢は以下の4点に集約される。

①利用者に誠実に、そして敬意をもって、一人の人間として接することができる。

②自分（職員）の都合や、感情を脇におくことができる。

③利用者をあるがままに受け入れるこ

とができる。

④利用者に共感することができる。

「利用者の声を聴き、その必要性に根ざし、応えていく」ための大切な入り口であり、新人のみならず職員全員が身に付けていく必要がある。1年後、自分はどうありたいか？目標を決め、目標実現するために段階的に1か月・3か月・6か月を目途に具体的な小目標を立てていく。その都度、目標に基づいて自分を客観的に評価し、「できたこと」「できなかったこと」を言語化する。ここで大切なのは「できたこと」より「できなかったこと」をしっかり見つけられることである。「できなかったこと」は「なぜできなかった？」のかを分析し、できるようにするための解決策を考える。

新人研修の目的は、「人手から人材（人財）に育つ」「5年後には中核的職員となる」ことをめざしている。大切なのは過去より今後である。研修に関わる者がさまざまな意見を出し、未来に向かって、共に作り上げていく。指導者に抜擢される2〜3年目の介護職員にとっては、まだまだ自分の業務に対して自信がもてない状態で、新人の世話を任され、時には張り切って行動する新人の失敗に対し、新人より先に上司から「どういう指導をしているのか？」との注意が入ることもある。新人は、先輩の気遣いがわからず自己判断で行動し、利用者や家族の想いが理解できずトラブルになる場合もある。指導者としての先輩職員を気遣うのは管理職の役割で、私たちはあたたかい気持ちで見守っている。

半年後、新人による「成果発表会」を

# 資料『OJTプリセプターの学び』

## 1. プリセプターとしての良い気付き

新入職員の姿を通して自分のできていないところや理解の浅い部分がよくみえた。周りの人に尋ねたり、自分で調べたりして理解が深まった。ケアに自信がもてるようになった。自分の得意な部分を深く知ることができた。以前は相談したり意見を交わすことが苦手だったが、全体的にその機会が増え、積極的に議論できるようになった。

「どういうふうに伝えたらわかってもらえるか」を常に考えてケアに向き合うようになり、新入職員と一緒に毎日成長していくのを実感できた。

人に何かを教え、理解してもらうことは本当に難しく、教える前にどう伝えればよいのかいろいろ考えられた。新人さん1人に付くのは大変だったが、できていなかったことができるようになると、自分のことのように嬉しかった。

「人の振り見て我が振り直せ」というが、指導者の立場に立ったときに気づかされた部分が多かった。

人に教えるということが、いかに責任あること（間違ったことを教えてないか）で大変だったことが実感できた。いい経験になり勉強になった。

人に教えることで自分の介助や接し方などを見直すことができた。自分が2年目になり先輩としての自覚がもてた。

新人職員に指導や注意などをするとき、わかりやすく丁寧にかつ、重要さがわかるように説明できた。

当たりまえになっていることを改めて、新人の目になって考え直すことができた。

新人を教えることで、自分の新人時代を振り返ることができた。また新人から教えてもらえることもあり、プリセプターをやってよかったと思う。

OJTとしてしっかり時間を設けているため、新人職員とのコミュニケーションがとりやすく、新人職員も現場に早くなじみやすかったのではと感じた。

## 2. プリセプターとしてやりにくかったこと

年齢や性別が異なるとで言いやすいこと、言いにくいこともあり難しかった。

自分が思っていることを相手に理解されないときです。試行錯誤しながらいろいろな言い回しで教えましたが、理解してくれるときと理解されないときがありました。自分に力不足な点があり反省するところです。

新人の方が2人とも自分よりも年上の方だったので、どのように接して指導などしていけばいいのか、わからなくなったときもあったが、よい勉強になった。

新人にどのように説明すれば理解してもらえるのか、言葉を選ぶのに苦労した。

あまり質問されなかったので、理解されているのか曖昧なところがあった。

歳が近い分、やりやすいかなと思っていたが、近いがゆえに馴れ合いっぽくなってしまった。

性格や考え方が真逆だったため、自分の言っていることが、いまいち伝わっていなかったのではないかと思う。

一周り以上年上の男性（異性）で、いろいろな知識や人生経験も豊富な方なので、「教える」ということ自体が難しく感じた。

「褒めてから指摘する」ということを常に意識して接していたが、相手の人生経験が豊富な分、「褒める」ということが少なくなってしまっていたと思う。

誰に対しても「褒める」ことを忘れてはいけないと感じた。

## 3.OJTのやり方で改善してほしいところ

3か月のときにやったような意見交換会の機会が、もう1回くらい、もう少し時間をとってもいいかと思う。部署を越えて意見をかわせることが少ないので勉強になった。

新入職員に対してプリセプターを誰にするとよいかは、リーダーがよくわかっているので、組み合わせをリーダーが決めるのはどうかなぁと思う。相性や性格が合わないと新入職員とプリセプターが反発しあって言いたいことも言えずに終わってしまうこともあると思う。

新人がプリセプターに対してどう思っているのか、意思を聞ける、または書面でもよいので知りたい（たとえば言っていることが、いまいちわからない、言い方をもっとこうしてほしい等）。

3か月目ぐらいに全新人職員とプリセプターが集り、話し合いをする場を設けることができていたらよりいいかな？と思う。

開催する。当日を迎えるまで指導者も苦労する。講評の大役も任される。学生時代の恩師等を迎えて元気いっぱいの新人に比べ、疲労困憊で暗く沈んだ表情の先輩職員の姿が見受けられることもある。しかし、半年後のプリセプター会議では、プリセプターが真摯に新人に成長してもらおう、少しでも気づいてもらおうと思い新人を見つめ、サポートしてきた姿がストレートに伝わってくる。昨年まで先輩職員に迷惑をかけていた自分を思い出したり、反省したり、新人から教えられたりしながら、言葉遣いや指導方法についても勉強させてもらったり、自らも大きく成長している（前頁の資料参照）。

新人の成長について、入居者からほめてもらうような場面も出てくる。OJT新人研修を通して、先輩が新人を育て、新人を育てることを通じて先輩がさらに成長していく関係であってほしい。

（山本美枝）

# 5 外国人介護労働者との協働

## 1 介護人材の確保をめざして

2017年現在、どの業種においても働き手不足が顕著に現れている。当然、介護現場においても介護人材不足が深刻で、このことは筆者らが運営をしている地域においても同じ状態である。筆者らは15年前から働き手不足になることを予測し、さまざまな対応をしてきた。それまでの人員不足の対応が功を奏し、平成29年には複合型高齢者福祉施設（サービス付き高齢者向け住宅・グループホーム・小規模多機能・デイサービスセンター）を開設することができた。

2002年に筆者らは北欧への研修に参加した。スウェーデンのナーシングホームでの一場面を見たことが大きなきっかけとなった。その場面というのは、スウェーデン人の入居者とアフリカから仕事（介護）のために来ていた方が手をつないで散歩をしていた一コマである。日本の人口推計を考えると、近い将来、急激な少子高齢化が進むことは明らかであり、そのためには外国人の方に仕事を手伝ってもらうしかないと思った。入居者・地域住民・働いてくれている職員のためにも、規模を縮小することなく事業継続するのが社会福祉法人の役割だと強

く感じ、いろいろと準備を始めていった。

## 2　外国人と協働する日に向けて

　2002年頃から法人の幹部会で、近い将来職員不足が起こり、外国人と一緒に働きだす日が来た時に必要なものは何か？　具体的に何が困るのか？　という内容の疑問が高い頻度で議題に出てきていた。会議を重ねるなかで、当法人では次の２点を実行することとなった。一つ目は介護現場において外国人と協働するにあたり、その外国人と入居者（利用者）、日本人スタッフの関係性を良好に保ちながら、現場運営ができる人材を確保・育成することである。二つ目は外国人と協働するにあたり、言葉の問題を考えた。その時点ではどの国の人と働くのかは、皆目見当がつかない状態であり、世界で共通語として認知度が高い「英語」を職員が勉強することで、ある程度のコミュニケーションが取れるだろうと考えた。

　一つ目については、2005年から職員の内部研修を外部講師に委託し、それまでの研修方法を抜本的に変えた。そのなかで一番大きく改革を行ったのは新人研修である。研修期間を１年間として計画を組み、まず入職して１か月間は介護現場にはまったく入らずに座学のみで研修内容を構成した。座学の内容は、「社会人としての心構え」・「接遇マナー」などを中心とした介護のこと以外であった。地元のスーパーや銀行などへ接客・接遇マナーを講義している講師の方を招聘し、お客さんへのお茶の出し方、電話の応対の仕方、名刺交換の仕方などを実体験で学んでもらった。

　また研修中は毎日レポートの提出も義務づけ、どの職員がどのような気持ちで研修に取り組んでいるのかを確認しながら進めていった。研修体制を何度も改革する一方、職員の採用にも力を入れ、2006年度から2008年度の３年間で68名の福祉系の大学・短期大学の新卒者を採用した。この時期に採用した新卒者は、外国人を受け入れるに先立ち、まず彼らのリーダーとなりうるよう、新たな研修体制で教育をすることとなった。

　二つ目については、2007年には外国人とのコミュニケーションで必要になると思われる、世界の共通語である英語を勉強できる環境を整えた。具体的には法人で英会話講師を雇い、毎日夕方に定期的な英会話教室を開講した。事前に希望すれば、個別に英会話を学べるような体制も実施してきた。英会話教室は英会話の技術向上という位置づけで始めたのであるが、別の狙いもあった。それは全職員に対して、近い将来、外国人と共に働く日が来るということを認識してもらうための方法のひとつでもあった。

## 3 EPA制度（介護福祉士候補者受け入れ）の始まり

筆者らが予測していたことが2008年頃に起こった。それはEPA[5]（経済連携協定）のなかの制度で、外国人が日本の介護や看護現場で働きながら、介護福祉士や看護師の資格を取得するという制度である。この制度を受け入れた日本の各現場では、外国人との協働が始まった。この日を予測していた筆者らはすぐに受け入れを決断した。

EPAの介護・看護候補者の制度は、平成20年度（2008年）からインドネシア、平成21年度からフィリピン、平成26年度からベトナムと、現在は三か国がEPAに基づき日本で候補者として入国が認められている。EPA介護福祉士候補者は、日本への入国前に本国で6か月、入国後6か月の1年間の研修後に、最初の3年間は候補者として施設で就労しながら勉強して、国家試験に合格すれば介護福祉士として在留資格を得ることができる。現行の制度では試験に失敗した場合は1年間のみ延長が認められているが、2回目の試験にも不合格の場合は在留資格を失い帰国となる。しかし在留資格を失うだけで、試験にチャレンジするために日本へ来ることは認められている。試験は何回でもチャレンジすることができる。

## 4 日本の介護福祉士候補者受け入れ状況

当法人でのEPAの受け入れ実績について、平成20年度（2008年）から受け入れをしているインドネシア人による介護（就労）で説明する（図表7-4参照）。平成20年度は、外国人に介護という仕事をしてもらいたいと思った施設があり、104名（53施設）の介護福祉士候補者が日本へ入国してきている。平成21年度を見るとさらに受け入れ希望施設数が増え、189名（85施設）が入国して、入国した人数では前年度の約1.8倍である。

しかし介護現場では、介護職員として働いてくれる外国人が増えても手放しでは喜べない施設も多数あった。その理由はEPAで来た介護福祉士候補生は、どんなに優秀でも、どんなに経験を積んでいても制度上、介護保険で定められている人員にはまったくカウントされなかったからである。その事実に落胆した施設が多く、平成22年度には平成21年度比で6割減の77名（34施設）、平成23年度では平成21年度比で約7割減の58名（29施設）まで減ってしまった。

図表7-4　これまでの受け入れ実績（平成29年3月時点）

| | | フィリピン | インドネシア | ベトナム |
|---|---|---|---|---|
| 平成20年度 | 看護 | ― | 104名（ 47施設） | ― |
| | 介護（就労） | ― | 104名（ 53施設） | ― |
| 平成21年度 | 看護 | 93名（ 45施設） | 173名（ 83施設） | ― |
| | 介護（就労） | 190名（ 92施設） | 189名（ 85施設） | ― |
| | 介護（就学） | 27名（ 12施設） | ― | |
| 平成22年度 | 看護 | 46名（ 27施設） | 39名（ 19施設） | ― |
| | 介護（就労） | 72名（ 34施設） | 77名（ 34施設） | ― |
| | 介護（就学） | 10名（  8施設） | ― | |
| 平成23年度 | 看護 | 70名（ 36施設） | 47名（ 22施設） | ― |
| | 介護（就労） | 61名（ 33施設） | 58名（ 29施設） | ― |
| 平成24年度 | 看護 | 28名（ 15施設） | 29名（ 15施設） | ― |
| | 介護（就労） | 73名（ 35施設） | 72名（ 32施設） | ― |
| 平成25年度 | 看護 | 64名（ 31施設） | 48名（ 22施設） | ― |
| | 介護（就労） | 87名（ 37施設） | 108名（ 42施設） | ― |
| 平成26年度 | 看護 | 36名（ 19施設） | 41名（ 22施設） | 21名（ 11施設） |
| | 介護（就労） | 147名（ 64施設） | 146名（ 61施設） | 117名（ 62施設） |
| 平成27年度 | 看護 | 75名（ 30施設） | 66名（ 25施設） | 14名（  8施設） |
| | 介護（就労） | 218名（ 89施設） | 212名（ 85施設） | 138名（ 58施設） |
| 平成28年度 | 看護 | 60名（ 28施設） | 46名（ 21施設） | 18名（ 10施設） |
| | 介護（就労） | 276名（116施設） | 233名（ 99施設） | 162名（ 79施設） |
| 受入人数（平成29年度除く） | 看護 | 472名（111施設） | 593名（157施設） | 53名（ 24施設） |
| | 介護（就労） | 1124名（272施設） | 1199名（249施設） | 417名（145施設） |
| | 介護（就学） | 37名（ 19施設） | ― | ― |

※平成23年度以降、介護福祉士候補者の就学コースは、候補者の送り出しが行われていない。

　大きく制度が変わったのは平成24年度からであり、加算上の人員カウントにおいて介護福祉士候補者の人員カウントが認められ、翌平成25年度からは入国時に日本語能力試験N2以上の合格者、または就労して半年経過した候補者は、介護保険上の人員カウントもできるようになったので、深刻な人材不足を補うために再び全国から受け入れに手を上げる施設が急増し、平成28年度には233名（99施設）になっている。

　先般、外国人労働についての研修会に参加した際に、平成29年度の受け入れにおいて、インドネシアでは単年度受け入れ上限人数300人に対して372人の求人、フィリピンにおいては上限人数300人に対して572人の求人があり、両国とも単年度受け入れ上限の300人とマッチング、またベトナムにおいては707人の求人があり、日本語能力試験

N3以上の有資格者181人とマッチングしていると聞いている。単年度では各国300人が上限であるので、圧倒的に求人数の方が多い現状である。したがって

EPA候補者を希望しても確保できない施設も多くあり、この状況はさらに受け入れを希望する施設にとっては厳しいものになると思われる。

## 5　当法人の介護福祉士候補者受け入れ状況

当法人には152名の介護職員が在籍している。その内100名が常勤職員で、その内の41名がEPA介護福祉士またはEPA介護福祉士候補者である。全介護職員の約27％がEPAであり、常勤介護職員の割合で見ると41％がEPA候補者等となっている。当法人ではこのような人員組織構成で各事業所の運営をしているが、介護福祉士合格前のEPA候補者の働く場所は限定されている。

当法人を例にとると特別養護老人ホーム・サテライト型特別養護老人ホーム・介護老人保健施設が受入れ場所となる。EPA候補者の主な働き場所である施設では、常勤介護職員の内約60％がEPA候補者等にて構成されている。当然、ユニット運営している事業所ではユニットリーダーをしているEPAの方もいる。日本人の新人職員がユニットへ配属されるとEPAのリーダーに指導を受けるわけである。

ただ私どもの法人においても、いきなりこのような体制をとったわけではな

い。当法人では第1期生である平成20年度から毎年受入れて、約10年間で、先述した体制となっている（図表7−5参照）。6期生まではインドネシアの候補者ばかりであったが、7期生からはインドネシア候補者とフィリピン候補者を雇用している。（　）内がフィリピン人候補者の人数である。受験前に帰国する方もいるので、表からは読み取りにくいが、介護福祉士国家試験の合格率は70％を超えることもあり、私どものEPA候補者の優秀な成績に驚いている。

国家試験に合格できずに帰国、もしくは合格したけれども家族の事情等で帰国する人も多くいる。帰国する人をある程度見越して、定期的に法人で40人から50人程度の外国人が常に働いているように計算して現在は受け入れている。2017年の12月頃には、平成29年度10期生がインドネシア人9名・フィリピン人8名の合計17名が新たに就労予定であり、合計で56名となる予定である。

図表7－5　当法人のEPA受入状況一覧

| 受入年度 | 受入人数 | 介護福祉士合格者 | 帰国者数 |
|---|---|---|---|
| 平成20年度（2008年） | 3 | 2 | 1 |
| 平成21年度 | 8 | 2 | 7 |
| 平成22年度 | 10 | 7 | 10 |
| 平成23年度 | 4 | 3 | 3 |
| 平成24年度 | 10 | 4 | 10 |
| 平成25年度 | 10 | 6 | 2 |
| 平成26年度 | 10（ 4） | 未受験 | 2（1） |
| 平成27年度 | 13（ 9） | 未受験 | 0 |
| 平成28年度 | 8（ 4） | 未受験 | 0 |
| 合　計 | 76（17） | ― | 35（1） |

## 6　実際に受け入れてみて

　インドネシアおよびフィリピン人介護福祉士候補者等を実際に受け入れてみて、筆者が実感したのは、優しい・明るい・真面目な国民性である。礼儀も正しく筆者も見習うことが多々ある。勤務中においては歩きながら挨拶をする人が多い中、必ずと言っていいほど、立ち止まり挨拶をしてくれる。またEPAは本国で看護大学を卒業して本国の看護資格等を保有している方が大半である。そのことで入居者の一般状態の変化などの気づきも介護経験のない日本人よりも優れている。今まで利用者・家族などから苦情を受けたこともなく、EPA候補者を受け入れたからといって退所された利用者もいない。利用者の中には「介助の時は、絶対にあの子にお願いをしたい」と介護福祉士候補者の人を指名する方もいるぐ

らいである。また、住まいの近くの近隣住民とも仲良くしているようで、野菜などをお裾分けしてもらったり、自分たちが一時帰国して戻った際にはお土産を近所の方に配ったりと、日本人以上の関係性を作ってくれているので、大変嬉しく思っている。

　記録・マニュアルについては、外国人介護福祉士候補者等が日本人と一緒に仕事をするようになったので、記録の記入をシンプルにしたり、法人内の事業所において標準化が図れた。またマニュアルは当初は文字ばかりで非常にわかりにくいものが多かったが、写真や図を多く使い、一目でわかりやすいように工夫したので、当法人にとっても良い形になった。

## 7 課題や問題

　問題点というか、個人的な改善希望としては三つある。一つ目は、人員カウントである。平成25年よりは就労開始時にN2以上もしくは施設で6か月就労した場合に人員カウントできるが、全体を見てもN2をもった状態で入国してくる人は少ない。当法人に来た人でN2保有者はいなかった。就労して6か月間は、制度上人員カウントができない状況があるので、その部分も加味して人事管理をしなければならず、多くの職員を抱える期間がある。

　二つ目は、帰国者である。家庭の状況や結婚等で帰国する人がいるが、最初の3年間は研修などにおいて最大限支援しているので、できれば合格後その施設において、何年間か働いてくれると嬉しい

と個人的には思うが、現実はそれを担保するものは何もない状態である。

　三つ目は、配偶者の就労時間についてである。もし介護福祉士に合格した人が、配偶者を日本に招いた場合には、配偶者は週に28時間以内という制限のもとでしか働くことができない。そうすると人によっては本国で二人がフルに働いた方が、手元に残るお金が多いということもあり、それが原因で帰国を選択する人もいる。

　このようなさまざまな決まり等で悩ましい点もあるが、それを加味してもEPA介護福祉士候補者の制度に当法人は助けられている状況であり、日本人と同様に貴重な職員である。

## 8 今後の展望

　間もなく介護職としての技能実習生制度が始まる。筆者は簡単に技能実習生制度が各法人にとって成功するとは思えない。その理由は二つある。一つ目はEPAと違って看護師資格等を保有していない、すなわち専門知識をまったくもってない人が来た場合に、高齢者の排泄・入浴・食事介助という仕事を真面目に3年もしくは5年間という長いスパン

働くことができるのかという問題である。二つ目は、技能実習生は介護事業者以外の一般の大手企業・中小企業なども欲しがっている人材である。介護分野以外の企業が提示する給料や労働条件面と比較して、技能実習生が介護事業所で確保できるのか心配である。言い方は悪いかもしれないが、EPAは介護業界のなかでの人材確保の競争である。技能実習

生は一般企業も交えた人材確保の競争となり、EPAよりも厳しい状況になることが予想される。

　当法人が、現在の仕組みで上手く外国人と協働ができている大きな要因は、早い段階から人材の確保・育成をしてきたこと、そして職員に対して外国人と一緒に仕事をする日がくると啓蒙してきたことが大きいと改めて思う。当たり前のことだが、外国人も日本人もすべて平等に法人が対応してきたからだと思う。給与・昇給・賞与・昇格についても平等にすることでお互いが刺激を受け、それが

良い方向に進んだものと考えている。当初は「インドネシアの人が」という主語で話をする職員が多くいたが、今では名前で「○×さんが」という主語に変わってきている。それは法人の全職員が同じ立ち位置で、理念に向かって協働ができている証拠だと自負している。

　今後も入居者・家族・地域の方にも喜ばれることは元より、働く人にも選ばれるような法人・事業所運営を心がけていきたいと思っている。

（坂井恭一）

**【註】**

1）本節でいう「介護労働者」は、高齢者介護領域の労働者を念頭に置いている。
2）満足度 D.I.＝（「満足」＋「やや満足」）－（「不満足」＋「やや不満足」）で表される。なお、以下のデータは「訪問介護員」「サービス提供責任者」「介護職員」「介護支援専門員」の回答を含むものである。
3）仕事の満足度について、介護労働者と他の仕事を比較するため、介護労働安定センターの調査結果と「平成26年度就業形態の多様化に関する総合実態調査」の結果を比較した結果、正規職員・非正規職員ともに、すべての項目で、センター調査の満足度が、「平成26年度就業形態の多様化に関する総合実態調査」の結果を下回ったことが示されている。
4）1998年にオーストラリア看護連盟ビクトリア支部によって出された方針であり、介護行為に伴う「押す」「持ち上げる」「運ぶ」といった動作を、過度な負担を伴う状態で絶対に人力で行わないことを指すものである。日本でも、「一般社団法人全国ノーリフティング推進協会」や「一般社団法人日本ノーリフト協会」が設立され、取り組みが進められている。
5）EPAとは貿易の自由化に加え、投資、人の移動、知的財産の保護や競争政策におけるルール作り、さまざまな分野での協力の要素等を含む、幅広い経済関係の強化を目的とする協定。

**【参考文献】**

・A.R.ホックシールド（石川准・室伏亜希訳）『管理される心：感情が商品になるとき』世界思想社、2000年
・F.P.バイステック（尾崎新、福田俊子、原田和幸訳）『ケースワークの原則：援助関係を形成する技法』誠信書房、2006年
・小野内智子、壬生尚美「特別養護老人ホームにおける介護職員の仕事のやりがいに関する研究」大妻女子大学人間関係学部紀要『人間関係学研究』第16号、129－136、2014年
・介護労働安定センター『平成28年版　介護労働の現状Ⅰ　介護事業所における労働の現状』

2016a年

・介護労働安定センター『平成28年版　介護労働の現状Ⅱ　介護労働者の働く意識と実態』2016b

・柏原正尚「特別養護老人ホームにおける介護職員の離職と職場環境に関する一考察」『日本福祉大学健康科学論集』第16号、19-27、2013年

・北垣智基「介護現場の人材育成・定着等に向けた取り組みの実態と関連課題——京都府における調査結果から」佛教大学福祉教育開発センター『福祉教育開発センター紀要』第11号、35－55、2014年

・北垣智基、松田美智子、南彩子「高齢者福祉施設における介護人材の共感疲労及びレジリエンス要因の分析」『天理大学社会福祉学研究室紀要』第19号、23-34、2017年

・鴻上圭太、松田美智子、磯野博、藤本文朗、畢麗傑「介護職の人材養成に関する今日的課題について」『大阪健康福祉短期大学紀要　創発』第15・16号、67-79、2017年

・鴻上圭太、松田美智子「訪問介護事業所におけるサービス担当責任者の就業上のストレス要因の構造と対策」『天理大学社会福祉学研究室紀要』第19号、35-44、2017年

・厚生労働省「社会福祉・介護事業における労働災害の発生状況」2015年12月

・関谷大輝, 湯川進太郎「感情労働尺度日本語版（ELS-J）の作成」『感情心理学研究』第21巻第3号、169-180、2014年

・篠崎良勝「介護労働を取り巻くケア・ハラスメントの研究Ⅰ——ケア・ハラスメントに関する先行研究の整理と実態調査」『八戸大学紀要』第32号、27-36、2006a年

・篠崎良勝「介護職員が利用者から受けるケア・ハラスメントのストレス度——4種類のケア・ハラスメントの特徴とその背景」『八戸大学紀要』第33号、21-35、2006b年

・篠崎良勝『介護労働学入門——ケア・ハラスメントの実態をとおして』一橋出版、2008年

・武井麻子「感情労働と看護」『保健医療社会学論集』第13巻第2号、7-13、2002年

・松田美智子、南彩子「高齢者福祉施設で従事する対人援助職者が共感疲労に陥らないためのサポートシステムの解明」『天理大学学報』第68巻、第1号（通巻　第243号）79-105、2016年

・八巻貴穂「介護福祉専門職の仕事のやりがい感に影響を及ぼす要因」北翔大学『人間福祉研究』第16号、27-36、2013年

##  ベトナムの介護人材の育成

　ベトナムは人口9000万人、面積は日本と比べると九州を除いた広さで、同じ漢字圏で米を主食とし、はしを使い、仏教を信じる人が多いなど、日本と文化を共通する国である。1975年に真に独立し、社会主義をめざす人民共和国である。1985年にはドイモイによって市場経済を導入し、近代化が進み経済発展が著しい。

　私はこの30年余りベトナムを訪れ交流し、この20年、介護人材育成の努力をしたが、大学や専門学校で介護福祉学コースが作られたということを確認できない現状である。しかし、ソーシャルワーカーの育成は20大学で始まっている。

　私の専門は障害児教育であり、1985年ベトナムに在外研究で留学、当時4歳の結合双生児ベト・ドクに会い、二人の発達のためも特性の車いすを作るなどで「ベトちゃんとドクちゃんの発達を願う会」を結成し、この30余年、分離手術、ドクの義足づくりなどを支援してきた。これらの活動は、介護そのものといえる。また、専門の障害者教員研究や実践では介護が含まれていたとも位置付けられるが"介護"という概念はなかった。

　大学定年後、私立大学で介護福祉士養成に関わった。この研究教育に接し、この問題は21世紀の人類の問題にもかかわらず、日本だけでなく欧米、アジアにおいてもほかの研究分野に比べ著しく遅れていると感じた。在任校でもベトナムとの交流が続いた。私の勤めた大阪健康福祉短期大学とホーチミンのサイゴン大学との夏休み1週間の交流（2000年から2008年）が第一期で、日本から約20人の教職員学生がサイゴン大学で講義と実技を行い、ベトナム側は介護に関わっている尼寺の職員の参加で、最終年はベトナムから日本に来られた。

　その経験を以下の3点にまとめる。

　（1）ベトナムでは日本の1970年以前と同じように、高齢者の介護は息子、嫁の責任で、それを「美しい伝統」として、ベトナム人の誇りとさ

れていた。また、ベトナム高齢者法（2000年）の第3条には、「高齢者を扶養することはその家族の義務である」と明記されている。

　（2）ホーチミン市の高齢者施設は、①尼寺、キリスト教系のものが数か所、②息子がベトナム戦争で死んだ父親・母親の公的施設が2か所、③街で乞食をしている高齢者を教育する施設2か所があるのみで、収容者は合計2,000人以下に過ぎない。

　（3）しかし、都市の高齢者が病院の治療に1回行くと、治療費は娘、息子の給料の1か月分もかかる。

　その後、私が大学教員を退きフリーになり、NPO法人アジア高齢者介護研究会が2009年に発足し、関西の大学研究者、学生、介護職の人など約30名で毎夏、ホーチミン市の総合大学の国立大学と薬剤師、看護師養成の専門学校との交流、農村地区高齢者の調査交流を行ったが、ベトナム人民委員会（市町村）や大学、「介護職」の理解と必要性、専門性を確かなものとする仕組みはできなかった。

　それに比べ、私たち障害者教育研究者約50人のボランティアが参加したベトナムで初めての障害者教員養成（1999年）コースは、いまではベトナムの30近い教員養成大学すべてに作られている。しかし、日本・欧米のようにすべての障害児の教育権保障はされていない。

　そしてEPAと関わって、ハノイ近くで日本向け介護人材養成が始まっていると聞くが、日本から見れば、まず日本語と日本の生活文化の理解が第一であるといわれ、資格を得られるのは毎年数名にとどまり、（定住出稼ぎ型）となる可能性が高い。いずれにせよ、日本の介護人材の歴史的教訓を学んでほしい。

藤本文朗

# ✉ 「出会い」「つながり」「ありがとう」を大切に

「ありがとう」でつながる関係が心地よい。これが私と社会福祉とが出会うきっかけになった。将来、生活や仕事に活かせることを学びたいという気持ちもあり、社会福祉を学ぶことになったが、背景にはその思いがあった。

大学で社会福祉と出会ったが、学生時代は学びの機会が主ではなく、バイトや友人との遊びが主なことであったように思う。今、振り返ると学生時代の社会福祉への歩みは、広くて上り下りや凸凹、急カーブなどで歩みにくく感じる道を、いろいろな風景を見ながら目的地に向かうのではなく、平坦な細い道で、何ら変わり映えしない風景の中を目的地もないまま歩んでいたようで、実にもったいない歩み方をしていたのだと反省する。

そのなかで、はっきりこれといったきっかけがあったわけではないが、出会った先生方のお言葉、実習や講義等で出会った現職の方々のお言葉や行動などが、高齢福祉という私の進みたい社会福祉の道へつなげてくれた。就職できたのはケアハウスの生活指導員としてであったが、社会福祉士の配置が必要であった在宅介護支援センターでの勤務へすぐ異動となり、社会福祉士としての活動が始まった。

大学を出てすぐの社会経験や人生経験も少なく、福祉に対する知識も乏しく、援助技術が何なのか、価値や倫理が何なのか、しっかりと理解できていなかったが、人生の先輩方の相談を受け支援させてもらうことになった。何と恐ろしいことに首を突っ込んでしまったのだろうと思ったことは数え切れず、自分の力のなさを、学生時代への後悔を……自責の念にかられることが多かったと、今では懐かしく振り返ることができる。その当時は周りからの期待の目を感じ、支援することでの結果を、社会福祉に対する理想の形というものを手探り状態で追い求めていたのかもしれない。

今に至るまで18年ほど、たくさんの経験を積ませていただき、現在は地域包括支援センターの主任介護支援専門員、管理者という立場で活動させてもらっている。対人援助職者として常に知識や技術を学び、価値や倫理について考え、活動を振り返り、自立支援の働きかけを忘れず、多職種連携をしながら、また地域住民と共に生活課題に向き合い、地域づくりを進めていくことが求められており、その努力を惜しまず取り組んでいきたいと感じているが、今強く思うことは「出会い」「つながり」「ありがとう」が大切だということである。

地域のたくさんの方々、多機関・多職種の方々など、いろんな人との出会いは宝であること。日頃の活動も、ひとりで抱え込まずたくさんの人とのつながりを感じながら、そのつながりを活かすこと、新たなつながりを構築していくことが自らの支えとなること。ありがとうと感じることのできる気持ちをもつこと。これらが大切である。福祉の道を歩む者お互い、また関わりのある方々とは、サポートし合いながら歩みを進めていて、歩みを進めやすくしていくためにも、これらのことがとても大切であると日々痛感する。

この「出会い」「つながり」「ありがとう」を大切にすることは、福祉を学ぶ今、この時から実践できることで、将来みなさんが社会福祉の道を一歩ずつ歩もうとする時の支えとなることは間違いない。私自身もこの「出会い」「つながり」「ありがとう」を大切に、これからも学び、活動し、社会福祉の道の歩みを、人生の歩みを進めたいと考えている。

小西　大志

# あとがき

　本書の編集を終え、ほっと肩をなで下ろしつつ、いい本ができたという思いである。なぜかというと、中味は高齢者・障害者・家族・介護にあたる人びとにとって、すぐに役立つだけでなく、座右に置いて10年以上は参考になる本だと思う。

　それは松田美智子先生を中心に、この数年にわたり、ともに研究・議論してきた編者メンバーの精力的な執筆と編集作業のおかげといえよう。

　編者のひとりである私は、大学に入った60年前の1960年頃、障害者は「忘れられた子」（田村一二氏の本と映画がある）であり、多くは一日中、家でゆっくり暮らしていた状態であった。先日バスを待っていた筆者の前で、知的障害と思われる若者が突然、自転車から降りて、ズボンを脱いで排泄して去って行った。私はびっくりしたが、少し考えてみた。この出来事も共生社会が進んだ喜ぶべきことのひとつだと思った。

　また大学では、障害児教育専攻であったが、今日でいう「福祉、介護」にかかわった授業はなかった。今でも大学で介護・福祉に関心をもち、この分野に就職する人は多くないが、家族に高齢者や障害者がいることで、介護・福祉にかかわざるを得ない人びとが、本書を読んでいただく機会も増えていくと考えられる。

　編者でもあり、高齢者の当事者（1－1、18頁参照）として、何度でも読み、自らの生活に役立てたいと思う。ただ、高齢者には個人差があり、個性も十人十色、本書の基本を創造的に理解し、対応してほしいと思う。

　なお、編集を終えて考えると、紙面の関係上、十分に触れられなかったこともある。
　①高齢者の人格的発達（生きがいとかかわって）とその保障
　②変化しているといわれるヨーロッパの福祉先進国から学ぶこと
　③死にかかわって「宗教」問題
　などである。今後の課題としたい。

藤本　文朗

## 編者プロフィール

**松田　美智子**（まつだ　みちこ）
　天理大学　人間学部　人間関係学科　社会福祉専攻　教授。修士（教育学）。約30年にわたって看護師・社会福祉士・介護福祉士・精神保健福祉士養成教育に携わる。現在の研究テーマは「支援者支援」。共編著に『高齢者介護のコツ』（クリエイツかもがわ、2010年）『介護実習カンファレンス』（同、2012年）、『介護福祉学への招待』（同、2015年）、『介護総合演習ハンドブック』（久美出版、2010年）ほか

**北垣　智基**（きたがき　ともき）
　大阪健康福祉短期大学　介護福祉学科　講師。修士（社会学）。共編著に『未来につなぐ療育・介護労働』（クリエイツかもがわ、2014年）、『介護福祉学への招待』（クリエイツかもがわ、2015年）ほか。

**南　彩子**（みなみ　あやこ）
　天理大学　人間学部　人間関係学科　社会福祉専攻　教授。博士（総合政策）。共著に、『ソーシャルワーク専門職性自己評価』（相川書房、2004年）、『医療におけるソーシャルワークの展開』（相川書房、2001年）、『介護福祉学への招待』（クリエイツかもがわ、2015年）ほか。共訳書に、『ケースマネージメントと社会福祉』（ミネルヴァ書房、1997年）ほか。

**鴻上　圭太**（こうがみ　けいた）
　大阪健康福祉短期大学　介護福祉学科　准教授、修士（社会学）。共著に『未来につなぐ療育・介護労働』（クリエイツかもがわ、2014）、『学びを追求する高齢者福祉』（保育出版社、2017）ほか。

**藤本　文朗**（ふじもと　ぶんろう）
　京都大学大学院　臨床心理学マスターコース修了、博士（教育学）、滋賀大学名誉教授、元華頂短期大学教授、大阪健康福祉短期大学名誉教授。著書に『障害児教育義務制に関する教育臨床的研究』（多賀出版、1996年）、共編著に『高齢者介護のコツ』（クリエイツかもがわ、2010年）『介護福祉学への招待』（同、2015年）、『何度でもやりなおせる──ひきこもり支援の実践と研究の今』（同、2017年）


●**執筆者一覧**（五十音順）
笠松健一郎　社会福祉法人 協同福祉会 あすならホーム高畑
久保　富夫　社会福祉法人 博光福祉会 寿里苑ラピス 施設長
坂井　恭一　社会福祉法人 敬世会 特別養護老人ホームきやま 施設長
白井三千代　天理大学非常勤講師
古屋　洋平　社会福祉法人 京都老人福祉協会 言語聴覚士（特別養護老人ホーム京都老人ホームおよび児童
　　　　　　療育センター兼務）
三代　　修　社会福祉法人 京都老人福祉協会 理事長
宮崎　恭子　大阪城南女子短期大学　人間福祉学科　准教授
山本　美枝　医療法人社団 恵寿会

●**コラム**（五十音順）
井出百合子　社会福祉法人 遺徳会 和泉北信太特別養護老人ホーム ケアワーカー
滝清　真希　社会福祉法人 京都老人福祉協会 養護老人ホーム 介護職員
中村　周平　同志社大学大学院総合政策科学研究科 博士課程（後期課程）
西野　　累　社会福祉法人 京都老人福祉協会 京都老人ホーム施設事業部 リーダー
橋本　　元　京都府立久美浜高等学校 常勤講師
藤川　敦子　地方独立行政法人 京都市立病院機構 京都市立病院 地域医療連携室 相談員
小西　大志　社会福祉法人 大和清寿会 天理市北部地域包括支援センター 管理者

**介護福祉学概論**
地域包括ケアの構築に向けて

2018 年 4 月 30 日　初版発行

編著者 ● ⓒ 松田美智子・北垣智基・南　彩子・鴻上圭太・藤本文朗

発行者 ● 田島英二　taji@creates-k.co.jp
発行所 ● 株式会社 クリエイツかもがわ
　　　　〒 601-8382　京都市南区吉祥院石原上川原町 21
　　　　電話 075（661）5741　FAX 075（693）6605
　　　　http://www.creates-k.co.jp　info@creates-k.co.jp
　　　　郵便振替　00990-7-150584

装丁・デザイン ● 菅田　亮／組版 ● 東原賢治
印刷所 ● モリモト印刷株式会社
ISBN978-4-86342-235-3 C0036　printed in japan

## 認知症を乗り越えて生きる　"断絶処方"と闘い日常生活を取り戻そう
ケイト・スワファー／著　寺田真理子／訳

●49歳で若年認知症と診断された私が、認知症のすべてを書いた本！
医療者や社会からの"断絶処方"でなく、診療後すぐのリハビリと積極的な障害支援で今まで通りの日常生活を送れるように！　不治の病とあきらめることなく闘い続け、前向きに生きることが、認知症の進行を遅らせ、知的能力、機能を維持できる！　　　　　　　　　　2200円

## 私の記憶が確かなうちに　「私は誰？」「私は私」から続く旅
クリスティーン・ブライデン／著　水野裕／監訳　中川経子／訳

●46歳で若年認知症と診断された私が、どう人生を、生き抜いてきたか
22年たった今も発信し続けられる秘密が明らかに！　世界のトップランナーとして、認知症医療やケアを変革してきたクリスティーン。認知症に闘いを挑むこと、認知症とともに元気で、明るく、幸せに生き抜くことを語り続ける…。　　　　　　　　　　　　　　　2000円

## 認知症の本人が語るということ
## 扉を開く人　クリスティーン・ブライデン
永田久美子／監修　NPO法人認知症当事者の会／編著

クリスティーンと認知症当事者を豊かに深く学べるガイドブック。認知症の常識を変え、多くの人に感銘を与えたクリスティーン。続く当事者発信と医療・ケアのチャレンジが始まった……。そして、彼女自身が語る今、そして未来へのメッセージ！　　　　　　　　　　　2000円

## 私は私になっていく　認知症とダンスを〈改訂新版〉
クリスティーン・ブライデン／著　馬籠久美子・桧垣陽子／訳

**2刷**

ロングセラー『私は誰になっていくの？』を書いてから、クリスティーンは自分がなくなることへの恐怖と取り組み、自己を発見しようとする旅をしてきた。認知や感情がはがされていっても、彼女は本当の自分になっていく。　　　　　　　　　　　　　　　　　　2000円

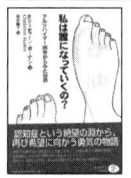

## 私は誰になっていくの？　アルツハイマー病者から見た世界
クリスティーン・ボーデン／著　桧垣陽子／訳

**21刷**

認知症という絶望の淵から再び希望に向かって歩み出す感動の物語！
世界でも数少ない認知症の人が書いた感情的、身体的、精神的な旅─認知症の人から見た世界が具体的かつ鮮明にわかる。　　　　　　　　　　　　　　　　　　2000円

## 認知症ケアのための家族支援　臨床心理士の役割と多職種連携
小海宏之・若松直樹／編著

経済・環境・心理的な苦悩を多職種がそれぞれの専門性で支援の力点を語る。「認知症という暮らし」は、夫婦、親子、兄弟姉妹、義理……さまざまな人間関係との同居。「家族を支える」ことは、多くの価値観、関係性を重視するまなざしである。　　　　　　　　　　　　　　1800円

## ケアマネ応援！！　自信がつくつく家族支援
### 介護家族のアセスメントと支援
認知症の人と家族の会愛知県支部ケアラーマネジメント勉強会／著

介護者との関係づくりに役立つ！　独自に考えた介護者を理解して支援する方法を伝授。介護者の立場の違い「娘・息子・妻・夫・嫁」別の豊富な事例で、「家族の会」ならではのアセスメントと計画づくり、支援方法！　　　　　　　　　　　　　　　　　　　　　　1200円

## 未来につなぐ療育・介護労働　生活支援と発達保障の視点から
北垣智基・鴻上圭太・藤本文朗／編著

重症児者・療育＋高齢者介護実践の新展開。厚労省ガイドライン改訂の腰痛問題、具体的な移動介助の方法、医療的ケア、人材養成・研修、福祉文化論、働く人々へのメッセージまで、課題を総合的に提起。　　　　　　　　　　　　　　　　　　　　　　　2200円

## 認知症のパーソンセンタードケア　新しいケアの文化へ

トム・キットウッド／著　高橋誠一／訳

●「パーソンセンタードケア」の提唱者 トム・キッドウッドのバイブル復刊！　認知症の見方を徹底的に再検討し、「その人らしさ」を尊重するケア実践を理論的に明らかにし、世界の認知症ケアを変革！　実践的であると同時に、認知症の人を全人的に見ることに基づき、質が高く可能な援助方法を示し、ケアの新しいビジョンを提示。　　　　　　　　　　　　　　　　　　　　2600円

## パーソンセンタードケアで考える　認知症ケアの倫理
### 告知・財産・医療的ケア等への対応

ジュリアン・C・ヒューズ／クライヴ・ボールドウィン／編著　寺田真理子／訳

認知症の告知・服薬の拒否・人工栄養と生活の質・徘徊などの不適切な行動…コントロールの難しい問題を豊富な事例から考える。日常のケアには、倫理的判断が必ず伴う。ケアを見直すことで生活の質が改善され、認知症のある人により良い対応ができる。　　　　　　　　　　　　　　　1800円

## 認知症と共に生きる人たちのための
## パーソン・センタードなケアプランニング

ヘイゼル・メイ、ポール・エドワーズ、ドーン・ブルッカー／著　水野 裕／監訳　中川経子／訳

認知症の人、一人ひとりの独自性に適した、質の高いパーソン・センタードなケアを提供するために、支援スタッフの支えとなるトレーニング・プログラムとケアプラン作成法！［付録CD]生活歴のシートなど、すぐに役立つ、使える「ケアプラン書式」　　　　　　　　　　　　　　　2600円

## VIPS ですすめる　パーソン・センタード・ケア
### あなたの現場に生かす実践編

ドーン・ブルッカー／著　水野 裕／監訳　村田康子、鈴木みずえ、中村裕子、内田達二／訳

**3刷**

「パーソン・センタード・ケア」の提唱者、故トム・キットウッドに師事し、彼亡き後、その実践を国際的にリードし続けた著者が、パーソン・センタード・ケアの4要素(VIPS)を掲げ、実践的な内容をわかりやすく解説。　　　　　　　　　　　　　　　　　　　　　　　　　2200円

## 認知症ケアの自我心理学入門　自我を支える対応法

ジェーン・キャッシュ　ビルギッタ・サンデル／著　訓覇法子／訳

認知症の人の理解と支援のあり方を、単なる技法ではなく、「自我心理学」の理論に裏づけられた支援の実践的な手引き書、援助方法を高めていく理論の入門書。認知症の本人と家族、そして介護職員のための最良のテキスト！
〔付録〕認知症ケアのスーパービジョン　　　　　　　　　　　　　　　　　　2000円

## 認知症の人の医療選択と意思決定支援
### 本人の希望をかなえる「医療同意」を考える

ジ成本 迅・「認知症高齢者の医療選択をサポートするシステムの開発」プロジェクト／編

医療者にさえ難しい医療選択。家族や周りの支援者は、どのように手助けしたらよいのか。もし、あなたが自分の意向を伝えられなくなったときに備えて、どんなことができるだろう。　　2200円

## 食べることの意味を問い直す　物語としての摂食・嚥下

新田國夫・戸原玄・矢澤正人／編著

**2刷**

「生涯安心して、おいしく、食べられる地域づくり」のモデル！医科・歯科の臨床・研究のリーダーが、医療の急速な進歩と「人が老いて生きることの意味」を「摂食・嚥下のあゆみとこれから」「嚥下の謎解き―臨床と学問の間」をテーマに縦横無尽に語る！　　　　　　　　　　　　　　　2200円

## 老いることの意味を問い直す　フレイルに立ち向かう

新田國夫／監修　飯島勝矢・戸原玄・矢澤正人／編著

65歳以上の高齢者を対象にした大規模調査研究「柏スタディー」の成果から導き出された、これまでの介護予防事業ではなしえなかった画期的な「フレイル予防プログラム」＝市民サポーターがすすめる市民参加型「フレイルチェック」。「食・栄養」「運動」「社会参加」を三位一体ですすめる「フレイル予防を国民運動」にと呼びかける。　　　　　　　　　　　　　　　　　　　　　　　　2200円